무엇을
할
것인가

무엇을 할 것인가

민주주의와 주권을 바로 세우는 12개념

지은이 | 손석춘
펴낸이 | 김성실
기획편집 | 이소영 · 박성훈 · 김하현 · 김성은 · 김선미
마케팅 | 곽흥규 · 김남숙
인쇄 · 제책 | 한영문화사

초판 1쇄 | 2014년 2월 22일 펴냄

펴낸곳 | 시대의창
출판등록 | 제10-1756호(1999. 5. 11.)
주소 | 121-816 서울시 마포구 연희로 19-1 4층
전화 | 편집부 (02) 335-6125, 영업부 (02) 335-6121
팩스 | (02) 325-5607
이메일 | sidaebooks@daum.net

ISBN 978-89-5940-287-8 (03300)

이 도서의 국립중앙도서관 출판시도서목록(CIP)은
서지정보유통지원시스템 홈페이지(http://seoji.nl.go.kr)와
국가자료공동목록시스템(http://www.nl.go.kr/kolisnet)에서 이용하실 수 있습니다.
(CIP제어번호: CIP2014005390)

무엇을 할 것인가

민주주의와 주권을
바로 세우는 12개념

손석춘 지음

시대의창

소통이 안 된다고 아우성이다. 정치권력과 국민 사이에 소통 부재
가 심각하다는 목소리가 갈수록 높아간다.

이 책《무엇을 할 것인가》는 그 아우성에 또 한 소리를 보태려고
쓰는 게 아니다. 어쩌면 정반대일 수 있다. 정치의 '소통 부재'를 개
탄하는 사람들이 정작 무엇을 어떻게 소통할 것인가를 놓치고 있
는 데 주목하기 때문이다.

무릇 소통은 자기와의 소통과 다른 사람과의 소통으로 크게 나
눌 수 있다. '먹통 시대'로 불리는 우리 시대의 얽힌 매듭을 풀어가
려면 다른 사람과의 소통은 물론 자신과의 소통에 성찰이 필요하
다. 이 책은 자기와의 소통에 대한 성찰로 학습을, 타인과의 소통
에 대한 성찰로 토론을 제안한다.

언제부터인가 대학에서 '학습 모임'(스터디 서클)이 사라졌다. 대학생들이 젊은이다운 패기와 용기가 시나브로 사라진 가장 큰 이유다. 젊은이들이 학교를 졸업하면 들어가 평생을 일할 일터에서도 학습 모임이 실종됐다. 노동조합이 느슨해지고 노동운동이 시나브로 추락한 가장 큰 이유다.

놀랍게도 학습 모임이 꿈틀거리는 곳은 오히려 대기업 경영진이다. 학습 모임을 전략적으로 권장하는 기업이 늘어나고 있다. 좋은 일이다. 다만, 대기업이 경영 전략의 하나로 실행하는 학습 모임은 한계가 또렷할 수밖에 없다. 기업의 이윤 추구가 가장 큰 목적이기 때문이다. 대기업 경영진이 전략적으로 주도할 게 아니라, 대기업을 구성하는 대다수 노동자들—대졸 신입사원들이 자신을 노동자로 분류하는 데 정서적 거부감을 느낀다면 이 책을 꼭 정독할 필요가 있다. 한 번뿐인 자신의 인생이 기만당하지 않기 위해서다—이 주체적으로 학습 모임을 꾸려나가야 옳은 이유다.

적잖은 정치인이나 시민운동가 들이 북유럽 '복지국가'를 한국 사회의 모델로 제시하지만, 정작 복지국가가 형성되는 밑절미에 '범국민적 학습 모임'이 자리하고 있다는 사실에 주목하는 사람은 많지 않다. 스웨덴 스톡홀름에서 만난 정치인은 자신들의 민주주의를 '스터디 서클 데모크라시Study Circle Democracy'라고 단언했다.

한국의 대학과 노동 현장에서 학습 모임이 가장 활발했을 때는 1980년대였다. 더러는 그때의 추억에 잠기면서 오늘날의 대학생과 노동자의 '타락'을 타박하지만, 정작 깊이 성찰해야 마땅한 사람은 지식인 집단이다.

1980년대의 객관적 정세는 2010년대의 그것과 사뭇 달랐다. 1980년대 대학가나 노동 현장의 '스터디 서클'은 사회주의 사상에 근거한 학습 커리큘럼을 짤 수 있었다. 당시까지 소련, 동유럽에 사회주의 체제가 건재했고, 조선민주주의인민공화국도 아사의 참상을 겪지 않았기 때문이다.

하지만 1990년대와 2000년대에 걸쳐 세계사는 전환점을 맞았다. 소련 및 동유럽의 사회주의 체제가 무너지고 조선민주주의인민공화국의 적잖은 인민들이 아사한 반면에 자본주의 체제는 정보과학기술 혁명을 일궈냈다. 그럼에도 2010년대를 맞은 지금까지 사반세기 넘도록 학생운동과 노동운동은 변화되어가는 현실을 외면했다. 당장 자본주의를 폐절시킬 수 있다거나 곧장 통일을 이루어 모든 민족 구성원이 행복하게 살 수 있다는 '낭만주의적 열정'에서 벗어나지 못했다.

아니, 더 엄밀하게 말하면 낭만적이지도 못했다. 경직된 논리가 '진리의 옷'을 입고 20년 넘도록 대학과 일터를 떠돌았다. 소통, 커뮤니케이션이 막힌 이유다. 이른바 '뉴라이트'나 '일베 현상'은 그 '반작용'이다.

한국 민주주의는 위기를 맞고 있다. 민주주의의 토대가 모두 무너지기 전에 실사구시의 철학으로 우리 스스로를 새롭게 무장해야 옳다. 우리가 민주주의를 성숙시켜가고 주권자로 살아가는 데 가장 큰 무기가 바로 '학습 모임'이다.

이 책은 정치권력과 경제 권력을 누리는 사람들 앞에서, 아니 그 아래서 '무지렁이'로 살아가는 사람들이 헌법에서 보장한 '주권자'로 살아가려면 꼭 소통해야 할 열두 가지 개념을 제안하고 그 개념들 사이의 연관성을 분석했다.

헌법, 역사, 시민혁명, 노동운동, 자본 독재, 민중, 인간적·민주적 사회주의, 주권혁명, 직접정치, 직접경영, 통일경제, 슬기나무가 그것이다. 열두 가지 커뮤니케이션 개념을 정확하게 파악하고 소통하는 사람이 많으면 많을수록, 새로운 민주주의 시대를 더 열수 있고 우리 개개인의 삶도 풍요롭게 바뀐다고 확신한다.

외람되지만 생산직·사무직의 모든 노동자들, 아무런 조직도 없이 내몰리는 자영업자들, 미래가 불확실한 대학생들이 이 책을 읽으며 소통하기를 간곡히 당부한다. 오직 한 번뿐인 자신의 인생을 위해서다.

대학생들은 스스로 학습 모임을 만들어도 좋고, 대학의 교양과목 '민주주의 이해'나 전공과목 '정치커뮤니케이션'의 교재로 삼아 토론 수업을 진행해도 무방하다. 학습과 토론이 쉽도록 열두 개의 장마다 끝에 토론 의제를 네 문제씩 제출했다. 물론, 반드시 그 문제들로만 토론하며 소통할 필요는 없다.

실사구시의 학습과 토론, 마음을 연 그 커뮤니케이션(소통)이야말로 먹통 시대의 해법이다. 비루한 시대의 희망이다.

갑오년 정월 손석춘

차례

아름다운 나무 아래서

이 책은 내가 사랑하는 나무, 아름다운 나무 이야기다. 인류의 역
사만큼 긴 세월을 살아온 고목이지만 아직도 사뭇 싱그러운 나무,
그 나무는 햇빛과 비와 바람으로 자라나지 않는다.

피를 먹고 자란다.

전설이나 동화가 아니다. 실제로 살아 있는 나무다. 언제나 마을
을 드팀없이 지켜온 느티나무 아래서 마을의 모든 사람이 모여 갈
등을 풀거나 소망을 기원하듯이, 그 나무에는 인류의 숙원이 맑은
핏빛으로 반짝인다.

21세기를 살고 있는 우리보다 앞서 그 나무를 발견한 사람들은
오래전에 모두 땅에 묻혔다. 몸은 나무의 거름이 되었지만 그들이
남긴 유언은 세대와 땅의 경계를 넘어 지금도 생생한 울림으로 전

해오고 있다.

"민주주의라는 나무는 피를 먹고 자라는 나무다."

이 책은 바로 그 나무를 다루지만 '새로운 이야기'다. '새로운'이란 말을 앞세운 까닭은 그 나무가 피를 먹고 자라는 나무만이 아니라는 진실을 나누고 싶어서다. '새로운 민주주의' 나무에 굳이 '이야기'를 붙인 까닭도 있다. 독자들이 이 책이 소개하는 새로운 민주주의 나무 아래서 즐겁게 이야기 나누기를, 학습하고 토론하며 소통하기를 소망해서다.

민주주의라는 나무를 온새미로 살펴려면 철학을 비롯해 정치학, 경제학, 사회학, 언론학을 두루 톺아보는 수고가 따라야 한다. 바로 그렇기에 정작 민주주의의 주인들이 그 나무에 더 바투 다가가는 데 걸림돌이 되고 있다. 민주주의와의 넓고 깊은 소통에 길라잡이가 될 책이 절실한 이유가 여기에 있다.

민주주의를 대통령이나 국회의원을 선거로 뽑는 투표 행위로만 인식할 때, 국민 대다수의 삶은 민주주의의 혜택을 전혀 누리지 못하게 된다. 주권자인 국민 대다수가 민주주의를 그 수준에서 인식하는 것은 누군가의 노림수다. 국민 대다수가 민주주의를, 정치를, 실제 생활과 동떨어진 어떤 것으로 생각하게 만드는 그 누군가의 정체를 남김없이 드러내는 일도 이 책의 과제 가운데 하나다.

이 책은 민주주의를 나무, 살아 숨 쉬는 생명체로 만난다. 허구나 과장이 결코 아니다. 실제로 민주주의의 역사에는 지구 곳곳에서 살아간 수많은 젊은 여성과 남성 들의 사랑과 열정, 진실이 듬

뿍 담겨 있다. 그들 대다수의 눈빛은 더없이 맑고 그윽했다. 그 어떤 영화, 드라마보다 더 역동적이고 감동적인 이야기가 민주주의라는 이름으로 펼쳐졌다.

이 책은 민주주의를 사랑하고 열정과 삶을 쏟은 사람들이 일궈온 진실을 담은 이야기다. 그렇다고 주관적 관념을 늘어놓은 책은 아니다. 그렇게 쓰기에는 민주주의는 너무 많은 피를 머금고 있다. 더구나 우리 개개인의 한 번뿐인 삶에 너무 깊은 영향을 끼치고 있다. 민주주의가, 정치가 얼마나 우리 각자의 인생을 결정하고 있는지 미처 우리가 인식하지 못할 따름이다.

조금 뜬금없다 싶을지 모르겠지만 민주주의를 다룬 이 책은 우리 개개인의 삶이 어디로 가고 있는지를 천착하고 있다. 삶이 어디로 가고 있는지는 도통 불확실하지만, 하나는 확실하다. 어느 민주주의 혁명가가 일찌감치 말했듯이, 우리 모두는 먼지 속으로 걸어가고 있다. '먼지'는 결코 은유가 아니다. 삶은 예외 없이 죽음으로 이어지고, 우리의 몸과 두뇌는 불멸의 실체가 아니다. 모든 이에게 삶은 일회적이다.

이 땅에서 살아가는 우리에게 삶은 신자유주의와 분단 체제에 예속되어 있다. 사람보다 돈, 인간의 가치보다 자본의 가치가 지배하는 시대다. 우리의 뜻과 관계없이 설정된 분단이 겨레 구성원 대다수의 삶을 꼭뒤 누르고 있다. 무엇보다 큰 문제는 자본 중심의 경쟁 체제와 분단 체제가 우리의 한 번뿐인 삶을 지배하고 있는데도 대다수가 억압당하고 있다는 사실을 직시하지 못하거나 직시하지 않는 데 있다.

그래서다. 이 책은 어디로 가고 있는가 하는 물음과 함께 또 다른 물음에 답하려고 한다. 우리는 어디로 가야 옳은가 하는 물음이 그것이다.

기실 어떻게 살아야 옳은가 하는 물음은 인류의 오랜 숙제로 이어져왔다. 21세기 현재를 살고 있는 우리는 인류가 오래도록 걸어온 길의 맨 앞에 있다. 수천 년 넘도록 걸어왔지만 인류는 자신이 어디서 왔는지 아직 모른다. 비단 지나온 길만이 아니다. 앞으로 어디로 걸어가야 할지도 모른다. 걸어가야 하고 걷게 되지만 길은 어디에도 없다. 지나온 길, 그것도 어디서부터인지 모를 길의 윤곽만 알 수 있을 따름이다.

누구나 삶의 어느 순간에 묻게 된다. 삶은 도대체 무엇인가, 왜 무無가 아니라 존재인가. 죽을 수밖에 없는 실존적 인간을 성찰하면 성찰할수록 운명에서 벗어날 수 없는 삶을 억압하는 정치경제 체제에 대한 분노가 조용히 퍼져가게 된다.

삶과 운명이 정치경제 체제의 성격에 따라 크게 달랐고 지금도 그렇다는 사실은 개개 인간으로 하여금 자신의 한계와 무력감을 절감케 한다.

하지만 조금만 달리 생각해도 그것은 희망의 튼튼한 근거가 될 수 있다. 정치경제 체제를 바꾼다면, 인간성이 더 넓고 더 높고 더 깊을 수 있다는 확실한 증거가 될 수 있기 때문이다.

무릇 사람에 대한 새로운 탐구 없이 새로운 시대를 열기란 어려운 일이다. 이 책은 새로운 시대의 철학과 전략을 담고 있지만, 우주와 역사에서 사람의 뜻과 길을 성찰하는 물음을 밑절미에 깔고 있다. 짧고 한 번뿐인 삶을 부둥켜안은 우리 개개인이 이 땅에서 한낱 먼지로 사라지는 존재가 아니라 '아름다운 집'을 짓는 주체가 되는 길은 어디로 나 있는가. 이 물음에 답하는 게 이 책에서 제안하는 '민주주의와 주권을 찾는 소통'이다.

본디 이 책의 원고는 우리에게 '날카로운 첫 키스'의 추억으로 남은 2008년 5월의 촛불시위 직전에 탈고되었다. 《주권혁명》으로 책이 발간된 뒤, 뜻밖에도 한국간행물윤리위원회가 '7월의 읽을 만한 책'으로 선정했다. 간행물윤리위는 "시의적절한, 주목할 만한 저서이다. '국민이 직접 정치하고 직접 경영하는 즐거운 혁명'인 주권혁명을 주장하는 이 책은 민주주의 일반과 한국 민주주의의 숨겨진 역사를 아주 쉽게 대중적으로 풀어 써서 소개하고 있다는 점이 큰 장점이다. 나아가 최근 세계를 지배하고 있고 우리의 경우도 1997년 경제위기 이후 본격화되어 심각한 사회적 양극화를 낳고 있는 신자유주의에 대해 진보적 시각에서 대안을 제시하고 이를 쉽게 설명해주고 있다"고 선정 이유를 밝혔다(서강대 정치학과 손호철 교수).

촛불의 열기 속에 이 책은 재판을 찍고 묻혔다. 독서나 학습보다 실천이 중요한 시기였다고 볼 수 있다. 촛불이 시나브로 꺼져 간 뒤 지금까지 전국 곳곳으로 강연을 다니며 '학습'을 강조할 때마다 많은 분들이 무슨 책으로 학습하는 게 좋겠냐고 물었다. 가식

없이 말해서 그때마다 딱히 권할 한 권의 책이 떠오르지 않았다.

좋은 책이 없다는 뜻은 전혀 아니다. 다만, 우리 시대를 폭넓게 인식하고 전체를 조망할 수 있는 기본 교양서가 필요하다는 판단이 들었다. 당연히 책을 새로 써야 옳겠지만 망설였다. 이 책에 쓴 내용과 중복되지 않게 새로 쓰려면 많은 고갱이가 빠질 수밖에 없기 때문이다. 고심 끝에 원고를 전면 재구성하는 길을 선택했다. 대학생 새내기, 노동조합의 새내기 들이 읽어도 부담되지 않도록 문장을 쉽게 다듬으며 내용도 대폭 보완했다.

촛불시위 이후 노동조합, 시민운동단체, 청년단체, 종교 행사 강연 때마다 학습 모임을 제안해왔다. 물론, 학습 모임—이름은 무엇이든 중요하지 않다. 독서 모임, 또는 토론 모임, 소통 모임이라 해도 무방하다—을 만들기란 쉽지 않은 일이다. 한국 사회처럼 노동 시간이 긴 나라, 경쟁이 치열한 나라에서 "학습, 토론, 소통"을 부르대온 나 자신부터 겸손한 성찰이 필요할 터다. 하지만 나는 지금도 그 길이 더디더라도 우리를 주권자로 온전히 세우고 아름다운 꿈을 이루는 '지름길'이라고 생각한다.

위선 떨지 않고 분명하게 말하자면, 나는 이 책을 대학과 노동 현장에서 학습 커리큘럼의 기초 자료, '출발점'으로 삼기를 원한다. 학습과 토론을 통해 이 책의 한계를 뛰어넘는 이야기를 나누기도 소망한다. 주권자로 거듭나는 열두 가지의 열쇳말을 중심으로 각 장 끝에 토론 주제를 넣었다. 꼭 그 문제로 토론할 필요는 없겠지만, 개념을 정확히 파악했는지 짚어보는 기회로 삼아도 좋을

듯싶다.

책의 구성 또한 학습에 편리하게 구성했다. 도입부인 1장과 2장은 쉽게 읽을 수 있다. 3장부터는 조금씩 개념들이 등장한다. 하지만 딱히 이해하기 어려운 대목은 없다고 자부한다.

이 책《무엇을 할 것인가》에 깔려 있는 철학은 간명하다.

새로운 사람은 새로운 사회의 조건이고, 새로운 사회는 새로운 사람의 조건이다. 학습과 토론의 소통은 개인이 자신의 삶을 의미 있게 살아가는 길인 동시에 사회를 풍요롭게 바꾸는 길이다. 그 길은 개개인이 새로운 사람으로 거듭나는 소통의 과정이다. 새로운 사회, 새로운 사람을 일궈가는 새로운 민주주의 혁명, 바로 그것이 '주권혁명'이다. 민주주의를 열어온 프랑스혁명, 러시아혁명에 이은 한국혁명의 사상이다.

지구라는 떠돌이별의 어둠을 밝히며 이 책을 '학습'할 모든 사람과 주권혁명이라는 새로운 민주주의의 상상력을 소통하고 싶다. 그 상상력을 실현해갈 한국혁명의 이야기를 함께 써가길 제안한다.

1

모든 권력은
국민으로부터 나온다?

낡은 사회에서 살아가는 비극

새로운 사람, 새로운 사회로 가는 길을 제안하는 이 책의 첫 장을 낡은 사회에서 살아간 사람들의 비극으로 시작하고 싶다. 왜 지금 뜬금없이 '새로운 민주주의 혁명'인지를 묻는 사람에게 그것이 얼마나 절박하고 절실한 과제인지를, 그런 물음이야말로 기실 얼마나 뜬금없는지를 잔잔하게 이야기하고 싶어서다.

먼저 서른네 살, 동네에서 착하기로 소문난 여성의 삶이다. '민주 시대'가 열렸다고 지식인들이 환호하던 시기에 이웃들로부터 '천사표'로 불린 젊은 주부는 막내를 등에 업고 어린 남매의 두 손을 꼭 잡은 채 16평짜리 전세 든 서민 아파트를 나섰다. 자신과 아이들이 한 번도 살아보지 못한 고층 아파트 단지를 찾았다. 엘리베이터를 타고 오를 때만 해도 아이들은 신기했고 신났다. 15층 꼭대기에서 내렸을 때가 오후 6시, 이슬비가 내리고 있었다.

다섯 살 아들을 가슴에 꼭 안고 있던 여성은 돌연 아이를 15층 난간 밖으로 밀었다. 초등학교 1학년이던 큰딸은 곧바로 자신에게 다가온 엄마에게 뒷걸음치며 외쳤다. "엄마! 살고 싶어요." 천사표 여성은 손사래 치는 딸을 기어이 두 팔로 붙잡았다. 딸은 부르댔다. "엄마, 살려주세요."

하지만 엄마의 힘을 당할 수 없었다. 기어이 창밖으로 밀려났다. 무서움에 비명도 지르지 못하고 꽃잎처럼 허공에서 차디찬 아스팔트로 떨어졌다. 마지막으로 등에 업었던 아기를 가슴에 품은 채 자신도 몸을 던졌다. 네 사람의 선혈로 아스팔트는 붉게 물들었다. 비극으로 삶을 마친 30대 여성이 바지 주머니에 남긴 유서는 간단했다.

"아이들에게 미안하다. 살기 싫다."

유서 아래는 고향의 친정집 전화번호가 적혀 있었다. 21세기 대한민국의 수도권에서 일어난 참극이다. 비극의 처음은 어느 날 갑자기 다가왔다. 초등학교 동창인 부부가 딸, 아들을 낳고 행복하게 살아가던 중에 남편이 일하던 가구회사가 부도났다. 밀린 월급도 받지 못했다. 곧이어 막내가 태어났다. 남편은 구직에 잇따라 실패했다. 건설 현장을 찾아 노동자로 일했지만 그마저도 비정규 일용직이어서 일감이 늘 있을 수 없었다. 결혼 뒤 줄곧 아이들을 키우며 주부로 살아온 아내는 틈날 때마다 식당에 나가 일을 하거나 김밥을 말았다. 하지만 막내를 출산하면서 아기를 돌봐야 했기에 허드렛일조차 할 수 없었다. 어린 자녀를 집에 두고 부부가 일하러 나가며 방문을 잠갔다가 불이 나 아이들이 모두 숨진 사건을 텔레비전으로 보았던 게 악몽처럼 떠올랐다.

결국 살아남기 위해 은행에서 1,000만 원을 빌렸다. 남편 이름의 카드로 1,000만 원 대출도 받았다. 빚은 신용카드 세 개로 돌려 막았다. 남편과 자신, 모두 신용불량자가 됐다. 빚 독촉에 시달렸다. 카드 빚 갚으라는 독촉 전화가 시도 때도 없이 걸려왔다. 아기가 피부병으로 괴로워 보채도 병원에 갈 치료비가 없었다. 남에게 아쉬운 소리를 해야 하는 신세를 비관했다. 아이들의 장래를 생각하면 잠을 이룰 수 없었다.

며칠 전에도 아기가 열이 심해 병원에 가야 했지만 돈이 없었다. 언니에게 빌려달라고 했다. 5만 원을 부쳐 받았지만 언제까지나 손 벌리기가 구차스러웠다. 큰딸이 수영장으로 현장학습을 가는 날에도 참가비 3,800원을 줄 수 없었다. 수영장에 가지 못한 딸에게 더없이 미안했다.

참사가 일어나자 대다수 언론은 '비정의 모정'이니 '모진 모정'이라고 몰아세웠다. 하지만 이웃 사람들의 증언은 전혀 달랐다. "천사표였어요. 부부 금슬도 좋았고요. 아이 엄마가 참 아이들을 끔찍이 사랑했어요. 너무 사랑한 나머지……."

사고 당일에도 아이들 옷을 정성껏 빨래했다. 그날 찾아왔던 친구에게 물었다.

"살기 힘들어, 내가 자살하면 저 아이들은 어떻게 될까."

사건을 담당한 부평경찰서에 따르면 생활고를 비관한 자살 사건이 부평 지역에서만 일주일에 한두 건 접수된다. 병사는 더 많다. 폐나 간이 망가져 피를 토하고 죽은 변사체로 발견된다.

수도권의 일가족 참극은 '참여정부' 첫해에 일어났다. 이 정부의 마지막 해에 수도권의 다른 지역에서 마흔여덟 살의 '붕어빵 노점상'이 스스로 목을 맸다. 역시 동갑내기 아내와 더불어 10년 넘게 지하철역 주변에서 먹거리 노점을 했다. 몸에 문신이 가득한 폭력배가 날뛰며 노점상을 단속하던 바로 다음 날, 조용히 목숨을 끊었다. 자신은 물론, 함께 노점을 하던 아내가 '단속반'에게 구타당하는 꼴을 하릴없이 지켜보아야 했다.

머리칼이 하얗게 변해가는 아내에게 밤새 미안하다는 말만 되풀이할 수밖에 없던 마흔여덟 살 남편의 심경은 어땠을까. 노점을 못해 아침 일찍 일자리를 구하러 인력시장에 나갔지만 일용직 일자리도 구하지 못했다. 결국 공원 나무에 목을 맬 때 그의 가슴은 얼마나 피멍 들었을까.

비단 자살만이 아니다. 두 자살 사건이 일어난 사이에 우리가 잊기 어려운 삶과 죽음이 있었다. 예순아홉 살 이르도록 평생 남의 땅에서 농사를 지어 살던 한 농부의 삶을 돌아보자. 농부는 초등학교에 다닐 '기본권'조차 누리지 못했다. 소년 시절부터 소작을 해야 입에 풀칠을 할 수 있었기 때문이다. 일흔을 앞둔 어느 날, 늙은 농부는 아스팔트 위에 섰다. "농민도 사람답게 살고 싶다"며 서울 여의도에서 열린 농민대회에 참석했다. 전 세계적으로 퍼져가는 신자유주의 체제와 농업 개방 물결에 항의하는 집회였다.

미리 신고한 집회 장소 안에서 국회의사당을 바라보던 늙은 농부에게도 경찰의 진압봉과 방패는 살천스레 찍혔다. 머리, 입, 코로 피를 흘리며 쓰러졌다. 고통 속에 병원으로 실려 갔지만 등뼈와 목뼈가 손상되었다. 뇌와 몸을 이어주는 척수를 다쳐 사지가 마비됐다. 열 시간 넘는 수술을 받았으나 끝내 숨졌다. 전혀 보탬 없이 일어난 일 그대로 쓴다. '참여정부의 공권력'은 늙은 농부를 대낮에 때려죽였다.[*]

늙은 농부가 참혹하게 숨진 뒤 열 달도 지나지 않아서다. 건설 현장에서 비바람 맞으며 비정규직 일용노동자로 애면글면 살아가던 마흔다섯 살의 노동자가 대한민국 대표 기업인 포스코 앞에 섰다. 부당 노동행위에 항의하는 집회였다. 그런데 꿈에도 상상조차 못했을 일이 일어났다. 그곳에서 삶의 최후를 맞았다. 공권력에 에워싸여 온몸에 피멍 들도록 발길질 당하고 방패에 찍혔다. 갈비뼈와 두개골이 골절되었다. 그렇다. 전혀 과장 없이 일어난 일 그대로 쓴다. 늙은 농부에 이어 중년의 노동자를 '참여정부의 공권력'은 때려죽였다.

---

[*] '공권력이 노동자와 농민을 때려죽였다'는 표현에 거부감을 느낄 사람도 있을 터다. 하지만 공권력이 의도했든 안 했든 드러난 현상을 객관적으로 서술하면 그렇게 쓸 수밖에 없다. 그렇게 쓰지 않는 것이 오히려 미화하는 주관적 서술이다. 사람의 머리를 방패로 내려찍을 때 죽을 수 있다는 위험성을 경찰이 모를 리 없다고 판단한다면 더욱 그렇다.

다시 열 달이 채 지나지 않아서다. 대한민국에 50대 택시 노동자가 살고 있었다. 그 사람을 잘 아는 사람은 다음과 같이 말했다.

"민중처럼 생긴 민중, 농민처럼 생긴 노동자, 말수 없는 실천가, 어디서나 똑똑한 척하지 않고 소처럼 빙긋이 웃는 그 모습, 마음 깊은 곳 심장에 남는 미소, 무공해 중에서도 가장 무공해 민중."

누구든 그와 마주친 사람은 공감할 터다. 평범한 농부의 9남매 가운데 다섯째로 태어났다. 중학교를 중퇴하고 서울로 올라왔다. 중국집 배달을 비롯해 생활전선에 내몰렸다. 쉰네 살까지 홀로 살았다. 달동네 지하 단칸방에 살면서도 월급 120만 원을 쪼갰다. 진보정당은 물론, 여러 시민단체에 회원으로 꼬박꼬박 회비를 냈다. 사납금에 쫓기면서도 틈나는 대로 책을 읽었다.

경기도 철원군 농민들이 경찰에 연행되었을 때, 그 택시 노동자는 경찰서 앞에서 새벽까지 농민들을 기다렸다. 대중교통이 끊어진 시각이기에 기다렸다가 철원군까지 태워줬다. 물론, 무료였다. 녹록지 않은 생업으로 언제나 피곤했지만 집회와 시위 현장에 꼬박꼬박 참여했다. 노무현 대통령 탄핵을 반대하는 집회에서도 누구보다 열정을 쏟았다. 바로 그 대통령이 청와대에 복귀해서 한미자유무역협정(이하 FTA)을 강행했다. 마지막 순간까지 싸우던 그는 협정 타결이 임박하자 기어이 자신의 몸을 살랐다. 불덩이가 되어서도, 구급차에 실리면서도, 마지막까지 외쳤다.

"한미 FTA 중단하라."

더러는 지금이 분신자살할 때냐고 사뭇 눈을 흘긴다. 하지만 그

분의 유서는 윤똑똑이들을 날카롭게 고발한다.

"(참여정부가) 토론을 강조하면서도 실제로 평택기지 이전, 한미 FTA에 대해 토론한 적 없다. 숭고한 민중을 우롱하지 마라. 언론을 오도하고 국민을 우롱하지 마라."

택시 노동자가 몸을 불사르며 호소했지만, 바로 다음 날 노무현 정권은 미국과 협정 타결을 발표하며 의기양양했다. 대다수 신문과 방송은 찬가를 합창했다. 마치 곧 선진국이라도 될 듯이 곰비임비 나팔을 불었다.

하물며 처음부터 '친親대기업'을 주창하고 나선 이명박 정권은 더 말할 나위가 없다. 경찰특공대가 정당한 보상을 요구하며 농성하던 철거민들을 급습했다. 그 과정에서 철거민 다섯 명이 불에 타죽는 '용산 참사'가 일어났다.*

---

* 용산 참사는 2009년 1월 19일 일방적 재개발에 항의하며 농성하던 서울 용산의 철거민들을 경찰특공대가 새벽에 해산하는 과정에서 화재가 발생해 철거민 5명과 경찰 1명이 사망하고 24명이 부상당한 사건이다. 검찰은 참사 3주 만에 철거민의 화염병 사용이 화재 원인이며 경찰의 농성 해산 작전은 '정당한 공무집행'이라는 수사 결과를 발표했다. 결국 경찰의 과잉 진압 책임은 묻지 않고 철거민 대책위원장을 비롯해 27명이 기소됐다. 2009년 2월 11일 청와대가 연쇄살인 사건을 통해 용산 참사 여론을 무마하라는 홍보 지침을 이메일로 발송한 사실이 드러났다. '청와대 국민소통비서관실'을 발신자로 '경찰청 홍보 담당관'에게 보낸 문건은 "용산 사태를 통해 촛불시위를 확산하려는 반정부 단체에 대응하기 위해 '군포 연쇄살인 사건'의 수사 내용을 적극 홍보"하라고 지시했다. 또 "온라인을 통한 홍보는 즉각적인 효과를 노릴 수 있으므로 온라인 홍보팀에 적극적인 콘텐츠 생산과 타 부처와의 공조를 부탁"하면서 △연쇄살인 사건 담당 형사 인터뷰, △증거물 사진 등 추가 정보 공개, △드라마 〈CSI〉와 경

2012년 12월 대선에서 박근혜가 당선된 뒤 노동자들이 줄이어 자살한 사건은 이 땅의 민중이 얼마나 절망에 잠겨 있는지를 상징적으로 드러내준다.

  노동자, 농민, 철거민 들을 '공권력의 법 집행'이라는 명분으로 죽인 정치권력들은 신자유주의가 거스를 수 없는 시대정신이라는 허구를 마치 진리인 듯 마구 퍼뜨려왔고, 지금도 그렇다. 이 책에서 살펴보겠지만 신자유주의 아닌 '새로운 사회'가 얼마든지 가능한데도 권력과 그들을 대변하는 대중매체는 대안의 가능성을 은폐하고 소통을 가로막는 데 성공해왔다.

  신자유주의로 고통받거나 죽어가는 노동자, 농민, 빈민 사이에 새로운 민주주의의 상상력, 희망의 원천이 사실상 고갈되어가는 이유가 여기 있다.

찰청 과학수사팀의 비교, △사건 해결에 동원된 경찰관, 전경 등의 연인원, △수사와 수색에 동원된 전의경의 수기 등 구체적인 홍보 방법"까지 제시했다. 문건은 "용산참사로 빚어진 경찰의 부정적 프레임을 연쇄살인 사건 해결이라는 긍정적 프레임으로 바꿀 수 있는 절호의 기회"라며 "계속 기사거리를 제공해 촛불을 차단하는 데 만전을 기하기 바란다"고 강조했다.

누가 삶과 상상력을 죽이는가

노동자, 농민, 빈민 들이 공권력에게 죽임을 당하는 사건들은 공권력의 정당한 집행이고, 불가피한 일인가? 적어도 정치권력과 대다수 언론은 그 논리를 소통시켜왔다.

하지만 냉철하게 사실관계를 짚을 필요가 있다. 누가 죽였는가, 누가 살인을 저질렀는가, 그 범죄는 정말 불가피한 일인가를. 시야를 조금만 넓히면 사람이 사람을 죽이는, 살인의 문제가 우리가 생각하는 것보다 훨씬 더 뿌리 깊다는 사실을 간파할 수 있다.

인류가 오늘에 이르기까지 밟아온 긴 여정을 찬찬히 톺아보자. 숱한 죽임의 시간들을 떠올릴 수 있다. 지금으로서는 도저히 이해하기 힘든 이유로 수십억의 인류가 오직 한 번인 삶을, 생명 자체를 참혹하게 빼앗겼다.

당장 20세기에 벌어진 제1, 2차 세계대전이 그 처참한 보기다. 제1차 세계대전에서 1,500만 명, 제2차 세계대전에서는 5,000만 명이 생때같은 목숨을 잃었다. 제2차 세계대전이 끝난 뒤 곧 이은 한국전쟁에서는 350만 명이 숨졌다. 그뿐인가. 자본주의를 넘어선 혁명을 추구했던 러시아혁명과 중국혁명, 그리고 이 땅에서 갑오농민전쟁甲午農民戰爭 이래 연면히 이어온 혁명적 사건들을 비롯해 지구 곳곳에서 수천만 명이 목숨을 잃었다.

오늘 숨 쉬며 살아가는 우리 모두는 그 모든 참극의 후손들이다. 우리의 생명 자체가 그렇다. 부모와 그 부모로 거슬러 올라가면 모두 핏빛 역사와 어떤 형태로든 연결되어 있다는 사실을 쉽게 확인할 수 있다. 바로 그렇기에 억압과 학살의 참극을 단순히 역사로만 넘길 일이 아니다. 죽임을 당한 사람들이 오늘의 나와 결코 무관한 게 아니라면, 아니 설령 무관하더라도, 대체 누가 무엇 때문에 그 많은 사람들을 죽였는지, 지금도 죽이고 있는지, 명명백백하게 가려야 한다.

인류사의 순간순간을 되돌아보면 민중의 피와 죽음이라는 구체적 현상과 쉽게 맞닥뜨릴 수 있다. 조직적 살인, 대량으로 사람 죽이기는 21세기 들어서서도 생생한 현실이다. 미국의 이라크 침략전쟁*이 대표적 보기다. 심지어 2007년 당시 미국 대통령 조지 W.

---

* 조지 W. 부시George W. Bush가 이라크와 전쟁을 벌이며 미국 의회와 전 세계에 내세운 명분은 이라크의 대량 살상 무기 보유, 알 카에다Al-Qaeda와의 연계 두 가지였다.

부시는 이란을 두둔하는 러시아를 지목해 '제3차 세계대전' 발발을 운운하며 겁박했다. 부시 시절 미국의 패권주의는 조선민주주의인민공화국을 '악의 축'으로 지목하고 '체제'를 바꾸겠다고 공언했다.

더 큰 문제는 야만적인 침략 전쟁과 제3차 세계대전 협박이 자유와 민주주의의 이름으로 저질러지는 데 있다. 미국이 '석유 자원 통제'를 목적으로 이라크를 침략한 전쟁의 작전명은 언죽번죽 '이라크의 자유Freedom of Iraq'였다. 조선민주주의인민공화국과의 국교 수립을 거부하며 '체제 변형'을 꾀한 명분도 '자유'와 '민주주의'다. 민주주의의 이름으로 주권국가를 침략했거나 침략할 틈을 보고 있는 게 초강대국 미국이 주도하는 국제정치의 엄연한 현실이다.

국가 내부적으로도 자유의 이름은 어느새 반민주적 억압을 정당화하고 있다. 다시 한국으로 눈을 돌려보자. 앞에서 보기로 든 도시빈민, 농민, 비정규직 노동자, 정규직 노동자 들의 피맺힌 죽음은 '신자유주의'라는 미명 아래 빚어지고 있다. 민주공화국으로 모든 권력은 국민으로부터 나온다는 선언을 헌법 제1조 제1항과 제2항으로 명문화해둔 대한민국에서 저질러진 참극이자 야만적 폭력이다.

하지만 두 명분 모두 사실무근임이 밝혀졌다. '아무런 정당성이 없는 공격'을 국어사전은 '침략'이라고 풀이한다.

한국만이 아니다. 21세기를 맞았지만 인류의 대다수는 신자유주의적 경쟁 체제 아래 놓여 있고 일부는 강대국의 침략 아래 놓여 있다. 그럼에도 이 땅을 비롯해 '지구촌의 대다수 사람들'—정치·경제·언론 권력을 지니지 못한 바로 그 대다수를 한마디로 줄이면 'People' 곧 국어사전 의미로 '민중'이다. 이 책에서 쓰는 민중의 개념도 그와 다르지 않다—이 그 체제를 바꾸려고 나서지 않는 데에는 크게 세 가지 이유가 있다.

첫째, 부익부빈익빈의 경쟁 체제와 침략 체제에서 이익을 누리는 세력이 민중에게 진실을 조직적으로 숨기거나 속이고 있기 때문이다. 신자유주의는 지구 곳곳에서 20 대 80의 사회를 만들고 있다. 사회 구성원 80퍼센트의 삶은 점점 어려워가고 20퍼센트의 삶은 무장 호사로운 구조적 현상이다.* 문제의 핵심은 그럼에도 현실에선 대다수 사회 구성원이 그 20과 80의 사회를 직시하지 못하고 80퍼센트의 사람들이 20퍼센트의 논리를 '진리'로 받아들이는 데 있다. 미디어가 그 매개다. 미디어 산업 자체가 신자유주의 체제에서 이익을 보고 미디어 산업에서 일하는 구성원들 또한 살쪄가는 미디어 산업으로부터 혜택을 받기 때문이다. 미디어만이 아

---

* 2011년 미국의 '월 스트리트 점거 시위' 이후 신자유주의를 1 대 99의 싸움으로 규정하는 담론이 퍼져갔지만, 동의할 수 없다. 현 체제가 오직 100분의 1을 위해 운영된다는 주장은 사뭇 선동적이지만 안이할뿐더러 적어도 20퍼센트는 현 체제에서 이익을 보고 있다는 사실을 놓치기 쉽다. 냉철한 리얼리즘에 근거하지 않은 주장은 체제를 변화시키는 데 전혀 효과적이지 못하다. 한국 사회도 마찬가지다.

니다. 제도권 학교 교육을 통해 대다수는 주어진 현실에 순응하도록 교묘하고 세련된 방법으로 길들여진다.

둘째, 부익부빈익빈의 경쟁 체제와 침략 체제에 마침표를 찍겠다고 나선 세력의 무능 때문이다. 무엇보다 실존 사회주의 국가들이 1989년부터 1991년에 걸쳐 대부분 몰락하면서 지구촌 차원에서 새로운 사회의 실현 가능성에 회의가 커졌다. 자본주의와 다른 체제가 가능하다는 희망은 비현실적 공상이라는 인식이 퍼져 갔다. 그 결과, 주어진 현실은 불가피한 '인간적 현실'이 되었다. 그 현실이 바뀔 수 있다는 상상력조차 고갈되고 있다. 신자유주의가 전 세계적으로 맹위를 떨치고 있는 이유가 바로 거기에 있다.

셋째, 민중 자신의 문제다. 민중의 책임을 묻는 담론은 낯설 수 있다. 하지만 이제 분명히 책임을 물을 때가 되었다. 물론, 생업에 쫓기거나 언론과 교육을 통한 조직적 은폐로 대다수 민중이 진실을 모르고 있거나 망각할 수 있다. 하지만 지금은 과거 중세 시대나 초기 자본주의 시대가 아니다. 특히 20세기 후반기에 일어난 정보기술(이하IT) 혁명은 모든 사람에게 정보 접근을 쉽게 해주었다. 자신의 삶을 조금이라도 성찰할 의지가 있다면, 얼마든지 진실에 다가설 수 있다. 이제 누군가가 내 삶을 바꿔줄 것이라는 기대는 접어야 한다. 스스로 자신의 운명을 개척할 때가 익었다. 민중의 책임을 묻는 까닭이다.

세 가지 이유는 서로 떨어져 있지 않다. 촘촘하게 연결되어 있다. 바로 그렇기에 각각의 해답도 이어져 있다. 이 책은 그 세 가지

난관을 뚫고 나갈 길을 제안하는 데 목적이 있다.

앞서 소개한 수도권의 '천사표 주부'가 자녀 세 명과 집단 투신한 날은 7월 17일, 바로 대한민국의 제헌절이다. 그 아이들과 엄마가 그날 먹은 최후의 점심은 마지막으로 남은 라면이었다. 과연 1948년 7월 17일 대한민국 헌법을 제정했을 때, 그날의 민주공화국이 오늘의 모습이었을까. 우리가 헌법을 시들방귀로 여겨서는 안 될 이유가 여기 있다.

여기서 대한민국 헌법 제1장 제1조를 새삼 꼭꼭 눌러 써볼 필요가 있다. 종이든 컴퓨터든 모바일이든 아니면 가슴이든 어디든 좋다.

① 대한민국은 민주공화국이다.

② 대한민국의 주권은 국민에게 있고, 모든 권력은 국민으로부터 나온다.

이 나라의 주권은 국민에게 있고 모든 권력은 국민으로부터 나온다는 헌법의 제1장 제1조가 '레토릭'이나 장식물이 아니라면, 이제 우리는 당당하게 '헌법을 준수하라'고 이야기해나가야 옳다.

과연 모든 권력이 국민으로부터 나오는가라는 물음에 회의적일 수밖에 없다면, 실제로 모든 권력이 국민으로부터 나올 수 있도록 국민 대다수가 나서야 옳다. 물구나무선 현실을 바로 세우는 것, 바로 그것이 혁명이다. 빼앗긴 제 권리를 되찾는 일이다.

천박한 경쟁 체제와 분단 체제를 넘어 헌법 제1조가 구현된 사회를 만드는 데, 새로운 시대를 창조하는 데, 지금 부름을 받고 있는 사람들이 있다. 이 책은 바로 그 사람들을 위한 책이다.

　우리가 일궈갈 주권혁명은 프랑스혁명과 러시아혁명을 이은 인류의 새로운 차원을 열어갈 혁명이다. 프랑스혁명(1789)이나 러시아혁명(1917)과 달리 처음부터 끝까지 민중의 힘으로 일궈갈 혁명이다. 이제 그 새로운 혁명, 한국혁명의 이야기로 본격 들어가보자.

헌법

1. 헌법 제1조 제1항은 "대한민국은 민주공화국이다"이다. '민주공화국'은 어떤 나라인가?

2. 대한민국 헌법은 제1조 제2항에서 "모든 권력은 국민으로부터 나온다"고 선언했다. 왜 '권력은 국민으로부터 나온다'고 하지 않고 '모든 권력은'이라고 했을까? '모든'이 들어간 이유는 무엇인가?

3. 제헌절에 자살한 '천사표 여성'의 선택은 불가피했나?

4. '민주정부'에서 노동자와 농민이 공권력에 맞아 죽은 사건을 어떻게 보아야 하나?

2

역사와 어떻게
소통할 것인가

삶과 역사를 보는 세 가지 틀

1793년 1월 21일. 프랑스 국왕 루이 16세*는 파리 중심의 큰 광장
으로 걸어갔다. 아직 서른아홉 살. 한창 나이였다. 스무 살에 "짐은
곧 국가"라는 프랑스 절대왕정의 정점에 오른 이후 국왕으로 보낸
19년이 주마등처럼 스쳐갔을 터다. 그날 광장에서 왕을 기다린 것
은 기요틴guillotine, 단두대였다.

2.3미터 높이에 매달린 40킬로그램의 시퍼런 칼날. 프랑스혁명
시기에 도입된 사형대다. 본디 고통 없이 단숨에 사형을 집행하자

---

* 루이 16세Louis XVI(1754~1793)는 1774년 루이 15세를 이어 왕위에 올랐다. 무능한
  통치로 일관하다가 왕위에 오른 지 15년 만인 1789년 프랑스혁명을 맞았다. 혁명 세
  력은 굳이 왕을 죽일 뜻이 없었지만 프랑스를 탈출해 외세와 손잡으려고 시도한 사실
  이 드러나 재판을 거쳐 단두대에 올랐다.

는 '인도적 의도'로 고안했지만, 당사자에겐 공포와 전율을 줄 수밖에 없었다.

처형장으로 걸어가는 국왕을 보려고 수많은 파리 시민들이 몰려들었다. 마침내 왕의 목이 단두대에 걸렸다. 곧이어 칼날이 떨어졌다. 집행관이 떨어진 왕의 목을 들어 올리자 프랑스 시민들은 두 손을 들어 환호했다. 감옥에 갇혀 있던 왕비 마리 앙투아네트[**]는 절망했다. 사치와 향락으로 살아온 세월에 비해 단두대는 앙투아네트에게 도통 믿을 수 없는 상황이었다. 기요틴 앞에 섰을 때 겁에 질린 서른여덟 살 왕비의 금발은 실제로 하얗게 변해 있었다. 비단 왕과 왕비만이 아니었다. 그 시기 단두대에서 잘려나간 '머리'는 무려 2만여 두에 달했다. 왜 그랬을까. 바로 그 단두대 앞에서 우리는 삶과 역사란 무엇인가를 묻게 된다.

우리는 지금까지 역사를 놓고 왕조 중심, 곧 지배세력 중심으로 보느냐, 아니면 피지배세력 중심으로 보느냐 하는 이야기를 주로 해왔다. 해답은 우리 모두 알고 있다.

많은 지식인들이 왕조 중심으로 역사를 보는 사관에서 벗어나야 한다고 강조해왔다. 루이 16세와 그의 왕비를 단두대에 올린 사

[**] Josèphe-Jeanne-Marie-Antoinette(1755~1793). 합스부르크 왕가(오스트리아-헝가리 제국)의 여제 마리아 테레지아Maria Theresia(1717~1780)의 막내딸로 태어나 프랑스 왕비가 됐다. 호사스러운 베르사유 궁전에서 '요정'으로 불릴 만큼 미모가 뛰어났다. 프랑스혁명 이후 국고를 낭비한 죄와 '친정'인 합스부르크 왕가와 공모해 반혁명을 꾀한 죄로 단두대에 올랐다.

건을 보더라도 왕조 중심의 사관이 지닌 한계는 뚜렷하다. 왜 절대군주가 단두대의 이슬로 사라졌는지 그 사관으로는 설명할 수 없기 때문이다.

하지만 피지배세력 중심으로 역사를 바라보는 것이 꼭 정답일까?

역사를 왕조 중심으로 보는 것이 낡은 사관임에는 틀림없다. 그렇다고 해서 피지배세력을 중심에 놓고 역사를 읽는 게 꼭 최선은 아니다. 왕조를 중심에 놓은 역사읽기에 견주면 분명 진전된 자세임에 틀림없다. 그러나 뭔가 부족하다. 역사를 피지배세력 중심으로 보되 한 걸음 더 나아가야 옳다. 왕조 중심이냐, 피지배세력 중심이냐의 문제보다 더 중요한 게 있어서다. 먼저 역사의 밑절미를 이루는 개개인의 삶부터 성찰해보자.

무릇 삶과 역사는 오래전부터 철학의 주제였다. 수많은 철학자들이 삶과 역사가 무엇인지를 탐색해왔다. 딱히 철학자가 아니더라도 우리 인간이 어디서 와서 어디로 가는지는 누구나 한 번쯤은 생각해보았을 터다.

사실 모든 인간은 삶과 그것이 이룬 역사에 대해 나름의 안목을 지니고 있다. 설령 그것이 '개똥철학'으로 희화화되는 수준이라 해도 삶과 역사를 바라보는 틀, 세상을 바라보는 눈은 누구나 갖추고 있다. 그리고 그 틀(프레임)은 적어도 자신에겐 엄숙한 선택이다.

개개인이 자신의 삶을 바라보는 틀은 크게 세 범주로 나눌 수 있다. 세상을 살아가는 자세가 아무리 다양해 보여도 누구나 세 범주 가운데 하나의 틀로 살아간다. 여기서 독자들도 자신은 세 가지 틀 가운데 어떤 삶의 자세로 살아가고 있는지 냉철하게 짚어보길 권한다.

첫째, 현실을 고정불변으로 보는 자세다. 우리가 보고 있는 현실은 변함없이 지금 이대로 지속된다고 보는 사람들이 있다. 삶의 현실을 변하지 않는 것으로 보면 어떻게 살아갈까?

다른 방법이 없다. 순응이다. 삶의 현실이 고정불변이니 그 변함없는 현실의 질서에 순응하며 살아가는 길밖에 없다.

둘째, 현실은 변화한다고 생각한다. 그런데 변화해가는 현실에 발을 들여놓기를 꺼려 하는 사람들이 있다. 변화를 관조하게 된다. 현실로부터 언제나 한 발 물러서서 조용히 자신의 개인적 삶을 추구하거나 현실을 지켜보는 사람들이다.

셋째, 삶의 현실이 변화한다고 보는 점에서 둘째와 같다. 그런데 관조하지 않고 그 변화에 적극 뛰어드는 사람들이 있다. 변화하는 현실에 들어가 변화해가는 흐름이나 방향에 참여하고 실천하는 자세다.

세 틀을 간추리면 '현실 불변-순응형', '현실 변화-관조형', '현실 변화-실천형'이 될 터다. 그 세 유형 가운데 독자는 어떤 삶의 자세를 지니고 있는지, 어떻게 현실을 보아왔는지, 앞으로 미래는 어떻게 만들어갈지 성찰해볼 필요가 있다.

여기서 자신의 삶의 자세가 어떤 유형인지를 추상적으로 판단할 일은 결코 아니다. 머릿속 생각이나 판단이 아니라 실제 현실에서 자신이 지금까지 걸어온 삶에 근거해 냉정하게 판단할 필요가 있다.

만일 사람이 자기가 생각한 대로만 행동해나간다면 세상은 오래전에 달라졌을 터다. 하지만 생각과 행동은 꼭 일치하는 게 아니다. 현실은 변한다고 생각하면서도 실제로 살아가는 삶의 모습은 현실을 고정불변으로 여기며 '처세'하는 사람들이 우리 둘레에 적지 않다.

삶을 살아가는 세 가지 태도 가운데 어떤 게 가장 바람직한지에 대한 절대적 가치 기준은 없을지도 모른다.

가령 우주적 질서로 판단한다면, 현실은 고정불변이라 생각하기 십상이다. 실제로 해와 달은 우리 시대의 모든 생명이 사라질 때까지 고정불변으로 남아 있을 게 분명하다. 하다못해 우리 주변의 산과 시내도 의구해 보인다.

하지만 어떤가. 조금만 물리학적 지식을 갖는다면, 우주적 질서가 고정불변이라는 판단은 섣부르고 비과학적이다. 천문학은 인간에겐 영원의 상징으로 꼽히는 별조차 탄생기와 성장기, 장년기에 이어 노년기가 있음을 가르쳐준다. 밤하늘에 반짝이는 모든 별들은 끝없이 움직이면서 죽음의 길로 걸어가고 있다. 우리의 별, 태양도 마찬가지다. 해─태양이라는 별─는 이미 사람 나이로 치면 중년기다. 언젠가는 죽음에 이르러 산산이 부서지며 흩어질 게 틀림없다. 다만 그것 때문에 걱정할 필요는 전혀 없다. 수십억 년 뒤이기에, 우리로선 의미가 없다고 해도 지나친 말이 아니다. 다만 우주적 현실도 고정불변의 질서는 아니라고 단언할 수 있다.

우주적 현실이 그러할진대 역사적 현실은 더 말할 나위가 없다. 사람이 만들어가는 역사나 사회의 모습은 언제나 변하고 있다. 한 세기 전만 하더라도 이 땅에는 왕이 엄격한 신분제도를 토대로 전제적 통치를 하고 있었다. 70년 전 이 땅에는 일본 제국주의자들이 정치를 독점하고 있었다. 분단도 어느새 우리 모두에겐 자연스럽게 다가오지만 조금만 긴 역사적 안목으로 보면 대단히 부자연스러운 현실이다. 간단한 역사적 사실만 짚어도 인간이 만들어가는 역사적 현실은 변화한다는 진실을 확인할 수 있다.

한 시대를 살아가던 많은 사람들이 그 변화에 적극 참여해온 흐름도 있다. 한국 근현대사에 국한해 보더라도 갑오농민전쟁, 3·1운동, 해방공간의 혁명, 4월혁명, 5월 무장항쟁, 6월 대항쟁, 7·8월 노동자투쟁이 있었다.

따라서 문제는 명료하다. 변화하는 삶의 현실에서 우리 개개인은 어떻게 살아가는 게 옳은가—인류의 오랜 철학적 문제이기도 하다.

흔히 우리는 어떤 사람을 경멸할 때 '속물'이라고 손가락질한다. 누가 누군가를 '속물'이라 부르기란 무례하고 나아가 방자한 일이다. 그런데 영어 문화권에서 속물주의를 뜻하는 필리스티니즘philistinism은 '현실을 고정불변의 것으로 생각하고 순응해가는 삶의 태도'로 쓰인다.

현실 순응주의자들은 주어진 현실을 바꿀 수 있다는 생각을 하지 않는다. 우리 주변에서 그런 사람들을 쉽게 찾아볼 수 있다. 가령 모든 걸 '사주팔자'로 여기는 사람이나 신비주의적 숙명론자들이 그렇다. 하지만 한날한시에 태어난 두 사람이 정반대의 복을 누린 사례는 인류 역사에 수없이 많다. 그럼에도 비과학적 논리를 받아들여 현실에 순응하는 사람이 많은 까닭은 무엇일까. 지배세력이 오랜 세월 동안 그렇게 가르쳐왔기 때문이다.

특히 한국은 묵묵히 순종하며 살아가는 게 마치 미덕처럼 권장되어온 오랜 전통이 있다. 공자의 진정한 가르침은 그것이 아니었다고 하더라도, 유학이 이 땅에서 대다수 사람들에게 현실로 가르쳐온 덕목은 '순종'이다.

가령 고대 중국 사회의 기본적 인간관계를 제시한 삼강오륜三綱五倫을 보라. 가장 첫째 덕목을 군위신강君爲臣綱이라 하여 "왕을 섬기는 것은 신하의 근본"임을 강조하고 있다. 신라 진평왕 시기에 원광圓光이 정한 세속오계世俗五戒에서도 사군이충事君以忠, 곧 "충성으로써 임금을 섬긴다"는 말을 첫 번째로 가르쳤다. 심지어 충신은 두 왕을 섬기지 않는다(불사이군不事二君)까지 강요해왔다. 왕과 스승과 아버지는 한 몸과 같다(군사부일체君師父一體)는 가르침은 또 어떤가. 그 모든 게 지극히 비합리적인 왕 중심의 신분제도에 저항하지 못하도록 한 이데올로기적 교화였다. 상식적으로 판단하면 부조리가 틀림없는 현실에 잠자코 순응하길 조직적으로 '교육'한 셈이다.

왜 역사읽기에 혁명이 필요한가

지금으로선 불합리하기 짝이 없는 왕권 세습의 역사가 수천 년 동안 유지돼올 수 있었던 '비밀'은 현실에 순응하라는 정치교육에서 찾을 수 있다. 그것은 점잖게 말해 '이데올로기적 교화'이지만, 더 정확하게 말하자면 세뇌였다. 비단 순응만이 아니다. 은둔의 자세로 관조하는 삶 또한 지배세력이 은근히 권장한 미덕이다. '처사處 士'라 하면 어쩐지 높이 평가하고 싶은 생각이 누구나 가슴 한 자락에 깔려 있는 사연도 그 때문이다.

　실제로 변화해가는 현실을 관조하는, 묵묵히 지켜보며 살아가는 사람이 적지 않다. 이를테면 다른 사람에게 피해를 주지 않고 살겠다. 누군가를 도와주지도 못하지만 누구에게 뭘 바라지도 않고 성실하고 정직하게 살아가겠다, 그런 자세로 살아가는 사람들이다. 마음이 여려 상처받기 쉬운 사람이 선택하는 삶의 모습이다.

그런데 그 선택이 무난하려면, 다른 사람들도 착해야 한다. 과연 그러한가. 다른 사람이 자신과 달리 누군가를 이용하려 든다면, 또 이용당하는 누군가가 바로 자신이 될 때면, 관조하는 삶의 태도는 재앙으로 귀결될 수 있다. 젊음을 바쳐 성실하게 일해온 일터에서 어느 날 갑자기 명예퇴직 당하는 상황이 대표적 보기다. 온몸을 던져 땀 흘리며 일해온 농부가 신자유주의 물살에 밀려 벼랑으로 몰리는 상황도 그렇다. 역사적으로 살핀다면 일본 제국주의가 한 발 한 발 야욕을 드러내며 다가올 때 초야에 처사로 묻혀 있던 결과는 무엇이던가. 딸은 일본군의 성노예로, 아들은 총알받이로 빼앗기는 참담한 현실을 곧 직면해야 했다.

결국 삶의 현실을 고정불변의 대상으로만 보거나 변화하는 현실을 관조만 할 때, 자신의 삶이 전혀 다른 논리에 통제당할 수밖에 없다. 반면에, 어떤 형태로든 실천으로 현실의 변화에 조금이라도 관여할 때 삶은 참여한 그만큼 창조를 일궈낼 수 있다.

바로 그 실천하는 삶의 의미를 또렷하게 강조한 철학자가 카를 마르크스*다. 한국 사회에서 마르크스의 이름은 말하는 사람

* 마르크스Karl Marx(1818~1883)는 모든 사람이 자유롭고 평등하게 살아가는 세상을 꿈꾼 철학자다. 유대인 기독교 가정에서 태어났다. 본 대학에 입학해 1년 동안 그리스 로마 신화를 비롯해 인문계 수업을 받고, 베를린 대학으로 옮겨 법학, 역사학, 철학을 공부했다. 1841년 철학 박사학위를 받고 교수의 꿈을 가졌으나 당시 프로이센 정부가 '사상이 불온하다'는 이유로 가로막았다. 1842년 《라인신문 Die Rheinische Zeitung》에 들

이나 듣는 사람 모두에게 부담을 주기 십상이다. 하지만 한국 민주주의의 성숙을 위해서라도 더는 마르크스를 금기의 영역에 둬서는 안 된다.

한국 학계와 언론계에선 마르크스를 금기시하며 시대적으로 한물간 사상가로 폄훼하고 있다. 그래서 대한민국의 국가 구성원으로 살아온 국민 대다수는 마르크스의 생각을 만날 기회가 거의 없었다. 하지만 마르크스의 사상은 지금도 계속해서 우리에게 깊은 영향을 끼치고 있다.

유럽 여러 나라에서 진보정당은 집권당으로서 복지국가 정책을 추진해왔다. 특히 스웨덴과 노르웨이, 핀란드의 복지국가는 무상의료와 무상교육, 실업수당이 상징하듯이 적어도 복지 수준에서는 완벽에 가까운 사회를 일궈왔다. 바로 그 유럽 진보정당의 성장도 거슬러 올라가면 마르크스의 사상에 젖줄을 대고 있다.

영국의 BBC 방송이 1999년 9월 한 달 동안 전 세계 시청자들을 상대로 지난 1,000년간 가장 위대한 사상가를 묻는 인터넷 조사를 실시한 결과 카를 마르크스가 1위로 선정됐다. 알베르트 아인슈타인이 2위로 선정됐으며, 아이작 뉴턴, 찰스 다윈 순이었다. 프리드리히 니체**가 10위였다. BBC는 20세기 들어 공산주의 독재정권

어가 언론인으로 활동했으나 곧 폐간되었다. 영국으로 망명해 런던에서 평생을 살며 자본주의를 해부한 《자본론*Das Capital*》을 비롯해 노동계급 해방을 목표로 한 저작 활동과 국제노동운동을 조직하는 데 적극 나섰다. 1883년 3월 마르크스는 서재에서 유언도 없이 숨을 거뒀다. 런던 하이게이트 공동묘지에 안장됐다.

이 마르크스의 독창적인 사상을 훼손시켰지만 철학자, 사회과학자, 역사학자, 혁명가로서 그의 업적은 현재까지도 전 세계 수많은 사람들에게 영향을 주고 있다고 정당하게 평가했다.

지구촌 사람들이 지난 1,000년 동안 인류에게 가장 큰 영향을 끼친 철학자로 꼽은 마르크스는 우리가 살아가는 삶의 현실을 정확히 보려면 꼭 이해하고 넘어가야 할 사상가다. 마르크스가 쓴 아주 짧은, 하지만 큰 영향을 끼친 논문이 있다. 철학자 포이어바흐*를

** 니체Friedrich Wilhelm Nietzsche(1844~1900)는 전통적인 목사 집안에서 태어나 본 대학에서 고전문헌학, 신학, 예술사를 공부했다. 라이프치히 대학에서 박사학위를 받고 1870년 문헌학 교수가 되었다. 하지만 편두통, 만성적 위장 장애, 시력장애로 고통받아 1879년 교수직에 사표를 내고 저술 활동에 몰입한다. 1883년에서 1884년에 걸쳐 《차라투스트라는 이렇게 말했다 *Also sprach Zarathustra*》를 집필해 출간했다. 코펜하겐 대학의 브란데스G. Brandes 교수가 니체 철학에 대해 강의했다는 소식을 듣고 고무된다. '가치의 전도'라는 표제로 책을 구상하던 중에 1889년 1월 거리에서 쓰러진 뒤 정신이상 징후를 보이며 정신병원에 입원한다. 그 뒤 회복하지 못하고 병상에서 눈을 감았다.

* 철학자 포이어바흐Ludwig Andreas Feuerbach(1804~1872)는 무신론을 정초했다. 어린 시절 꿈이 목사였던 그는 1841년 발표한 저서 《기독교의 본질 *Das Wesen der Religion*》에서 신이 인간을 창조한 게 아니라, 인간이 신을 창조했다고 '선언'해 유럽 지성계에 큰 파문을 일으켰다. 현실세계에서 자신과 세상에 만족을 느끼지 못하는 인간이 상상력, 소망, 이기심을 동원해 '신'이라는 이상적인 존재를 만들어놓고 그로부터 '위안'을 받으려 한다는 것이다. 인간이 만들어낸 신이 오히려 인간을 지배하는 현상을 '소외'라고 설명했다. 포이어바흐의 무신론에 마르크스는 공감했다. 하지만 인간이 결심하면 종교적 소외에서 벗어날 수 있다고 속단하진 않았다. 마르크스는 신을 섬기는 원인을 제거하지 않으면 소외를 벗어날 수 없다고 강조했다. 마르크스가 종교를 아편이라고 한 이유다. 마르크스는 사람들이 신을 믿는 이유는 현실이 고통스럽고 견뎌내기 힘들어서라고 분석했다. 따라서 사회·경제적으로 민중의 삶이 안정되면 자연히 '진통제'로서의 아편은 복용하지 않게 된다고 보았다.

압축적으로 비판한 〈포이어바흐에 관한 테제Thesen über Feuerbach〉다. 모두 11개의 테제로 구성된 논문의 첫째 명제를 읽어보자.

"지금까지의 모든 유물론(포이어바흐의 유물론을 포함하여)의 주요한 결함은 대상 thing, 현실reality, 감성 sensuousness이 오직 객체의 혹은 관조의 형식 아래에서만 파악되고 있다는 것이다. 감성적 인간 활동sensuous human activity으로서, 실천practice으로서 파악되지 않고, 주체적으로subjectively 파악되지 않는다는 것이다. 그러므로 그는 혁명적revolutionary, 실천적·비판적practical-critical 활동의 의미를 개념적으로 파악하지 못하고 있다."

여기서 우리는 마르크스가 단순한 유물론자가 아님을 확인할 수 있다. 흔히 마르크스를 비난하거나 맹신하는 사람들은 그의 유물론을 사회구조에 갇힌 피동적 인간상과 연관시킨다. 하지만 마르크스는 낡은 유물론과 달리 사람의 감성적 활동을 어떤 철학자보다도 중요하게 여겼다.

더구나 마르크스는 감성적 활동을 강조하면서 그것을 순응은 물론, 관조의 형식과 뚜렷이 대비하고 있다. 현실을 고정불변으로 인식해 순응하는 삶과 달리 변화의 흐름을 관조하는 삶의 태도는 그 나름대로 깨끗한 모습일 수도 있다. 수도승의 자세가 대표적인 보기일 터다. 마르크스는 변화를 관조하는 삶보다는 감성적 인간 활동과 주체적 실천을 중시했다. 변화해가는 현실에 감성적 활동으로 살아가는 자세는 마르크스 표현을 빌리면 '혁명적, 실천적·비판적'이다. 자신의 감성적 활동과 실천을 통해 변화에 기여하려면 현실을 비판적으로 인식할 수밖에 없다.

마르크스에게 '혁명'의 의미는 변화해가는 현실 속에서 참여와 실천으로 뭔가를 바꿔나가려는 태도를 말한다.* 따라서 '마르크스'나 '혁명'이라는 말에 굳이 우리가 부담감을 느낄 아무런 이유가 없다.

바로 이 지점에서 우리는 역사를 왕조 중심이나 피지배세력 중심으로 보는 차원을 넘어설 수 있다. 사람이 역사를 만들어간다는 사실에 주목한다면, 역사의 순간순간을 이루는 현실이 변화해나가는 데 자신이 어떤 구실을 할 것인지의 문제가 중요하게 부각된다.

더 말할 나위 없이 역사적 변화는 왕조 중심으로 읽기보다 대다수인 피지배세력 중심으로 바라보아야 옳다. 다만 그렇게만 변화를 바라보고 해석한다면 관조하는 태도로 이어지기 십상이다. 내가 변화하는 역사의 과정에 직접 뛰어들어 현실을 바꿔나가는 자세, 바로 그것이 역사 앞에 선 사람의 올바른 자세다. 역사읽기의 혁명이다.

마르크스는 본디 문학적 재능이 뛰어난 철학자였기에 현실의 변화를 관조하는 태도와 '혁명적, 실천적·비판적'으로 살아가는

---

* 〈포이어바흐에 관한 테제〉의 마지막, 11번째 테제가 그 유명한 다음 명제다. "지금까지 철학자들은 세계를 서로 다르게 해석해왔을 뿐이다. 이제 중요한 문제는 세계를 변화시키는 것이다."

태도 가운데 어떤 게 옳은지 판단을 망설이는 독자에게 싱그러운 비유를 남겼다. 현실을 관조하며 살아가기와 실천하며 살아가기는 자위와 사랑의 관계와 같다고 말했다. 대상이 있는 사랑과 자위하는 행위의 차이는 크다. 많은 사람들이 마르크스를 유물론자라고 이야기하지만, 실제 그의 사상과 삶은 살아 숨 쉬는 사람의 감성과 활동을 중심에 두고 있다.

역사읽기의 혁명은 역사를 단순히 읽는 게 아니라 변화하는 현실을 정확히 인식하고 그 변화하는 현실 속에 직접 들어가 자신은 무엇을 할 것인지 실천을 고민하는 감성에서 출발한다. 역사를 일회적인 자신의 삶과 직접 연결하여 읽는 태도다.

삶을 살아간다는 건 누구나 지니고 있는 자신의 내면을 어떤 형태로든 밖으로 표현해가는 긴 외화外化의 과정이다. 일회적인 그 과정은 유감이지만 길지도 않다. 아무리 길어봐야 100년 안팎이다. 물론 꼭 짧다고만은 할 수 없다. 엄밀하게 말하면 관조도, 순응도 자신의 삶을 실천하는 한 방법이다. 삶의 순간순간이 어쩔 수 없는 선택이고 실천이기 때문이다.

지금까지 제안해온 역사읽기의 혁명, 그 연장선에서 오래전부터 지녔던 문제의식을 꺼내고 싶다. 한국인들은 5,000년 역사를 지니고 있다. 기록으로만 보더라도 2,000년이 넘는다. 그런데 왜 지금 이렇게 살까?

냉철하게 톺아볼 필요가 있다. 미국의 역사는 아주 짧다. 우리가 미국처럼 살아야 한다는 생각이 전혀 아니다. 다만 우리는 왜

2,000년의 역사를 지니고도 지금 이렇게밖에 못 살까 하는 문제에 주목하고자 할 따름이다. 유럽의 여러 나라들, 이를테면 복지가 가장 잘 실현되어 있다는 스웨덴의 역사도 우리와 견주면 상당히 짧다. 유럽의 거의 모든 나라가 우리에 비해 역사가 짧다. 그런데 왜일까. 우리의 역사는 왜 식민지를 거쳤을까? 우리가 문명을 전해준 일본은 러시아나 중국과 싸워서 이기는 정도의 실력을 갖춘 나라로 커나갔는데, 왜 우리는 그 나라의 식민지로 전락했을까?

지금도 마찬가지다. 식민지의 굴레를 벗어났지만, 그 과정에서 다른 나라의 힘이 결정적이었기에 남북으로 분단되었다. 남들은 짧은 역사를 지니고도 우리보다 훨씬 질적으로 성숙한 사회를 이뤘는데 왜 우리는 식민지에 이어 분단으로, 그리고 다시 영남, 호남으로 갈라져 있을까? 왜 그럴까?

독자에게 생뚱맞은 물음일 수 있다. 사람들은 자신이 살아가는 삶의 세계를 자연스럽게 받아들이는 경향이 있기 때문이다.

하지만 정말 냉철하게 짚어볼 필요가 있다. 기록된 역사만으로도 2,000년이 넘은 나라가 왜 아직도 비정규직 차별이 무장 심해지고, 공권력이 일흔 살을 앞둔 농민을 대낮에 때려죽이고, 외세에 휘둘려 분단된 나라밖에 이루지 못했을까. 대한민국에서 태어나는 삶과 북유럽 국가에서 태어나는 삶의 질이 완연히 다른 이유는 대체 뭘까?

역사가 당대를 살아가는 사람들의 소통과 실천이고 그 집적물이기에, 그 대답은 이 땅에서 살아간 사람들이 어떻게 인생을 걸

어갔는가에서 찾을 수 있다. 단두대의 의미도 그곳에서 새롭게 발
견해야 한다.

역사

1. 내가 삶과 역사를 바라보는 틀은 세 유형(현실 불변-순응형, 현실 변화-관조형, 현실 변화-실천형) 가운데 어떤 것인가?

2. 우리는 어떤 사람을 '속물'이라 부르는가? 그런 비아냥거림은 정당한가?

3. 우리가 식민지를 겪은 데 이어 지금까지 분단된 채 살고 있는 이유는 무엇인가?

4. '혁명'의 의미는 무엇인가?

3

민주주의는
언제 탄생했는가

무너지는 왕국: 시민의 등장

세계사에서 15세기 기준으로 가장 선진국은 어느 나라일까?

믿어지지 않겠지만, 답은 조선이다.

식민지와 분단으로 20세기를 보내고 21세기 들어서서도 그 굴레에서 벗어나고 있지 못하지만 한국사에서 15세기는 세계적으로 가장 선진적인 체제를 이룬 시대였다. 조선왕조의 건국 초기였던 1400년대 조선의 정치·사회·문화 체계는 당시 세계에서 가장 앞서 있었다. 국수주의적 주장이 아니다. 미국의 한국학자 브루스 커밍스*도 그렇게 분석했다.

* Bruce Cumings(1943~). 미국 시카고 대학교 사학과 석좌 교수로 한반도 전문가다. 1960년대 후반 '평화봉사단'으로 한국에 머문 것을 계기로 한국 근현대사와 동아

실제로 세계사의 15세기를 보면 조선만 한 나라를 찾기 힘들다. 유럽의 모든 나라는 아직 국가의 틀을 갖추지 못한 채 조각조각 갈라져 있었다. '미국'이라는 나라는 아직 상상도 할 수 없었던 시기다. 반면에 조선은 어떠했던가. 조선은 국왕을 정점으로 맨 아래까지 물샐틈없이 강력한 중앙집권 국가를 형성하고 있었다. 사상도 마찬가지다. 흔히 주자학을 체제 이데올로기로만 평가한다. 하지만 퇴계 이황**은 당대의 학문인 성리학을 통해 달관의 경지까지 이른 철학자다.

그랬다. 적어도 15세기 지구에서 조선은 돋보이는 나라였다. 중세적 질서에서 가장 선진적 체계를 형성하고 있었다. 유럽은 물론, 중국이나 일본에도 15세기 조선만큼 완벽한 중앙집권 체계는 없었다. 우리가 잘 알고 있듯이 이 시대는 세종(1397~1450, 재위 1418~1450)이 통치하던 시대다. 한글이 세상에 나온 시기도 이때다.

시아 역사를 연구해왔다. 대표작은 《한국전쟁의 기원 *The Origin of the Korean War*》. 이 책에서 그는 38선을 그은 책임은 물론, 이승만의 단독정부 수립을 비롯해 남북 분단 고착화의 책임이 원천적으로 미국에 있다고 분석했다. 당시 세계적 차원에서 미소 냉전이 시작되면서 미국은 한반도에서 친미 정권을 수립해 반공의 보루를 구축하는 데 군정의 목표를 뒀다고 강조했다.

** 퇴계退溪 이황李滉(1501~1570)은 조선 성리학을 집대성한 조선 시대 유학자이다. 왕이 여러 관직을 내렸으나 사양하고 학문과 교육에 힘썼다. 임진왜란壬辰倭亂으로 그의 문집이 일본에 전해지면서 일본 유학 발전에 크게 기여했다. 일본은 물론, 중국에서도 퇴계는 주목받는 학자다. 국제퇴계학회가 창설되어 1976년 이후 해마다 한국·일본·타이완·미국·독일·홍콩에서 학술회의를 열고 있다.

여기서 다시 거듭 성찰해볼 일이다. 그런데 왜일까. 왜 지금 우리는 다른 나라의 식민지가 되었고, 지금 이 순간도 분단을 넘어서지 못하고 있을까.

중세 국가로서는 가장 완벽하게 선진 체제를 형성했던 역량은 어디로 갔을까? 여러 원인이 있겠지만 무엇보다 15세기 이후 유럽과 조선의 역사가 확연하게 다른 길을 걸어왔다는 데서 찾을 수 있다.

조선이 선진 국가를 이루고 있던 15세기는 전 세계적으로 왕정 체제가 보편적이었다. 왕의 자리를 특정 집안이 세습하며 정치를 귀족과 독점하고 경제적 특권을 누리는 사회였다. 우리가 살고 있는 근대사회와 구분해 왕들의 시대를 '전근대사회'라 부르거나 지주 사회, 또는 중세 사회라고도 한다. 어떤 이름으로 불러도 좋다. 그 사회와 근대사회에는 확연한 차이가 있다. 어떤 걸까?

민중의 삶에서 가장 결정적 차이는 엄격한 신분제다. 근대사회에 살고 있는 우리에게 법률적 신분의 차이는 없다.

그렇다고 우리가 온전한 평등을 누리고 있다고 말할 생각은 전혀 없다. 정치권력이나 자본의 힘에 눌리고 있는 사람들이 엄존하고 있기 때문이다. 그럼에도 형식적이나마 법 앞에 우리 모두는 '평등'하다. 신분제도는 없다는 뜻이다. 왕국은 다르다. 왕과 귀족이 정치적 독점과 경제적 특권을 위해 신분제도를 형성했고 그 유지를 위해 폭력을 일삼았다.

많은 사람들은 은연중에 자신이 옛날에 태어났으면 양반집 도령이나 규수였으리라고 생각한다. 조금 심한 사람은 자기가 왕자거나 공주였으리라고 생각한다. 미안하지만 그것은 '동화의 나라'다. 진실은 전혀 다르다. 지금 우리 사회 구성원의 절반 이상은 양반이 아니었다.

양반이 아닌 상민, 특히 천민의 삶을 자신의 그것으로 상상해보라. 양반집에 머슴으로 태어나 평생 학대받으며 살아가야 했던 운명을 어떻게 받아들이겠는가. 바로 그렇기에 그 제도를 합리화하는 이데올로기가 끊임없이 주입되었다. 그 점에 비추어 보면 우리는 모두 상대적으로 행복한 시대에 태어난 셈이다. 비합리적인 신분제도는 조선은 물론, 동양·서양 두루 마찬가지였다.*

조선이 비록 선진국이었다고 하지만 어디까지나 중세적 기준에서 그렇다는 뜻이다. 왕족 아래에 사농공상의 엄격한 신분제도가 뿌리내리고 있었다. 그 아래는 천민이다. '사농공상士農工商'이란 말이 단적으로 드러내주듯이 선비[士]라는 특권계급 아래 상민常民이 있고, 농업을 중시하며 상업과 공업을 천시했다. 돈을 버는 거상이 나타나더라도 그는 가능한 한 아들에게 자신의 '사업'을 물려주지 않으려고 했다. 자기가 번 돈으로 '양반 편입'을 갈망했다. 상인이나 공인이 세력화할 수 없을 만큼 강력한 중앙집권 체제가 정치, 경제, 문화로 완비되어 있었다. 아래로부터 저항이 커져갔지만

---

* 곧 자세히 살펴보겠지만, 신분제도가 없어진 시대에 우리가 살고 있는 것은 저절로 된 게 아니다. 앞선 사람들의 헌신과 희생이 있었기 때문에 가능했다.

어쨌든 조선은 19세기가 저물 때까지 신분체계를 상대적으로 견고하게 유지하고 있었다.

반면에 유럽은 달랐다. 15세기의 지평선에서 볼 때 유럽의 정치경제 체제는 조선에 비해 후진적이었다. 중앙집권 체제가 물샐틈없을 만큼 완벽했던 조선과 달리 느슨한 봉건제도였다. 물론 그곳에서도 봉건영주 중심의 신분제도는 공고했다. 하지만 중앙집권 체제가 형성되지 못했기 때문에 틈새가 있었다.

그 틈새에서 상인이나 공인이 점차 세력을 형성해나간 게 유럽의 근대사다. 한 세기 이상에 걸쳐 서서히 세력을 넓혀가던 상공인商工人들은 자연스럽게 왜 자신들이 정치적 결정에 참여하지 못하는가 하는 의문을 제기하기 시작했다. 그들의 세력이 커지면서 내는 세금도 커지게 마련이었다. 그럼에도 정치적 발언권은 신분제에 토대를 둔 세력이 독점하고 있는 현실을 상공인들이 비판적으로 바라보는 것은 역사의 순리였다.

상공인들이 세력화하면서 지배세력인 귀족에게 경제적으로 예속되지 않는 지식인들도 나타나기 시작했다. 상공인들과 직간접적 연관을 지닌 그들은 모든 인간이 평등하게 태어났다는 사상을 철학적으로 개념화해나갔다. 계몽사상의 등장이 그것이다.

때마침 발전한 인쇄기술*은 신문이라는 미디어를 가능하게 했

---

* 인쇄술에 근거한 커뮤니케이션의 획기적 변화가 근대사회를 열었다는 점에서 역사가들은 '구텐베르크 혁명'으로 부른다.

다. 처음에는 시장의 상품 시세를 담는 '정보지'로 선보인 신문은 상공인들이 세력화하고 계몽사상이 확산되면서 정치적 주장을 담아갔다. 말 그대로 정론지로서 신문이 탄생한 것이다. 신문 발행은 계몽사상의 확산을 증폭시키며 정치의식의 각성을 이뤄나갔다.

왕정 체제는 쉽게 바뀔 수 없었다. 수천 년 동안 동서양을 막론하고 왕들은 자신들의 특권적 지배 체제에 도전하는 사람들을 잔인하게 살육해왔다. 엄숙한 이데올로기가 그 피 묻은 특권을 정당화해준 것은 물론이다.

생각해보라. 신분제에 바탕을 둔 왕들의 역사가 종언을 고한 이유는 무엇인가. 왕이 왕비와 함께 우아하게 포도주를 마시다가 어느 순간, 자기 자식에게 국가권력을 물려주는 것은 옳지 않다고 반성하면서 사퇴했겠는가? 그들이 앞장서서 왕을 투표로 뽑자고 했을까? 아니다. 역사에 그런 일은 없다. 아마 독자들이 왕이라도 그렇게 할 가능성은 거의 없을 터다.

동서고금을 막론하고 왕들은 자신의 왕권을 지키기 위해 형제는 물론이고 부모조차 죽이는 일을 서슴지 않았다. 조선왕조의 태종 이방원이 그랬듯이 형제들을 살해하거나, 중국 수양제가 저지른 아버지 독살은 왕권이 얼마나 큰 권력인지를 실감하게 한다. 왕들이 스스로 왕의 자리를 국민투표로 뽑자며 왕조의 문을 닫는 것은 인간의 역사에서 일어나기 어려운 일이다.

21세기인 오늘에도 왕권이 유지되는 나라가 드물게 있지만, 왕정이 의미 있는 시대는 더 이상 아니다. 그럼 왕권이 인류사에서 사라진 이유는 어디에 있을까? 전 세계적으로 왕들이 실권한 것은 무엇 때문일까?

우리가 흔히 간과하고 있지만 답은 명쾌하다. 아래로부터의 싸움, 혁명 투쟁이다. 앞서 언급했듯이 유럽의 봉건사회 내부에서 상공인들이 사회세력을 형성해나가면서 조금씩 자신들의 정치적 발언권을 키워갔다.

인간은 똑같이 백지로 태어났다거나 '나는 생각한다, 고로 존재한다'*는 평등주의 사상이 인쇄술의 상업화를 밑절미로 퍼져간 것도 이 시기다. 결국 상공인들은 자신들의 '사업'이 커가면서 고용하게 된 노동자들을 앞장세워 왕권에 도전하기에 이른다.

왕국에서 살아가던 상공인이나 노동자들은 모두 군주에 충성해야 할 신민臣民이었다. 그 신민이 신분제를 벗어나 시민으로 등장하는 역사적 사건이 바로 시민혁명이다.

---

* 흔히 근대 철학의 아버지로 평가받는 르네 데카르트René Descartes(1596~1650)의 명제 '나는 생각한다, 고로 존재한다'(코기토 에르고 숨Cogito, ergo sum)에는 인간의 운명이 혈통으로 좌우되던 귀족 사회의 기반을 무너트리는 혁명적 의미가 담겨 있다. '인간이 백지로 태어난다'(타불라 라사tabula rasa)는 존 로크John Locke(1632~1704)의 명제도 마찬가지다.

앙투아네트와 명성황후

세계사의 전개 과정에서 시민혁명의 상징은 프랑스 대혁명(1789)이다. 들머리에서 소개했듯이 프랑스혁명 과정에서 왕(루이 16세)과 왕비(마리 앙투아네트)의 목은 가차 없이 단두대에서 잘려나갔다. 수천 년 동안 이어온 왕권은 그렇게 무너져 내리기 시작했다. 왕의 권력으로 사회적 통합을 이루는 방법 외에는 생각하지 못했던 시기에 그것은 혁명이었다.

거듭 잊지 말아야 할 진실은 왕과 왕비가 스스로 왕권을 포기하지 않았다는 사실이다. 인쇄술의 발달, 그에 따른 민중의식의 성숙과 조직이 뒷받침되지 않았다면 왕들의 역사는 더 오래 지속됐을게 분명하다. 역사의 발전이 투쟁에 있다는 새삼스러운 진실을 확인하게 된다. 주권이 민중에게 있다는 혁명적 명제는 바로 그런 투쟁을 바탕으로 상식이 되었다.

더러는 주장한다. 수천 년 동안 이어온 왕들의 역사를 넘어선 전환점으로서 시민혁명이 꼭 유혈 사태를 겪은 것만은 아니라고. 기실 시민혁명을 시간 순서로만 따진다면 영국혁명(1688), 미국 독립혁명(1776), 프랑스혁명(1789)으로 간추릴 수 있다.

유혈 사태가 없었다는 보기가 영국혁명이다. 프랑스혁명보다 100여 년 앞서 일어난 명예혁명Glorious Revolution은 당시 국왕인 제임스 2세*의 폭정에 반대해 그를 폐위하고 딸인 메리와 윌리엄 부부를 왕으로 세운 사건이다. 피를 흘리지 않아 명예혁명이라 규정했지만, 조금만 들여다보더라도 현실은 다르다. 네덜란드에 있던 메리와 윌리엄 부부가 1만 5,000명의 군대를 이끌고 영국 남서부에 상륙해 파죽지세로 런던으로 진격했기에 가능했다. 제임스 2세는 프랑스로 망명했다. 메리와 윌리엄 부부가 왕위를 계승할 때 의회의 승인을 받도록 왕권을 제한한 권리장전에 왕과 의회가 합의했기에 그 사건을 시민혁명의 범주에 넣는다.

국왕 제임스 2세는 처형당하지 않았다. 그 점에서 명예혁명이라 할 수 있을지도 모르겠다. 하지만 이 명예혁명이 유혈 아닌 명예로

---

* 제임스 2세James II(1633~1701)는 1685년부터 1688년까지 영국 국왕으로 재임했다. 왕권신수설을 신봉하고 전제정치를 강화하면서 귀족들이 등을 돌리기 시작했다. 맏딸인 메리Mary II(1662~1694)는 자신이 왕위를 계승하리라고 생각하고 있었지만, 제임스 2세와 새 왕비 사이에 왕자가 태어나면서 미래가 불안했다. 귀족들이 메리를 내세워 제임스 2세 폐위를 선언함으로써 명예혁명이 일어났다.

가능했던 배경에는 그보다 앞서 일어난 청교도혁명Puritan Revolution 의 유혈 사태가 있다. 청교도혁명은 1640년에서 1660년에 걸쳐 영국에서 청교도가 중심이 되어 일으킨 혁명이다. 청교도혁명은 최초의 시민혁명으로 불리기도 한다. 당시 영국 왕 찰스 1세**는 청교도들의 손에 처형당했다. 그런 역사가 있었기에 명예혁명 시기에 제임스 2세는 항전을 포기했고 메리는 권리장전을 수용할 수 있었다. 영국에서도 왕 찰스 1세는 가차 없이 처형당한 사실에 주목해야 한다.

미국의 독립혁명은 프랑스혁명보다 앞서 일어났지만, 유럽에서 건너간 사람들이 이룬 사건으로 왕권에 저항해온 유럽의 계몽사상이 있었기에 가능한 일이었다. 그 점에서 왕권에 맞선 전형적인 시민혁명은 프랑스혁명으로 보는 게 정당하다.

문제는 정작 다음에 있다. 시민혁명이 유혈 사태를 빚은 사실에 모두 동의하더라도, 그 교훈을 단순히 머릿속에서만 생각하는 사

** Charles I(1600~1649). 1625년에서 1649년까지 영국의 절대군주로 군림했다. 이미 폐지된 조세를 되살리고, 측근들에게 경제 독점권을 주었다. 영국 의회는 1628년에 '권리 청원Petition of Right'을 제출해 의회의 결의가 없으면 국왕이 헌금과 세금을 강제할 수 없도록 해야 옳다고 주장했다. 찰스 1세는 일단 승인했으나, 이듬해에 의회를 전격 해산했다. 내란이 일어나면서 결국 크롬웰Oliver Cromwell(1599~1658)을 중심으로 한 청교도들이 혁명을 일으켰다. 찰스 1세는 스코틀랜드로 도망했으나 곧 체포되어 1649년 1월 참수당했다. 그의 사후 크롬웰을 행정 수반으로 한 공화제로 바뀌었지만 그 또한 독재로 민심을 잃었다. 1658년 크롬웰이 사망한 뒤 찰스 1세의 맏아들 찰스 2세가 망명에서 돌아와 왕위에 올랐다. 제임스 2세는 찰스 1세의 둘째 아들이다.

람들이 있다.

독자께서 자신은 아니라고 도리질할 일이 아니다. 찬찬히 톺아보길 권한다. 구체적 보기로 판단해보자. 가령 우리는 텔레비전 드라마를 통해 명성황후*를 만났다. 연극 〈명성황후〉 공연도 큰 갈채를 받았다. 일본 낭인들이 잔인하게 명성황후를 살해한 사건을 두고 많은 이들이 '국모 시해'라고 분개한다. '민비'라고 하면 마치 올바른 역사의식이 없는 사람으로 매도당하기 십상이다.

과연 그래도 좋은가. 물론 민비가 일본인 낭인의 손에 살해당한 사실은 개탄할 일이다. 왕국으로서 수치스럽고 참담한 일이다.

그런데 민중의 시각에선 어떤가. 개탄과 수치는 일본인 낭인의 손에 살해당한 그 지점에서 정확히 멈춰야 한다. 왜 그런가. 명성황후라 하든 민비라 부르든, 그 여성은 죽지 않으면 안 될 시대적 운명을 맞고 있었다.

왜 그러한가. 조선시대의 중세적 왕권 질서가 오늘의 민주주의 사회로 넘어오는 과정에서 거칠 수밖에 없는 일이었기 때문이다. 이를테면 다음과 같은 질문을 던져보자. 만일 민비가 살해당하지 않았다면, 그녀가 왕정의 특권을 스스로 포기했으리라고 생각하

* 명성황후明成皇后(1851~1895)는 조선왕조 제26대 고종의 비다. 시아버지인 대원군의 섭정을 물리치고 실권을 장악한 뒤 친정인 민閔씨 일가를 중용하며 개국을 단행했다. 하지만 1882년 임오군란壬午軍亂을 계기로 청(당시 중국)에 의존했고, 1894년 청일전쟁에서 청이 패하자 러시아를 끌어들여 일본을 견제했다. 일본이 보낸 자객들의 손에 참혹하게 살해당했다(을미사변乙未事變).

는가?

천만의 말씀이다. 민비는 이미 자신과 남편의 왕권, 그 최대의 특권을 지키기 위해 외세를 끌어들이는 데 이골이 난 여자였다. 임오군란 때도 그러했지만 결정적인 시점은 갑오농민전쟁이다. 그 결과는 우리 민중의 대량 도륙으로 이어졌다.

그렇다. 명성황후, 아니 민비의 목을 우리 손으로 잘라버리지 못한 게 우리 역사 발전을 지체시킨 요인이었음을 직시해야 옳다. 우리가 애통해야 할 사실은 민비가 일본인 손에 죽었다는 것이지 죽음 자체가 아니다.

우리가 민주주의를 온전히 발전시키려면 민비 목을 우리가 잘랐어야 옳았다.

다시 묻고 싶다. 그런 주장이 과격해 보이는가? 과격하게 느낀다면 역사를 지금까지 잘못 읽어온 셈이다. 다시 가정해보라. 민비가 계속 살았다면 어떻게 했을까? 어느 날 고종하고 민비가 저녁을 먹은 후에 궁중에서 빚은 좋은 술을 마시다가 이제부터 아들에게 왕국을 물려줄 생각 하지 말고 민주주의를 하자고 제안했을까? 아니다. 그럴 리는 없잖은가.

우리 역사가 아래로부터 올라온 민중의 힘으로 민비와 고종의 목을 잘라버릴 수 있었다면 우리는 일본 제국주의의 식민지로 전락하지도 않았을 터다. 식민지의 역사가 없었다면 분단의 현실도, 동족상잔으로 수백만 명을 서로 살육한 일도 결코 없었을 게 분명하다.

갑오농민전쟁은 아래로부터의 혁명 가능성을 충분히 보여주었다. 하지만 제국주의 외세의 개입으로 그 가능성은 무산되었다.[*] 갑오농민전쟁의 패배 뒤 나라의 운명은 급속도로 기울기 시작했다. 나라를 지킬 사람들이 대량 학살당했기 때문이다.

다시 프랑스로 가보자. 왕과 왕비의 목을 단두대에서 한칼에 잘라버렸지만 왕의 역사는 단숨에 물러가지 않았다. 왕들은 빈틈이 보일 때마다 다시 복귀하고 그때마다 파리는 피로 물들었다. 프랑스에서 왕권이 완전히 물러난 시점은 1789년에서 100여 년이 지나서다. 1848년 혁명과 1871년의 파리코뮌[**] 투쟁 때 파리는 말

[*] 갑오농민군을 막아낼 힘이 없었던 민비(명성황후)는 청에 도움을 요청했고 청나라 군대가 조선에 들어오자 일본 또한 파병했다. 일본군은 충청도 감영이 있던 공주로 북상하던 갑오농민군을 우금치에서 기관총으로 대량 학살했다. 대부분 죽창으로 무장했던 농민군은 기관총 앞에 속수무책으로 당할 수밖에 없었다. 조선의 자주적 근대화가 꺾이는 역사적 전환점이었다.

[**] 파리 코뮌Paris Commune은 1871년 3월 28일부터 5월 28일까지 파리 시민과 노동자들이 수립한 혁명적 자치정부를 이른다. 1870년 7월에 발발한 프로이센(현재 독일)과의 전쟁에서 패배한 프랑스 정국은 혼란기에 접어들었다. 무능한 프랑스 제정에 맞선 시민과 노동자 들은 선거를 통해 자치정부(코뮌) 수립을 선포했다. 군사·재정·식량·노동·교환·교육·외교·사법·보안의 9위원회로 구성된 코뮌은 곧장 징병제를 폐지하고 국민군의 설치, 관리 봉급의 상한선 설정, 자본이 방기한 공장에 대한 노동조합 관리, 노동자의 최저생활 보장을 비롯한 여러 정책과 법령을 발표했다. 코뮌을 '최초의 노동자 정부'로 평가하는 이유가 여기 있다. 하지만 프로이센과 결탁한 프랑스 정부군이 파리로 진격하면서 '피의 1주일'로 불리는 7일간의 시가전 끝에 코뮌은 붕괴했다. 3만 명에 이르는 파리 시민이 죽었으며 파리의 다리 밑은 강물이 아니라 시신이 흘렀다고 전해진다.

그대로 '피바다'였다.

피비린내 진동하는 긴 투쟁을 거치면서 근대 민주주의가 뿌리 내렸다. 바로 그 점에서 단두대는 민주주의의 출발점이다. 우리는 여기서 '민주주의는 피를 먹고 자라는 나무'라는 말이 단순한 수사가 아님을 확인할 수 있다. 그 명제는 좌파나 우파의 사관 문제가 아니다. 진보와 보수의 문제도 아니다. 객관적 사실事實이다. 엄연한 사실史實이다.

인류가 기나긴 투쟁을 통해 혁명을 이루고 나서도 왕과 그의 일족들이 피의 보복을 하며 왕권을 회복하고, 다시 민중의 피가 강물을 이룬 투쟁으로 왕을 쫓아내는 역사가 되풀이되었다. 바로 그것이 민주주의의 어린 나무를 키웠다.

북아메리카로 건너간 유럽의 이주민들이 미국을 건국하고 성장하는 과정—유럽에서 초기 민주주의가 노동자들을 배제했듯이, 미국의 초기 민주주의는 본디 아메리카에 살고 있던 인디언들의 대량 학살과 흑인 착취 위에 건설되어 한계가 또렷했다—또한 유럽에서 빚어진 민주주의 사상과 문화가 없었다면 불가능했다.

자본주의와 민주주의의 탄생

앞서 살펴보았듯이 민주주의를 연 시민혁명의 일차적 주체는 상공인들이었다. 왕과 귀족의 신분제 나라에서 상공인들이 세력을 형성해나가는 과정, 그것은 자본주의가 보편적 경제체제로 자리 잡아가는 과정이었다.

새삼스럽지만 자본주의는 말 그대로 자본이 중심이 되는 사회다. 자본이 중심이 되는 사회가 형성되는 과정에서 화폐는 중요한 구실을 한다. 상공인들이 세력화하면서 상업의 발달과 함께 화폐가 대량으로 유통되어 보편화했다.

한 사회에 보편화된 화폐는 돈 앞에서 모든 사람의 이해관계가 똑같다는 의식을 심어주었다. 일정한 돈으로 구입할 수 있는 것은 평민에게도 귀족에게도 심지어 왕에게도 똑같다는 사실을 사람들이 새삼스레 인식하게 됨으로써, 화폐 유통은 전혀 의도하지 않게 인간이 평등하다는 사상을 확산하는 결정적 계기가 된다. 화폐의 보편화가 신분제를 흔드는 현상은 모든 나라에서 발견할 수 있다.

유럽에서 1400년대에 접어들며 발달하기 시작한 화폐경제를 배경으로 상인들은 수공업 생산물이나 원격지 상품 판매를 통해 부를 축적해갔고 공인들과 함께 세력을 형성해갔다. 1600년대에 들어서면서 절대왕정 체제가 자리 잡아 왕권이 강화되는 현상이 표면적으로 나타났지만, 절대왕정이 체제 유지에 많은 돈이 필요해 중상주의 정책을 펴나감에 따라 상공인들의 세력화는 가속도가 붙었다.

왕의 신화적 지위와 독점적 정치력에 의문을 제기하는 생각이 글로 나타나기 시작한 것도 바로 이때다. 그것은 개인주의와 민주주의 사상의 발전으로 이어졌다. 가령 영국의 문필가 오버톤이 1646년에 쓴 논문 〈모든 폭군을 향해 쏘는 화살An Arrow against all Tyrants or Tyranny〉은 당대의 시대상을 단적으로 보여준다. 오버톤은 다음과 같이 썼다.

"지상에 사는 모든 개인에게는 누구도 침해하거나 빼앗을 수 없는 자기에 대한 소유권이 천부적으로 주어졌다. 내가 나인 것은 내가 바로 나의 소유자이기 때문이다. 아무도 나의 권리와 자유를 침해할 수 없으며, 나 또한 타인의 권리와 자유를 침해할 수 없다. 내가 가진 유일한 권리는 개인으로서 내가 되는 것이고 내 소유인 내 삶을 누리는 것이다. 바로 이와 같이 우리는 살아야 한다. 각자가 타고난 권리와 특권, 더 나아가 신이 우리에게 본래적으로 부여하지 않은 모든 권리까지 누리면서 말이다. …… 왜냐하면 모든 인간은 본래 자연스러운 자신의 범위와 한계를 지닌 왕이요, 사제요, 선지자이므로. 그가 위임하거나 자유롭게 동의하지 않는다면 누구도 이런 위치를 나누어 가질 권리가 없기 때문이다. 그것이 바로 인간의 천부적 권리이자 자유인 것이다."

모든 인간이 왕이라는 언명, 그것은 왕국의 시대에 혁명적 발상이었다. 근대 철학의 '아버지'라 불리는 르네 데카르트가 '나는 생각한다. 고로 나는 존재한다'는 유명한 선언을 한《방법서설 Discours de la méthode》을 출간한 것도 그 무렵인 1637년이었다. '세상에서 가장 중요한 것은 자기 자신이 되는 것'이라는 몽테뉴*의 경구가 퍼져가던 시기이기도 했다.

그랬다. 역설이지만 돈이 신분제도를 벗어난 개인을 발견하게 했다. 실제로 근대 시민사회 이전의 사람은 '개인'이라고 하기 어렵다. 신분제의 두터운 질서 아래 태어날 때부터 특정 신분의 인간으로 규정되었기 때문이다. 왕족이나 귀족의 집안에서 태어난 인

---

* 몽테뉴Michel Eyquem de Montaigne(1533~1592)는 프랑스 귀족 가문의 철학자다. 주입식의 지식 습득을 비판하고 이해력과 실생활에 필요한 지식을 중시했다. 회의주의자로 알려져 있지만, 그가 회의한 것은 중세 가톨릭의 교의, 기독교 신학에 대한 의문이었다. 실생활을 중시한 몽테뉴는 독단을 피하고, 모든 것에 비판을 게을리 하지 않는 자세를 강조했다.《수상록 Essais》(1580)에서 당시 기독교가 가르치던 '천국에서의 행복'이 아닌 현재의 삶을 적극 살아가라고 권했다.

간과 평민·천민으로 태어난 사람은 결코 같은 존재일 수 없었다.

인간이 인간으로서 자기 자신을 발견하는 일, 바로 그것이 개인의 등장이었다. 근대 시민계급의 등장은 근대적 개인의 존재를 전제하고 있다. 동시에 근대적 개인은 상공인들의 세력화를 전제로 하고 있다.

농노와 달리 성안에 살던 상인과 공인을 성곽도시bourg에 사는 주민이라는 뜻에서 부르주아지bourgeoisie라고 불렀다. 시민계급을 뜻한다. 부르주아지라는 개념도 14세기부터 본격적으로 사용되기 시작했다. 도시에 거주하는 자유로운 직인職人과 상인으로 봉건영주에게 세금을 바치면서 자기 결정권을 지니고 상품을 생산하고 판매했다.

시민계급의 투쟁은 앞서 살펴보았듯이 17세기 영국혁명과 18세기 말의 프랑스혁명으로 이어져 역사적 큰 흐름이 되었다. 여기서 알 수 있듯이 '시민'은 성곽도시 안에 살아가는 사람들이라는 말 이상의 뜻을 지니고 있다. 그들은 봉건영주에게 세금을 바치지만 무엇을 만들고 어떻게 판매할 것인지에 대해서는 자신들의 의사 결정권을 확보하고 있었다.

그런데 세금 부과를 비롯해 여러 가지를 규제하는 정치권력으로부터 통제당하고 있다는 생각이 지배적이었기에, 상공인들은 자연스럽게 자유를 추구할 수밖에 없었다. 경제로 세력을 형성한 상공인들 사이에 왕족과 귀족의 정치 독점에 대한 비판이 퍼져가면서 그들은 마침내 정치 참여를 위한 행동을 모색했다. 그 의지의 결집과 구현이 바로 시민혁명이다.

상공인들은 왕족과 귀족 들로부터 빼앗은 정치권력이 개개인의 사유재산을 절대 보장해야 한다고 믿어 의심치 않았다. 자신들의 경제력은 스스로 일궈온 결과라고 확신했기 때문이다.

토지에 바탕을 둔 봉건적 정치 질서가 무너지면서 상공인들이 주체가 된 자본주의 체제는 본격적으로 뿌리내리기 시작했다. 상공인들과 그들이 축적한 자본이 더 많은 이익을 좇아 모든 부문으로 침투하면서, 자본의 이윤 논리는 모든 걸 변화시켜갔다.

자본주의 체제가 들어서는 과정을 가장 적실하게 표현한 경제학자가 다름 아닌 마르크스다. 마르크스는 《공산당 선언Manifest der Kommunistischen Partei》에서 다음과 같이 상공인들(부르주아)의 '찬가'를 불렀다.

"부르주아는 농촌을 도시의 지배 밑에 종속시켰다. 부르주아는 거대한 도시를 만들고 도시인구를 농촌인구보다 크게 늘림으로써 인구의 대부분을 우매한 농촌 생활에서 건져냈다. 부르주아는 농촌을 도시에 종속시킨 것과 마찬가지로 미개국과 반半미개국을 문명국에, 농업에 종사하는 인민을 부르주아적인 인민에, 동양을 서양에 종속시켰다.

부르주아는 생산수단, 재산, 인구의 분산 상태를 점점 없애갔다. 주민을 집결시키고, 생산수단을 집중시키며, 재산을 몇몇의 손에 집중시켰다. 그 필연적 결과는 정치의 중앙집권화였다. 서로 다른 이해관계, 서로 다른 법률, 다른 정부, 다른 관세 제도를 갖고 동맹

관계를 통해서만 연결되어 있던 독립적인 지방들이 하나의 정부, 하나의 법률, 하나의 국민적인 계급 이해를 갖고 하나의 관세 구역 안에 사는 하나의 국민으로 결합되었다. 부르주아는 100년도 채 못 되는 계급 지배 동안에 과거의 모든 세대가 만들어낸 것을 다 합친 것보다도 더 많고, 더 거대한 생산력을 만들어냈다.

자연력 정복, 기계에 의한 생산, 공업과 농업에서의 화학 이용, 기선에 의한 항해, 철도, 전신, 세계 각지의 개간, 하천 항로의 개척, 마치 땅 밑에서 솟아난 듯한 엄청난 인구, 이와 같은 생산력이 사회적 노동의 태내에서 잠자고 있었다는 것을 과거의 어느 세기가 예감이나 할 수 있었을까!"

흔히 자본가계급(부르주아)을 비판만 한 것으로 오해받고 있지만 마르크스는 그 누구보다도 상공인들의 역사적 공헌을 꿰뚫고 있었다. 그들의 '혁명'을 평가하는 데 인색하지 않았다. 그의 날카로운 분석을 조금만 더 들여다보자.

"부르주아는 역사에서 아주 혁명적인 역할을 해냈다. 부르주아는 자신들이 지배권을 획득한 곳에서는 어디서나 모든 봉건적, 가부장적, 목가적牧歌的 관계를 파괴했다. 부르주아는 사람을 타고난 상전들에게 얽매어놓고 있던 온갖 봉건적 속박을 가차 없이 토막 내버렸다. 그리하여 사람들 사이에는 노골적인 이해관계와 냉혹한 '현금 계산' 외에는 아무런 관계도 남지 않게 되었다. 부르주아는 종교적 광신, 기사적騎士的 열광, 속물적 감상 등의 성스러운 황홀경을 이기적인 타산이라는 차디찬 얼음물 속에 집어넣어버렸다.”

　자본주의의 발전은 그러나 민주주의의 성숙으로 곧장 이어지지는 않았다. 왕권에 맞서 시민혁명을 이룰 때 상공인들은 자신들이 고용하고 있던 노동자들을 선동해 평등의식을 심어주고 혁명의 대열에 앞장세웠다.

　하지만 정작 시민혁명에 성공한 뒤 그들은 자신들의 경제력과 정치권력을 지키기 위해 자신들이 고용하고 있던 노동자는 물론, 농민이나 빈민의 정치 참여를 원천적으로 배제해야겠다고 판단했다. 왕정을 무너트리는 데 앞장선 민중이 다수였기에 그들에게 아무런 제약 없이 참정권을 준다면 권력을 빼앗길 수 있다는 ‘계산’ 때문이다.

　역사적 전개 과정이 생생하게 입증해주듯이 상공인들은 올곧은 민주주의자는 아니었다. 왕족과 귀족이 누리던 정치적 특권을 빼앗을 생각은 아주 강렬했지만, 자신들이 누리고 있던 경제적 권력이나 새롭게 손에 넣은 정치권력을 나눌 의지는 아주 부족했다. 그들은 왕으로부터 빼앗은 국가 주권을 자신들의 특권으로 챙겼다. 국민주권이나 주권재민이란 말은 민중을 시민혁명의 전선으로 이끌어내는 ‘구호’에 머물렀다.

　시민계급의 한계를 뚜렷이 확인할 수 있는 대표적 보기가 투표권이다. 자유와 평등과 우애를 내걸고 시민혁명으로 왕을 단두대에 올렸으면, 당연히 모든 국가의 구성원이 왕을 대신할 지도자를 투표로 뽑는 데 참여해야 옳았다.

현실은 결코 그렇게 전개되지 않았다. 상공인들은 자신들이 고용하고 있던 노동자들에게 투표권을 주는 데 더없이 인색했다. 투표권과 평등을 요구하는 노동자들을 잔인하게 살육했다. 바로 그 상징적 사건이 1848년 혁명이다.

"노동자들이 보여준 불굴의 용기는 참으로 경이롭다. 3만에서 4만여 명 정도의 노동자들이 옹근 사흘 동안 18만여 명의 정규군이 쏘아대는 포탄과 불화살에 맞서 싸웠다! 노동자들은 진압되고 대부분 학살당했다. 그러나 역사는 노동자들이 치른 최초의 전쟁에서 쓰러진 투사들에게 전혀 다른 지위를 부여할 터다."

1848년 6월 29일 자《신新라인신문Die Neue Rheinische Zeitung》에 쓴 마르크스의 논설이다. 감동적인 문구가 이어진다.

"우애. 서로 대립하고 있는 계급. 한쪽이 다른 한쪽을 착취하는 두 계급 사이의 우애. 2월에 선언되어 파리의 이마에, 모든 감옥과 모든 병영 위에, 대문짝만 하게 쓰인 '우애'—그 진실의 순수한 표현, 산문적 표현은 바로 '내란'이다. 가장 참혹한 풍경으로 나타난 내란, 노동과 자본 사이의 전쟁이다. '우애'는 6월 25일 밤 파리의 모든 창가에서 불타올랐다. 그때 부르주아지의 파리는 휘황찬란하게 빛났다. 그러나 프롤레타리아트의 파리는 불타고 피를 흘리며 죽음의 비명을 질렀다."

민주주의는 그렇게 탄생했다. 자본주의와 함께 태어났지만 동시에 자본주의와 처음부터 갈등을 빚을 수밖에 없었다. 독일 역사학자 볼프강 몸젠*은 1848년 혁명을 분석한《원치 않은 혁명,

1848》을 내며 "이 책이 민주주의 질서 속에서 태어나 때로는 그 질서를 당연하게 주어진 것으로 간주하는 젊은 세대에게 오늘날 우리가 향유하고 있는 자유로운 정치사회 질서가 어떤 중대한 희생을 치르며 쟁취된 것인지를 알 수 있도록 해주면 좋겠다"는 소감을 밝혔다.

국내적으로 노동자들의 소외와 불평등을 구조화한 자본의 논리는 국외로 나가 식민지를 억압하고 착취하는 제국주의로 나타났다. 국가 안팎에서 자본의 자유는 국가 구성원인 국민의 주권은 물론이고 국가 주권마저 유린했다. 자본주의를 넘어서는 게 절박한 시대적 과제로 떠오른 이유다.

상공인들이 중심이 된 시민의 혁명성과 역사적 진보성은 프랑스에서 1848년 2월혁명의 '비명'이 상징하듯이 한계가 또렷했다. 자본주의의 틀을 넘어서 국가와 세계적 차원에서 자유와 평등, 우애를 이루려는 갈망과 의지가 구체적으로 표출된 게 바로 노동계급에 기반을 둔 사회주의혁명이다.

● 몸젠Wolfgang J. Mommsen(1930~2004)은 나치에 대한 비판적 연구로 독일 역사학계 일각의 국수주의적 연구 경향에 맞선 역사학자다. 대표작《원치 않은 혁명, 1848/1848, Die ungewollte Revolution》은 1848년 2월혁명을 부르주아의 관점에서 분석한 역작이다. 노동계급의 저항을 선동한 것은 부르주아였지만 노동계급이 '선'을 넘기 시작하자 부르주아의 태도가 돌변하는 과정을 치밀하게 분석했다. 부르주아가 서둘러 귀족들과 손을 잡아 혁명은 실패했지만 "노동계급이 역사의 전면에 등장한 최초의 사건이었다는 점에서 2월혁명은 높게 평가할 만하다"고 강조한다.

시민혁명

1. 왕정을 무너뜨린 시민혁명 과정에서 왜 언론이 중요했는가?

2. 왕궁의 요정으로 불릴 만큼 미모를 자랑하던 왕비 마리 앙투아네트의 목을 단두대에 잘라버린 프랑스인들은 야만적인가?

3. 앙투아네트와 명성황후의 최후가 다른 것은 어떤 의미가 있는가?

4. 상공인들이 주도한 시민혁명의 성과와 한계는 무엇인가?

민주주의는
어떻게 성장했는가

천년이 빚은 사상

앞에서 민주주의가 자본주의와 더불어 출범한 사실을 간략히 알아보았다. 민주주의 사회에서 사회 구성원들이 사용하는 여러 재화들은 공공적 성격을 지님에도 그 재화를 생산하는 수단을 특정인이 개인적으로 소유하는 자본주의 사회는 그 생산수단을 지니지 못한 대다수 민중의 이익과 근본적으로 갈등을 빚을 수밖에 없다.

자본주의 사회는 말 그대로 자본이 중심이 된 사회다. 자본이 아니라 사람이 중심이 된 민주주의를 일구려는 운동이 자본주의 사회에서 일어나는 게 필연인 까닭이다. 프랑스 시민혁명 뒤 200여 년의 역사를 톺아보면 자본주의 사회에서 민주주의를 일궈내려는 인간의 열정이 쉼 없이 이어져왔음을 확인할 수 있다.

자본주의 사회를 인간화하고 민주화하려는 민중의 노력은 여러 갈래로 나타났다. 그 가운데 가장 강력한 흐름은 아무래도 노동계급을 주체로 내세운 노동운동이다. 자본주의를 넘어서려는 '최초의 프롤레타리아* 혁명'인 1917년의 러시아혁명이 결국 1991년 소비에트사회주의공화국연방(소련)의 해체로 귀결된 역사를 냉철하게 성찰해볼 필요가 여기에 있다.

한국에서 1987년 6월 대항쟁으로 민주화 국면이 열렸을 때, 당시 소련은 미하일 고르바초프** 공산당 서기장의 개혁정책(페레스트로이카perestroika)이 정점을 이루고 있었다. 그해 가을에 고르바초프는 특유의 생동감 넘치는 표정으로 '10월혁명' 70주년 기념 연설을 했다. 그는 이 연설에서 러시아혁명은 사회적 진보의 신기원을

---

* 부르주아의 대칭 개념. 프롤레타리아prolétariat는 고대 로마제국에서 토지를 소유하지 못해 가난한 자유민을 뜻했던 라틴어 'proletari'에서 비롯했다. 자신의 노동력을 팔아 생활하는 산업노동자 계급을 뜻한다. 넓은 의미로는 자본을 소유하지 않아 자신의 노동으로 살아가는 모든 사람들을 의미한다. 마르크스주의는 프롤레타리아가 부르주아와는 다른 의식을 가지게 되며 궁극적으로 모든 계급을 폐지하고 계급 없는 사회 건설에 나선다고 보았다.

** 고르바초프Mikhail Sergeyevich Gorbachev(1931~)는 소련공산당의 마지막 서기장이다. 농부의 아들로 태어나 모스크바 대학교 법학과에 다니던 1952년 공산당에 입당했다. 1971년 소련공산당 중앙위원, 1978년 농업 담당 당서기, 1980년 정치국원으로 선출되어 권력 핵심에 들어갔다. 브레즈네프Leonid Il'ich Brezhnev(1906~1982)의 장기 집권 뒤 안드로포프Yurii Vladimirovich Andropov(1914~1984)와 체르넨코Konstantin Ustinovich Chernenko(1911~1985)의 잇따른 병사로 50대인 1985년 3월 당서기장에 선출됐다. 페레스트로이카(개혁)를 내세워 소련의 개혁과 개방을 주도했다. 1990년 노벨 평화상을 수상했지만, '개혁'의 결과는 동유럽 사회주의 체제의 붕괴와 소련의 해체로 이어졌다.

이루었고 참된 인간 역사가 시작된 전설적인 날들이었다고 회고
하면서 그 '선구자의 길'을 계속 걸어가자고 열정적으로 호소했다.

"10월은 인류의 빛나는 시간이요, 찬란한 새벽이었다. …… 러
시아혁명은 해방 사상의 정점이었으며 과거의 위대한 휴머니스트
들로부터 19세기와 20세기의 프롤레타리아 혁명가들에 이르기까
지 인류 최고 사상가들의 꿈이 생생하게 구현된 것이었다. …… 인
류가 진정한 역사로 넘어선 것은 1917년이다. …… 1917년 10월
우리는 낡은 세계를 결단코 거부하면서 그것과 결별했다. 그리고
우리는 새로운 세계, 공산주의 세계를 향해 나아갔다. 우리는 결코
그 길로부터 이탈하지 않을 것이다."

연설에서 고르바초프는 러시아혁명 후 70년간 영웅적인 일도
비극적인 일도 있었고, 위대한 승리도 쓰라린 실패도 있었다고 토
로했다. 일방적 찬가만 늘어놓던 과거 공산당 서기장들과 달리 사
뭇 솔직한 모습이었다. 이어 그는 '혁명과 사회주의 선구자'들의
사업을 창조적으로 계승하자고 강조했다.

그러나 고르바초프도 인정했듯이 '최초의 사회주의혁명'은 카
를 마르크스의 예상처럼 성숙한 자본주의 국가에서 일어나지 않
았다. 자본주의가 중간 단계에 처해 있고, 극히 편중된 공업, 농업
인구의 우위, 봉건적 잔재가 깊이 남아 있던 러시아에서 일어났다.
러시아혁명에 대한 그 분석은 '멘셰비키'* 이래 숱한 냉전주의자
들이 지적해왔기 때문에 진부하게 다가오는 것도 사실이다.

그럼에도 1980년대 후반 사회주의 체제 몰락이라는 세계사적

현상 앞에서 원인이 무엇인지를 정확히 파악하기 위해서라도 그 문제에 대한 고전적 이론을 먼저 검토할 필요가 있다. 무엇보다 10월혁명의 사상적 토대가 마르크스 철학이었다면, 그 이론에 근거해 혁명의 실천을 분석하는 것은 너무나 당연한 일이다.

마르크스 철학은 유럽의 인간 중심적인 철학 전통에 깊이 뿌리내리고 있다. 17세기 스피노자**로부터 18세기 독일과 프랑스의 계몽사상을 거쳐 괴테***와 헤겔****에 이르는 이 전통은 인간의

---

* 멘셰비키Mensheviki는 러시아 공산주의 운동에서 레닌과 맞섰던 정파다. 레닌을 따르던 사람들이 더 많았기에 다수파라는 뜻의 볼셰비키Bolsheviki와 구별하여 소수파라는 뜻의 멘셰비키로 불렸다. 독일사회민주당의 수정주의에 영향받아 합법적 마르크스주의·경제주의의 계보를 이었고, 후진국 러시아에서 혁명은 부르주아혁명이어야 옳다고 주장했다. 자유주의적인 자본주의 체제가 사회주의 사회를 건설하는 데 필요한 전제라고 생각했다. 무장봉기나 프롤레타리아독재의 혁명 방식을 부정해 볼셰비키와 대립했다.

** Baruch Spinoza(1632~1677). 네덜란드의 철학자. 예속 상태로부터 벗어나는 길은 공상이 아니라 지성을 통해 적합한 원인을 인식하는 데 있다고 보았다. 만물이 그 안에 담겨 있는 자연을 스피노자는 신으로 이해했다. 신이 지닌 질서의 필연성을 이해하는 사람은 신을 사랑할 수 있고 자유롭게 될 수 있다고 강조했다. 서양철학계에선 그의 사상을 범신론으로 파악하지만, 소련 철학계에선 그의 신관이 관념론에서 유물론으로 나아갔다고 평가했다.

*** Johann Wolfgang von Goethe(1749~1832). 독일 문학을 대표하는 작가. 바이마르 공국의 재상으로 정치에도 나섰다. 《젊은 베르테르의 슬픔Die Leiden des jungen Werthers》에 이어 60년에 걸쳐 완성한 대작 《파우스트Faust》는 세계문학의 걸작으로 꼽힌다. 괴테는 70대에도 10대 소녀를 사랑하고 실연한 슬픔을 시로 남길 만큼 지칠 줄 모르는 열정으로 인생을 살았다.

**** Georg Wilhelm Friedrich Hegel(1770~1831). 독일 관념론을 완성했다고 평가

무한한 가능성을 남김없이 실현하자는 열망으로 가득 차 있었다.

따라서 앞서도 지적했듯이 마르크스에 대한 편견에서 벗어날 필요가 있다. 마르크스라면 '빨갱이'를 떠올리는 사상적 편협성으로는 21세기를 창조적으로 열어갈 수 없기 때문이다. 영국 공영방송 BBC의 설문조사에서 지난 1,000년 동안 인류에게 가장 큰 영향을 끼친 사상가 1위로 꼽힌 그의 철학을 굳이 '천년이 빚은 사상'으로 표현*한 까닭도 마르크스를 이제 선입견 없이 바라보자는 뜻이다.

천년이 빚은 사상은 시민사회의 대안으로 인간적 사회를 제안한다. 마르크스가 자신의 문제의식을 압축해서 제시한 〈포이어바흐에 관한 테제〉는 낡은 유물론의 입각점이 시민사회인 반면, 새로운 유물론의 그것은 '인간적 사회'라고 선언했다. 상공인들 중심의 시민사회를 넘어선 사회는 모든 사람의 인간성이 자유롭게 발현되는 사회를 의미한다.

마르크스의 《경제학–철학 수고 *Ökonomisch-philosophische Manuskripte aus dem Jahre 1844*》(1844)와 《독일 이데올로기 *Die Deutsche Ideologie*》(1845~1846)에 나타난 철학적 목표는 단연 '인간 해방'이다.

받는 철학자. 절대자를 고정적 실체가 아닌 자기활동의 주체로 파악했다. 정립·반정립·종합의 3단계를 이성 개념으로 제시함으로써 변증법을 체계화했다. 자연, 역사, 정신의 모든 세계를 끊임없는 운동과 변화, 발전의 과정으로 인식하고 그 내적인 연관을 파악하는 데 철학적 열정을 쏟았다.

* 손석춘, 〈천년이 빚은 사상〉, 《한겨레》 1999년 12월 30일 자 9면.

이윤을 좇는 자본의 논리가 지배하는 사회에서 노동이 철저히 소외됨으로써 인간 자체가 소외되는 비극적 현실을 마르크스는 참을 수 없었다. 생존 경쟁의 굴레에서 벗어나 모든 사람이 자유롭게 자신을 실현해나가는 사회를 건설하는 게 그의 꿈이었다.

종래의 휴머니즘 연장선상에 있으면서 동시에 그것을 뛰어넘은 마르크스 사상의 탁월성은 인간의 해방을 사변적 철학이나 '사고의 전환'으로 접근하지 않았다는 데 있다. 마르크스는 인간 해방을 구체적인 삶의 사회적 조건을 바꾸는 데서 찾았다. 책 '제목' 때문에 적잖은 사람들이 입에 담기 거북스러워하지만, 사회적 조건을 날카롭게 분석해나간 사상적 열매가 《공산당 선언》(1848)이다.

여기서 주목할 것은 '인간적 사회'를 건설하는 데 전제조건이 필요하다는 마르크스와 엥겔스**의 냉철한 현실 인식이다. 먼저 마르크스를 들여다보자. 마르크스는 두 가지 전제조건이 실제로 주어질 때만 자본주의 사회를 넘어설 수 있다고 강조했다.

"첫째, 수많은 인간의 삶이 무산자 상태가 되어야 한다. 둘째, 그들이 현존하는 세계의 모순을 인식해야 한다."

생산수단을 소유하지 못한 사람들(무산자), 그래서 일하며 살아

** Friedrich Engels(1820~1895). 마르크스의 친구이자 사상적 동지. 사업가의 아들이었기에 풍부한 경제력으로 마르크스가 곤경에 처할 때마다 물질적 도움을 주기도 했다. 1883년에 마르크스가 사망한 뒤 유고를 모아 《자본론》의 제2권과 제3권을 편집하고 가필해 출간했다. 1895년 엥겔스 자신이 사망할 때까지 마르크스의 유고와 장서를 관리하며 마르크스의 뜻을 살려나갔다.

가는 사람들이 사회 대다수를 구성하고, 그들이 사회의 모순을 인식해야 비로소 자본주의를 넘어설 수 있다는 분석이다.

마르크스는 이어 두 가지 전제조건에 다시 선행조건이 있음을 강조했다. "생산력이 고도로 발전해야 한다"는 게 그것이다. 마르크스는 생산력의 발전이 왜 두 전제조건에 절대적으로 필요한 선행조건인지를 설명했다.

"첫째, 생산력의 발전 없이는 빈곤만이 보편화할 뿐이고 그에 따라 생필품을 둘러싼 투쟁이 다시 시작되지 않을 수 없어 모든 낡은 세계의 구차한 일들이 되풀이될 것이기 때문이다.

둘째, 생산력의 세계적 발전이 있어야 비로소 인간의 보편적 교류가 확립되어 프롤레타리아라는 현상을 모든 민족 속에 만들어 냄으로써, 각 민족은 다른 민족의 변화에 따라 함께 변화되어 마침내 지역적 개개 인간이 세계사적이며 보편적인 개인들로 변화할 수 있기 때문이다."

마르크스는 그 전제가 충족되지 않은 상황에서 혁명이 일어날 때 어떤 일이 벌어질지를 다시 두 가지로 간추려 경고했다.

"그런 전제가 없다면 첫째, 공산주의는 단지 지역 현상으로 존재하고 둘째, 교류 역시 보편적인 혁명으로 전개될 수 없어 '우물 안 개구리'를 벗어나지 못한다."

어떤가. 마르크스의 논리를 따르면 소련과 동유럽 공산주의 국가의 몰락은 필연 아닌가. 마르크스의 이론으로 얼마든지 설명이 가능하기 때문이다. 마르크스는 "반면 교류의 확장은 끊임없이 지역적 한계 속의 공산주의를 폐지하고 발전된 세계적 공산주의를 건설할 것이다. 경험을 통해 얻은 지식을 기초로 예견해볼 때 공산주의는 오직 일거에 동시적 행동에 의해서만 실현 가능하며, 이는 생산력의 세계적이고 보편적인 발전과 세계적 교류를 전제로 하는 것"이라고 강조했다.

비단 소련·동유럽 공산주의 국가의 붕괴만이 아니다. 미국을 중심으로 한 자본주의 국가의 발달도 마르크스의 이론으로 설명이 가능하다.

마르크스는 "어떠한 사회적 질서도 모든 생산력이 그 안에서 발전할 여지가 있는 한 붕괴되지 않으며, 더 높은 생산관계는 물질적 조건들이 낡은 사회의 태내에서 성숙하기 이전에는 출현하지 않는다"고 단언했기 때문이다. 자본주의의 생산력은 20세기 내내 놀라운 발전을 거듭했고 20세기 말에서 시작한 정보기술 혁명은 21세기에 들어선 지금도 한창 진행 중이다.

마르크스만이 아니다. 마르크스의 친구, 프리드리히 엥겔스도 혁명의 전제조건에 대단히 신중하게 접근하고 있다. 《공상에서 과학으로－사회주의 발전 *Die Entwicklung des Sozialismus von der Utopie zur Wissenschaft*》에서 그는 '계급으로의 분화'가 생산의 부족 때문이었다고 보면서 그것이 근대적 생산력의 완전한 발전에 의해서만 일소될 것이라고 분석했다.

"자본주의적 생산양식이 출현한 이후 모든 생산수단의 사회화는 미래의 이상으로서 개인 혹은 집단 들에 의해 모호하게 꿈꾸어져왔다. 그러나 그것은 실현을 위한 실질적 조건들이 존재했을 때라야 비로소 가능해지고 역사적 필연이 될 수 있다. 모든 사회적 진보가 다 그러하듯이 그것은, 계급의 존재가 정의나 평등에 모순된다고 인간이 인식해서가 아니라, 또 이들 계급을 폐지하겠다고 단순히 의도해서가 아니라, 일정 수준의 새로운 경제적 조건들에 의해서야 실현될 수 있다."

그렇다. 엥겔스는 주체들의 사상적 결단만으로 모든 걸 바꿀 수 있다고 생각하지 않았다. '모든 사회적 진보'에는 '일정 수준의 새로운 경제적 조건들'이 필요하기 때문이다. 엥겔스는 계급의 폐지가 '생산의 성숙'과 불가분의 관계에 있다는 사실을 다음과 같이 강조했다.

"사회에서 계급의 폐지는 사회의 특정 계급에 의한 생산수단과 생산물의 점유, 정치적 지배의 점유, 문화 독점, 지적 지도력의 점유 등이 더 이상 불필요할 뿐 아니라 경제적으로도, 정치적으로도, 지적으로도 발전에 저해가 될 수준으로 생산이 성숙해 있다는 것을 전제로 한다."

다른 한편, 엥겔스는 생산의 성숙만으로 사회주의가 가능하다고 판단하진 않았다. 근대사회에 들어선 노동계급의 역사적 사명이 인간의 전면적 해방이라면, 노동계급 운동의 이론적 표현인 과학적 사회주의의 임무는 노동계급에게 그들이 실현하도록 요청받고 있는 역사적 위업의 전제조건을 철저하게 인식시켜 그 의미에 대해 완전한 지식을 제시하는 일이라고 강조했다.

그럼 마르크스와 엥겔스의 전제조건에 비추어 러시아혁명을 분석해보자. 무엇보다 먼저 20세기 초 러시아의 현실은 객관적으로 사회주의혁명의 전제조건을 충족시키지 못했다. 1900년 무렵 러시아는 그 지리적 위치가 말해주듯이 산업이 발전한 서유럽과 적잖은 거리가 있었다.

　　그렇다고 당시 러시아에서 혁명은 꿈도 꿔선 안 될 일이었다고 보는 것은 옳지 않다. 혁명이 일어날 때 이미 러시아 주요 대도시에는 자본주의가 퍼져 있었기 때문이다. 또 마르크스와 엥겔스도 유럽 혁명의 불길을 댕길 수 있는 불꽃을 러시아가 마련해줄지 모른다는 생각을 1870년대 말에 표출하기도 했다.

　　그럼에도 객관적 조건은 냉정하게 짚을 필요가 있다. 당시 러시아 경제에서 공업 비중은 대단히 미약했다. 페테르부르크*와 모스크바 그리고 남부에 간간이 흩어져 있던 공장 지대들은 농업이라는 광활한 바다에 드문드문 떠 있는 섬들에 지나지 않았다. 도시인구는 전체 인구의 겨우 15퍼센트였다. 산업 활동 인구도 10퍼센트 미만이었다. 대외무역에서 러시아 자본주의는 서부 유럽의 반半식민지적 종속 상태로 전락하고 있었다. 원료와 농산물을 수

---

　　* Petersburg. 러시아 북서부, 핀란드 만 안쪽에 있는 대도시. 러시아 근대화에 앞장선 표트르 1세(피터대제)Peter the Great의 이름을 따 제정러시아 때 이름은 '페테르스부르크'였다. 모스크바로 수도를 옮기기 전까지 러시아의 수도였고 1924년 레닌이 죽은 뒤 그를 기념해 '레닌그라드'로 불렸다. 소련이 무너진 뒤 1991년 되찾은 이름 상트페테르부르크Saint Petersburg의 줄임말이다.

출하고 공산품을 수입하면서 제조업은 주로 서부 러시아의 몇몇 도시 시장과의 관련성 속에서 성장했다. 다만 '차르'*라는 전제군주를 정점으로 한 제국주의적 탐욕이 주변국 침략으로 나타나고 있었다.

　유의할 것은 러시아혁명을 이끈 레닌**과 트로츠키***가 혁명의 역사적 한계를 직시하고 있었다는 점이다. 레닌과 트로츠키는 러시아혁명의 역사적 한계를 누구보다 깊이 인식하고 있었으며 그에 상응하는 혁명 이론을 구성했고 그 이론에 따라 실천하기 위해 노력했다.

* tsar. 슬라브족이 세운 국가에서 국왕을 부르는 말. 라틴어 '카이제르Caesar'에서 왔다. 1547년의 이반 4세 Ivan IV(1530~1584) 대관 때 정식 칭호가 되었다. 1721년 표트르 1세가 '모든 러시아의 황제(임페라토르imperator)'의 칭호를 받으면서 그것이 러시아 군주의 정식 명칭이 되었으나 러시아 민중 사이에선 러시아혁명이 일어날 때까지 '차르'가 황제에 대한 관습적인 칭호였다.

** Vladimir Il'ich Lenin(1870~1924). 러시아혁명 최고 지도자. 마르크스, 엥겔스의 후계자, 러시아 및 국제노동운동의 지도자, 러시아공산당 및 소비에트연방국가(소련)의 창설자로 불린다. 마르크스도 엥겔스도 죽은 뒤 역사 단계의 새로운 전개를 보였던 시기에, '제국주의'론을 전개해 마르크스주의를 창조적으로 발전시켰다.

*** 트로츠키Leon Trotsky(1879~1940)는 레닌과 더불어 러시아혁명의 지도자다. 레닌의 사후 후계자로 유력했지만 스탈린Iosif Vissarionovich Stalin(1879~1953)과의 권력투쟁에서 패배했다. 스탈린은 러시아만으로 세계혁명을 실현해나갈 수 있다고 주장했지만, 트로츠키는 러시아가 후진국이므로 서유럽의 혁명을 지원해 세계혁명을 수행해야 한다고 역설했다. 그 뒤 1927년 당에서 제명되고 국외로 추방되었다. 스탈린 체제에 맞서 제4인터내셔널을 결성해 활동하던 중 1940년에 스탈린이 보낸 암살자의 손에 숨졌다.

10월혁명으로 정권을 쥔 레닌은 이듬해(1918) 3월 제7차 당대회에서 러시아혁명은 유럽 사회주의의 도움 없이는 승리를 쟁취하는 게 불가능하다고 명토 박아 선언했다. 사회주의혁명을 '시작'할 수는 있지만 단독으로 '완결'할 수 없다고 본 레닌은 스위스 노동자들에게 쓴 편지에서 유럽과 미국의 사회주의적 프롤레타리아트가 "가장 중요하고 가장 믿을 수 있고 가장 의지할 수 있는 협력자"라고 말했다. 레닌은 혁명 3주년 기념 연설에서도 사회주의혁명은 단 한 나라에서 성취될 수 없다는 것을 거듭 강조했다.

트로츠키도 사실상 그가 주도한 1905년 혁명을 분석하면서 다음과 같이 전망했다.

"러시아의 프롤레타리아에게는 자신들 권력의 운명과 러시아혁명 전체의 운명을 유럽에서의 사회주의혁명의 운명과 연계시키는 것밖에는 다른 어떤 대안도 있을 수 없게 될 것이다. 부르주아혁명적인 상황들의 돌발적인 결합에 의해서 러시아의 프롤레타리아에게 그 엄청난 국가권력이 주어질 경우, 그들은 전 세계의 자본주의에 대한 계급투쟁과 자신들의 운명을 같이하게 될 것이다. 자신들이 쟁취한 국가권력과 더불어, 배후의 반혁명과 전면의 유럽 반동 세력 사이에서, 러시아의 프롤레타리아는 전 세계의 모든 동지들에게 이전부터 외쳐온 구호를 전파시킬 것이다. 그리고 이번에는 그것이 최후의 공격을 위한 호소가 될 것이다. 모든 나라의 노동자여 단결하라."

레닌과 트로츠키의 전망은 마르크스와 엥겔스의 사상에 뿌리를 두고 있었다. 마르크스와 엥겔스는 사회주의혁명이 과연 단 한 나라에서 가능할 것인가 하는 문제를 끊임없이 제기했다. 두 사람의 답은 명확했다. 한 나라에서의 혁명은 '불가능하다'였다.

마르크스는 '(한 나라에서 일어난) 혁명은 즉시 그 본고장을 떠나 유럽의 전 지역을 지배할 것이며 그에 기초할 때만 19세기의 사회 혁명은 수행될 수 있을 것'이라고 강조했다. 엥겔스의 생각은 더 명확하다. 엥겔스는 '혁명은 단 하나의 국가에서 일어날 수 있는 가'라고 자문한 뒤 단호하게 '일어날 수 없다'고 답했다.

"대규모 산업이 세계적 시장을 형성하여 지상의 모든 민족의 일과 무관할 수 없다. …… 모든 나라에서 부르주아지와 프롤레타리아트의 두 결정적인 계급이 나타났으며 그들 사이의 투쟁에 직면하고 있다. 공산주의 혁명은 일국적인 것이 아니라 모든 문명국에서, 즉 최소한 영국, 미국, 프랑스, 독일에서 동시에 일어날 것이다."

마르크스와 엥겔스의 명제는 레닌과 트로츠키를 비롯한 러시아의 초기 마르크스주의자들에게 깊은 영향을 끼칠 수밖에 없었다.

그런데 레닌은 '정통 혁명관'을 거듭 확인하면서도 러시아 현실에 비춰 해석했다. 부르주아혁명과 사회주의혁명의 2단계론을 주장한 멘셰비키와 이론 투쟁을 벌이게 된 이유다.

레닌은 1917년 4월 〈현재의 혁명에 있어서 볼셰비키의 임무〉라는 보고에서 "오늘날 러시아는 혁명 1단계에서 2단계로 이행"하고 있다며 승리한 부르주아 2월혁명으로부터 사회주의혁명으로 이행해야 옳다고 주장했다.

'4월 테제'로 불린 레닌의 연설은 그가 깊이 신뢰하고 있던 볼셰비키*들로부터도 공격받았다. 카메네프**는 레닌을 서슴지 않고 '공상주의자'라고 비판했다. 카메네프는 영국과 다른 선진국들에서 먼저 사회주의혁명이 이루어진 뒤에야 비로소 러시아는 사회

* 1898년 창립된 러시아사회민주노동당은 1903년 제2차 당대회에서 투쟁 방법을 놓고 레닌 중심의 혁명적 의견과 마르토프L. Martov(1873~1923) 중심의 온건적 의견이 대립했다. 대회에서 레닌파가 다수였기에 볼셰비키로 불렸다. 정통적인 마르크스주의를 중시한 멘셰비키는 러시아혁명의 당면 과제를 '부르주아 민주주의 혁명'으로 판단하고 민주적 투쟁 방식을 강조했다. 자유주의적인 자본주의 체제가 사회주의 건설에 필요한 전제라고 생각한 그들은 부르주아 좌파와의 협조를 중시했기에 무장 혁명이나 프롤레타리아독재에 반대했다. 두 파는 1912년 당대회에서 갈라졌다. 볼셰비키는 의식 있는 소수 정예의 직업적 혁명가들을 중심으로 한 중앙집권적 당 조직이 혁명을 성공시킬 수 있다고 판단했으며 이를 '민주적 중앙 집중제'로 개념화했다. 1917년 10월혁명으로 권력을 잡고 러시아공산당으로 당명을 바꾼 볼셰비키는 혁명 이후 취약한 지지 기반 때문에 당 독재 이론을 더 중시했다. 러시아공산당이 확대 발전한 소련 공산당의 당 노선과 조직 이론은 1950년대 후반 이후 국제공산주의운동에서 '사회주의로의 다양한 길'이 모색될 때까지 세계 공산주의 운동을 지도했다. 공산주의 비판자들은 민주적 중앙 집중제가 공산당의 관료 독재를 낳았다고 분석한다. 마르토프는 1912년 볼셰비키와 결별했지만 1917년 러시아혁명 때는 협력했다. 하지만 내전 과정에서 다시 결별해 1920년 국외로 추방당했고 독일에서 숨을 거뒀다.

** Lev Borisovich Kamenev(1883~1936). 러시아사회민주노동당원으로 혁명운동에 가담하고 레닌을 따랐으나 10월혁명 때 무장봉기에 반대하며 사회주의 정당들의 연대를 주장했다. 혁명이 성공한 뒤 다시 레닌의 노선을 적극 수용하며 1919년에 모스크바 소비에트 의장으로 선출되었다. 레닌 사후에 스탈린이 트로츠키와 권력투쟁을 벌일 때 스탈린 쪽에 섰다. 하지만 곧 스탈린을 비판해 당에서 제명되었고 끝내 1934년 처형당했다. 1988년 소련대법원은 재심에서 카메네프에게 무죄를 선고했다.

주의 사회를 건설할 수 있다고 주장했다.

레닌은 비록 러시아가 '농업 국가이며 유럽에서 가장 후진적인 나라'이지만, 사회주의혁명을 수행하기 위해 요구되는 최소한의 기본적인 객관적 조건들을 갖추고 있고 동시에 혁명적 전위에 의해 지도되는 노동계급의 주체적 조건들도 구비하고 있다고 강조했다. 따라서 전 세계적인 혁명의 새로운 시대를 열어놓고 수수방관할 권리는 러시아 혁명가들에게 없다고 역설했다.

당시 레닌의 주장은 단순한 주의주의主意主義가 아니었다. 그가 전개한 '제국주의론'이 이론적 근거였다. 레닌은 마르크스와 엥겔스의 사후 20세기로 이어지는 전환기의 세계 자본주의를 '제국주의'로 규정하고, 이를 '이행기의 자본주의 혹은 좀 더 정확하게 말해서 사멸해가는 자본주의'라고 선언했다.

레닌에 따르면 세계를 자신의 식민지로 분할한 제국주의는 프롤레타리아를 '매수'하여 기회주의를 육성하고 강화함으로써 전체 노동계급 운동을 분열시킨다. 레닌은 혁명에 소극적인 당대의 '기회주의자'들을 날카롭게 비판하는 한편, 제국주의 단계에 이르러 각국의 개별 경제가 제국주의라는 '사슬'로 묶이게 되었다고 논증함으로써 사슬이 유럽의 선발 자본주의 국가에서가 아니라 그 가장 약한 고리에서 끊어질 수 있다는 논리를 전개했다.

'자본주의 발전의 최고 단계이자 최후 단계인 제국주의'에 대한 연구를 통해 레닌은 자본주의 국가들의 불균등 발전이 심화되고 있으며 이에 따라 사회주의혁명이 전 세계적으로가 아니라 한 국가에서 먼저 승리할 수 있다고 확신했다.

레닌의 논리는 1917년 10월혁명으로 현실이 되었다. 혁명의 성공 앞에서 레닌은 들뜨지 않았다. 러시아혁명이 유럽 혁명으로부터 지원받아야 한다고 판단했다. 트로츠키와 함께 전 세계적인 혁명이 일어나리라고 기대했지만, 트로츠키와 달리 유럽의 혁명운동에 러시아혁명의 운명을 전적으로 맡겨두지는 않았다. '신경제정책'을 비롯해 만년의 레닌이 전개한 실천은, 유럽 혁명이 지연될 가능성에 대비하여 러시아의 여러 현실 조건을 냉철하게 평가하는 가운데 떠오른 새로운 구상이었다.

러시아 국내의 문화혁명에 대한 레닌의 관심도 그의 사상적 고뇌를 반영하고 있다. 레닌은 문맹 상태의 농민들을 기반으로 한 러시아혁명이 서유럽 프롤레타리아트의 지원 없이 사회주의를 성공적으로 이루어나갈 수 있으리라고는 결코 생각하지 않았다. 하지만 레닌은 '충분히 개화되어 있지 못한 국가에 사회주의를 이식시키기 위해 너무 서두르고 있다'고 비판하는 '적대자들'에게 정치사회적 혁명이 이루어진 다음 문화혁명을 계속 전개하면 충분하지 않은가 하고 반박했다.

실존 사회주의의 경험

마르크스, 엥겔스가 제시한 사회주의 전제조건과 레닌의 혁명 사상을 톺아보았듯이 러시아 10월혁명은 초기부터 험난한 길을 예고하고 있었다. 다만 혁명 뒤 전개된 현실은 레닌의 예상보다 더 냉혹했다. 더구나 그의 때 이른 죽음으로 이후 소련 현대사는 레닌의 구상과는 거리가 먼 방향으로 전개되었다.

레닌에 이어 최고 지도자에 오른 스탈린은 러시아혁명의 역사적 한계나 특수성에 슬기롭고 치밀하게 대응하지 못했다. 그 결과 이른바 '스탈린 체제'라는 억압적이고 경직된 사회주의 체제가 형성되었다. 스탈린 체제로 이행하는 혁명의 '배반'에는 현실적인 객관적 힘이 간단히 무시할 수 없을 만큼 크게 작용했다.

러시아혁명은 처음부터 역사적 한계가 뚜렷했고 레닌은 그 한계를 비교적 성숙한 러시아 노동계급과 유럽 혁명으로부터의 지원으로 극복하려고 했다. 그러나 유럽의 혁명은 성공하지 못해 지원은 불가능했다. 그 못지않은 비극은 혁명 뒤의 내전 속에서 그나마 존재했던 러시아 노동계급의 운명이다. 혁명을 일궈낸 러시아 노동계급 가운데 가장 정치적으로 각성한 노동자들은 혁명을 압살하려는 제국주의자들의 침략을 막아내는 전쟁과 혁명 초기의 치열한 내전 과정에서 상당수 전사했다.

살아남은 사람들조차 내전 과정에서 조직적 연계성을 잃었기 때문에 볼셰비키는 자신들이 그 전위라고 생각했던 계급, 새로운 정치의 대들보, 사회주의의 튼튼한 기초를 물리적으로나 정치적으로 상실했다. 더구나 비판적인 볼셰비키 당원들은 스탈린이 권력을 강화하는 과정에서 숙청당한다. 바로 그 현실 위에서 체제의 관료적 타락이 진행되어 레닌이 우려했던 '괴물'처럼 거대한 국가기구가 자리 잡아갔다.

레닌이 숨진 뒤 스탈린이 트로츠키와 권력을 놓고 싸우며 체계화한 '일국사회주의론'*은 내전으로 피폐해진 상황에서 점차 안정

* 세계적 차원의 혁명이 없어도 한 나라에서 충분히 사회주의를 건설할 수 있다고 스탈린이 1924년에 제시한 이론. 이는 자본주의가 고도로 발달하여 생산력과 생산관계의 모순이 첨예화함으로써 전 세계 프롤레타리아트가 단결하고 정치적 각성을 통해 혁명으로 발전해야 한다는 마르크스의 주장과 어긋난다. 스탈린은 자본주의 국가들의 개입과 압력으로부터 혁명을 보호하기 위해선 군사력을 증강하고 강제적 공업화의 길로 가야 옳다고 판단했다. 하지만 그 결과 권위주의적 권력과 그에 근거한 관

지향으로 변해간 공산당 관료들의 '소망'을 반영함으로써 러시아 현실에서 강력한 힘을 갖게 되었다.

스탈린은 "만약 맨 먼저 자기를 해방시킨 나라에서 사회주의의 종국적 승리가 여러 나라의 프롤레타리아들의 결합된 노력이 없이는 불가능하다는 가정이 옳다면, 맨 먼저 사회주의의 승리를 거둔 나라가 다른 나라들의 노동자들과 고생하는 대중들에게 보내는 지원이 효과적이면 효과적일수록 세계혁명의 발전 또한 더욱 급속하고 더욱 철저하리라는 것도 똑같이 옳은 것"이라고 주장했다.

여기서 엿볼 수 있듯이 스탈린과 그의 동료들은 일국사회주의론을 냉혹한 현실이라는 조건에서 극복해야 할 필요악으로 인식하지 않았다. 오히려 그것이 사회주의 건설의 올바른 방법이라는 확신마저 있었던 것으로 보인다. 국가 관료 기구의 팽창과 노동계급의 물리적·정치적 거세로 인해 레닌이 구상했던 소비에트 민주주의의 발전은 엄중한 난관에 처해졌으며 문화혁명과 신경제정책은 일국사회주의론으로 흡수되고 말았다.

레닌이 그의 '정치적 유서'에서 "동지들이 스탈린을 그 직위에서 해임하는 방법을 생각해볼 것을 제안"한 것은 그의 사후에 있을

료주의 체제가 뿌리내렸다. 1991년 소련의 해체는 혁명이 세계적 차원에서 발생하지 않을 때 자본주의 국가들의 압력으로 실패할 수밖에 없다는 마르크스의 주장을 입증해주었다고 할 수 있다.

혁명의 왜곡을 예감하고 그것을 막기 위한 호소였다. 물론, 스탈린 체제가 레닌과의 완전한 단절은 아니었다. 러시아혁명의 특수성은 스탈린의 정당성을 어느 정도 입증하고 있다고 볼 수도 있다. 문제는 스탈린이 레닌의 사상 가운데 일부만을 계승한 데 있다.

페레스트로이카는 레닌과 스탈린 사이에 놓인 '건널 수 없는 심연'에 다리를 놓으려는 역사적 시도였다. 고르바초프는 스탈린의 역사적 의미를 전적으로 부인하진 않았지만 비판적 평가를 내렸다. 고르바초프에 따르면 스탈린은 레닌 사후 대중의 혁명적 조급성과 모든 운동에 고유한 유토피아적인 평등주의 경향, 목표를 최대한 빨리 달성하려고 한 전위들의 의욕을 그의 권력 기반 강화에 이용했다. 이에 따라 스탈린 체제 아래 사회주의 사상은 점차 권위주의적·명령적·관료주의적 행정 체계의 모습으로 변했고 마르크스와 레닌의 사회주의관에서 핵심 개념인 '목적으로서의 인간관'을 상실하게 되었다고 고르바초프는 비판했다. 이어 스탈린 이후의 소련 체제를 '사회주의혁명에 심각한 손실을 가져온 시기'로 규정하고 새로운 길로 나아갈 것을 호소했다.

역사적으로 평가할 때 스탈린이 주도한 소련 체제가 모두 부정적이었던 것은 아니다. 1930년대의 인상적인 경제성장, 제2차 세계대전에서 '야수적인 파시즘'을 몰락시키는 데 기여한 결정적 공헌, 종전 뒤 자본주의 최강국 미국과 함께 세계적인 '초강대국'으로 자리매김한 사실들에 유의한다면 스탈린에 대한 일방적인 부정적 평가는 균형을 잃은 분석이다.

하지만 소련공산당 스스로 스탈린이 죽은 후 3년이 지나면서 스탈린 체제에서 벗어나려는 움직임을 보였다. 1956년 소련공산당 제20차 당대회에서 흐루쇼프*가 스탈린을 비판한 이후, 소련 내부에서 스탈린 체제 재평가 작업이 광범위하게 전개되었다. 특히 지식인들이 체제를 비판하고 나타나기 시작한 것은 주목할 사실이다. 그것은 스탈린이 편협하게 해석한 레닌주의, 곧 일국사회주의론의 역사적 파탄을 예고하는 징후이기도 했다.

소련 철학계에서도 1960년을 전후로 스탈린주의적 억압에서 벗어나 창조적 철학을 탐색하려는 움직임이 다각도로 일어났다.

사실 10월혁명 뒤 소련 철학계를 지배해온 이념적 교조주의자들도 그 '이념'을 지키기 위해 현실의 흐름을 주시하지 않을 수 없었다. 마르크스 철학 자체가 어떤 도그마도 거부하는 '현실의 변증법'이기에 더욱 그랬다. 오랫동안 소련 철학은 현실이 그들의 개념

* Nikita Sergeyevich Khrushchov(1894~1971). 소련공산당 서기장(1953~1964)과 소련 총리(1958~1964)를 지냈다. 할아버지는 농노, 아버지는 광부였다. 15세부터 공장 노동자로 일했다. 1917년 러시아혁명 뒤 일어난 내전에서 볼셰비키 쪽에 섰다. 1929년 모스크바의 스탈린 공과대학에서 야금학을 공부했고 당 업무에 전념했다. 모스크바 지하철 건설을 감독한 공로로 1935년 레닌 훈장을 받았고, 이어 모스크바 시당위원회 제1서기가 되었다. 1938년 우크라이나 공산당 서기장이 되었고 이듬해에 당 정치국원으로 선임되었다. 스탈린이 죽은 뒤 1953년 소련공산당 서기장이 된 그는 1956년 2월 모스크바에서 개최된 제20차 당대회에서 스탈린 격하 연설로 소련 안팎에 큰 파문을 일으켰다. 미국과의 평화공존과 개혁정책을 추진하면서 소련 군부와 공산당 관료 들은 불만이 커져갔고 1964년 실각했다. 그 뒤 7년 동안 모스크바와 시골 별장을 오가며 은둔했다.

과 상충될 경우 두 방법 가운데 하나로 대처해왔다. 문제된 사실을 환상적인 것 또는 대수롭지 않은 것으로 무시하거나 그런 사실과 조화될 수 있도록 표면적인 수정을 가하는 것이다. 첫 번째 길은 스탈린 시대 소련의 철학자들이 자주 선택했던 방법이고 스탈린 사후에는 후자의 접근 방법이 주류를 형성했다. 그러므로 공식적인 소련 철학계에서 현실에 대한 창조적 해석은 거의 이루어지지 않았었다. 이미 오래전에 엥겔스가 '신생 마르크스주의자'들에 대해 '화석화된 정통 학설'을 옹호한다고 비판했던 것처럼 소련 철학자들은 마르크스주의를 '교조'로 변형하였으며, 그 세계관을 얻기 위해 정통적 체계를 구구단과 같이 외우라고 유도해왔다. '명령의 변증법'이란 비판이 나온 이유다.

소련의 지배적인 철학 자체가 한계점을 드러내기 시작하고, 흐루쇼프의 실각 이후 소련 지식인의 희망이 점차 사라질 무렵, 소련공산당의 체코 침략이 일어났다. 1968년 봄에 채택된 체코공산당 중앙위원회 행동 강령의 러시아어 완역본이 모스크바에 나돌고 있을 때, 전격적으로 이루어진 소련군의 프라하 침략은 소련 사상사에 새로운 전환점을 이뤘다. 소련 지식인들은 자신들의 체제에 대해 정당성과 도덕성을 근본적으로 재검토했다.

이에 따라 체제 자체에 회의를 품기 시작한 개혁주의 지식인들은 자신들의 사상을 '사미즈다트samizdat'라는 지하출판물을 통해 표현했고 소극적이나마 언론 출판물을 통해 개혁운동을 추진해나갔다. 가령 1960년대 말에 쓰인 작자 미상의 '반체제' 지하간행물 〈이데올로기적 혼란과 새로운 사상의 모색〉은 그들의 이념적 목표를 '인간의 얼굴을 한 사회주의'로 규정하고 이것이 체코의 둡체크*에 의하여 시작된 개념이라고 설명하고 있다.

거의 같은 시기에 소련의 저명한 사학자 아말리크**는 논문 〈소련은 1984년까지 존립할 것인가〉에서 진정한 마르크스-레닌주의로의 회귀를 강조했다. 그는 '자유 마르크스주의' 개념을 제안하면서 공산당 지도 아래 각 부문의 민주화와 다원화를 주장했다. 서방에서 '반체제 작가'로 활동하던 솔제니친***의 '러시아 국수주

* Alexander Dubcek(1921~1991). 체코슬로바키아의 정치인. 1939년 공산당에 입당하고 독일군에 맞서 싸웠다. 1951년 슬로바키아 공산당 제1서기를 거쳐 1968년 1월 체코슬로바키아 공산당 서기장에 올랐다. 둡체크는 그 뒤 8개월 동안 정치 민주화와 경제 분권화, 언론 자유화 정책을 추진했다. '프라하의 봄'이라는 말이 나온 이유다. 그는 자신의 사상을 '인간의 얼굴을 한 사회주의'라고 공언했다. 하지만 소련은 동유럽에 자본주의 확산을 막는다는 '명분'으로 1968년 8월에 군사개입을 단행했다. 1989년 공산당 지배 체제가 무너진 뒤 둡체크는 연방의회 의장을 맡았다. 1991년 교통사고로 숨지면서 사고 원인을 두고 여러 의혹이 불거졌지만 확인되지 않았다. 둡체크가 숨진 뒤 체코슬로바키아는 체코와 슬로바키아로 쪼개졌다.

** 아말리크Andrei Alekseevich Amalrik(1937~1980)는 모스크바에서 인권운동을 벌이던 중 서방의 외교관·기자와 접촉했다는 이유로 1965년 체포됐지만 1년 뒤 풀려났다. 1969년에 〈소련은 1984년까지 존립할 것인가Will the Soviet Union Survive Until 1984?〉라는 글을 지하신문에 발표해 서방에 전했다. 그는 어느 나라도 물리적이든 심리적이든 무한정으로 수백만 명을 통제할 수는 없다고 주장했다. 1976년 소련에서 추방당해 프랑스에서 활동했다. 1980년 국제회의에 참석하러 가던 중 에스파냐에서 교통사고로 죽었다.

*** Aleksandr Isayevich Solzhenitsyn(1918~2008). 20세기 후반에 가장 많이 알려진 러시아 작가로 1970년 노벨 문학상을 받았다. 육군 장교 재직 중 친구에게 보낸 편

의'가 보여주듯이, 이 시기 소련 지식인들의 체제 비판 사상은 다양한 모습을 드러냈다. 그만큼 체코 사태가 불러온 소련 지식인들의 정신적 공백은 컸다.

1960년대 이후 소련 내부에선 새로운 움직임이 꿈틀거리고 있었다. 소련이 도시화하고 고학력 세대가 사회의 중추를 형성하면서 혁명 초기와는 다른 정서가 퍼져갔다. 소련공산당이 지배하는 국가사회주의 체제 아래서 '자유민주주의적 가치'들을 충분히 누리지 못했던 러시아인들에게 자유는 '새로운 가치'로 인식되었다.

그 이후의 역사가 증언하듯이 러시아의 '새로운 세대'는 뚜렷한 역사의식을 지니고 있지 못했다. 오히려 그들은 서방의 미디어들이 확산시킨 '자유민주주의 가치'의 화려한 이미지를 선망하며 환상을 갖게 된 나머지 실존 사회주의의 붕괴에 적극 가담하거나 이를 방관하게 된다.

결국 레닌과 러시아혁명에 기꺼이 목숨을 던진 혁명가들의 꿈

지에서 스탈린을 부정적으로 표현했다는 이유로 체포됐다. 8년 동안 감옥과 강제노동수용소에 갇혔다. 1956년 복권되어 수학 교사로 일하며 글을 쓰기 시작했다. 흐루쇼프의 스탈린 비판 이후《이반 데니소비치의 하루 *Odin Den' Ivana Denisovicha*》(1962)를 발표해 강제노동수용소를 고발했다. 1968년《암병동 *Rakovyi korpus*》을 발표했고 1970년 노벨 문학상을 받았다. 1973년 프랑스 파리에서 스탈린 시대 수용소를 낱낱이 기록한 《수용소군도 *Arkhipelag Gulag*》를 출판하면서 체포됐고 1974년 소련에서 추방당했다. 그 뒤 미국으로 건너가 활동했다. 솔제니친은 소련은 물론, 미국식 제도도 비판하며 러시아 전통의 '박애적이고 종교적인 체제'를 대안으로 제시해 '러시아 국수주의'라는 비판을 받았다. 소련이 붕괴된 뒤 1994년 러시아로 돌아갔다.

은 역사라는 현실의 벽, 실존 상황에 부딪쳐 좌초했다.

혁명 직후부터 기대했던 서유럽에서 혁명이 일어나지 않거나 실패함으로써 '포위된 혁명'은 레닌의 사후, 그의 구상과는 정반대로 강력한 국가기구 형태로 나타났다. 그런 의미에서 러시아혁명은 트로츠키의 분석처럼 '배반된 혁명'이었다고 볼 수 있다.

노동자의 이름으로 세계사의 새로운 기원을 힘차게 선포했던 러시아혁명, 인류를 대표하여 공산주의라는 전인미답의 길을 열어가고 있다고 자임했던 소련공산당, 그 혁명과 그 공산당은 1991년 참담하게 몰락했다.

1917년 10월 러시아혁명은 제국주의 국가들이 광범위한 식민지 민중을 착취하고 학살하는 한편, 유럽 안에서 서로 피비린내나는 살육 전쟁을 벌이는 암담한 현실에서, 비단 러시아뿐 아니라 전 세계 민중에게 새로운 세계의 빛과 열망을 심어준 세계사적 전환점이었다.

러시아혁명이 일어난 지 채 3년이 되지 않아 식민지 조선의 지식인들 사이에서도 사회주의 사상이 광범위하게 퍼져가며 공감대를 형성했다. 마침내 1925년 4월 17일에 서울(당시 이름은 경성)에서 조선공산당을 결성한다. '제국주의 타도'를 내세운 러시아혁명은 당대 식민지 조선의 지식인들에게 '복음'처럼 다가올 수밖에 없었다.

이미 짚었듯이 마르크스의 꿈은 어느 한 나라에 국한된 혁명이 결코 아니었다. 최초의 사회주의혁명을 이끈 레닌의 꿈도 러시아라는 특정 민족이나 나라에 머물지 않았다. 그들의 꿈은 더 크고 넓고 깊었다. 인류 역사의 전환이었다.

보통선거권, 복지국가, 식민지 해방

마르크스와 레닌의 꿈은 러시아혁명과 소련의 건설로만 인류사에 영향을 끼치지 않았다. 실존 사회주의의 성과를 세계사의 넓고 긴 맥락, 곧 민주주의의 전통 속에서 새롭게 평가할 필요가 있다.

마르크스의 혁명적 사상에 이어 러시아에서 일어난 혁명은 전 세계의 자본가들을 긴장시켰다. 자신들이 억압해온 노동자들의 정권이 수립될 수 있다는 가능성이 현실로 드러났기 때문이다. 마르크스 사상의 발전과 러시아혁명의 성공을 전환점으로 세계 자본주의 체제는 새로운 국면으로 들어섰다. 자본주의가 발달한 선진국에서 그 모습은 크게 두 갈래로 나타났다.

먼저 국내적으로는 노동계급에게 '채찍'을 휘두르던 관행에서 벗어나 '당근'을 더 많이 주는 정책으로 나타났다. 그 구체적 표현

〈표 1〉 세계 각국의 보통선거제 실시 시기

구분	프랑스	영국	미국	독일	이탈리아	일본	한국
남성	1848년	1918년	1870년	1870년	1912년	1925년	1948년
여성	1946년	1928년	1920년	1920년	1945년	1945년	1948년

이 선거권 확대와 복지국가다. 선거권 확대부터 살펴보자.

〈표 1〉에서 볼 수 있듯이 왕의 목을 단두대에서 잘라버린 프랑스혁명 뒤에도 선거권은 보편화하지 못했다. 프랑스에서 모든 국민에게 보통선거권이 주어진 것은 1789년 혁명 뒤 150여 년이 지난 1946년이다. 그나마 프랑스는 아래로부터의 혁명이 줄기차게 이어졌기에 1848년에 남성에 대한 보통선거가 구현될 수 있었다. 세계 여러 나라의 보통선거제 실시 상황을 보면 그것이 사회주의 사상의 확산과 러시아혁명의 성공과 무관하지 않다는 사실을 쉽게 확인할 수 있다.

명예혁명을 이룬 영국의 선거권도 〈표 2〉에서 볼 수 있듯이 단계적으로 확대되었다. 참으로 납득하기 어렵지만 20세기가 열릴 때까지 지구의 그 어떤 나라도 여성에게 선거권을 주지 않았다. 남성도 신분이나 재산, 인종에 따라 선거권을 제한해왔다.

그렇다면 왜일까? 무엇이 선거권을 확대하게 해왔을까? 선거권을 요구하며 끊임없이 아래로부터 투쟁이 있었기에 가능했다. 선거권이 한 차원 더 확대될 때마다 수많은 민중이 피를 흘렸다. 선거권의 확대는 피를 먹고 자라는 나무의 한 가지였다.

사회주의자들은 선거권 확대 과정에 두 차원에서 기여했다. 하

〈표 2〉 영국의 선거권 확대 과정

시기	선거권 확대 과정
1800년대 초기	귀족과 부자만 선거권 인정
1832년 선거법	중산계급에 선거권 인정(총인구의 3퍼센트인 65만 명가량이 선거권을 가짐)
1867년 선거법	도시 소시민과 노동자에 선거권 인정(총인구의 7퍼센트인 200만 명으로 증가)
1848년 선거법	농부와 광부의 선거권 인정(총인구의 12~13퍼센트인 440만 명으로 증가)
1918년 선거법	30세 이상의 부인에 선거권 인정
1928년 선거법	모든 성인 남녀에 선거권 인정(보통선거제 확립)

나는 사회주의자들 스스로 노동자들의 선거권 확대 투쟁에 앞장 섰다. 다른 하나는 사회주의자들의 혁명적 사상과 실천이 자본주의 지배세력들로 하여금 양보하도록 '강제'했다. 보통선거권을 확대하지 않을 때, 노동계급의 분노가 폭발하면서 자칫 자본주의 체제 자체가 혁명적으로 종식될 수 있다는 위기의식을 느꼈기 때문이다.

제1, 2차 세계대전과 사회주의혁명을 겪으면서 미국과 유럽에서 보통선거권이 확립되던 바로 그 시기에 대한민국이 건국됨으로써, 또 해방공간에서 사회주의 운동이 활발하게 모색됨으로써, 대한민국의 제헌 헌법 또한 보통선거제를 명문화하지 않을 수 없었다.

복지국가의 발전도 사회주의혁명과 같은 맥락에서 분석해야 옳다. 물론 학문적으로 따지자면 복지국가는 그 기원을 여러 갈래에서 찾을 수 있다. 하지만 실제 역사적 전개 과정에서 마르크스의 사상적 실천과 레닌의 혁명이 아니었다면 복지국가는 현실화하기 어려웠다. 자본주의 사회에서 복지국가의 구현 과정에서도 사회주의자들은 두 차원에서 기여했다.

사회주의자들 스스로 노동자들의 복지 확대 투쟁에 앞장섰다. 동시에 러시아혁명이 입증해준 사회주의혁명의 구체적 실현 가능성은 자본주의 지배세력으로 하여금 복지국가를 받아들이게 했다. 모든 것을 잃는 위험을 감수하기보다는 노동자들에게 '양보'하며 지배 체제를 유지하는 게 더 현명하다고 판단했기 때문이다. 더구나 선거권의 확대 과정은 복지국가에 반대할 의지를 점차 접어가는 과정이기도 했다.

'요람에서 무덤까지 from the cradle to the grave'는 제2차 세계대전이 끝난 뒤 영국노동당이 내세운 슬로건이다. 태어나서 죽을 때까지 모든 국민의 최저 생활을 국가가 사회보장제도로 책임진다는 정책은 제2차 세계대전을 거치며 급속도로 퍼져가던 혁명의 물결을 차단하는 방어벽이었다. 대공황과 두 차례의 세계대전을 거치면서, 게다가 실존 사회주의 국가들의 확산 앞에서, 대다수 선진국가들은 '요람에서 무덤까지'를 국민 앞에 약속하지 않을 수 없었다.

마르크스 사상의 발전과 러시아혁명의 성공은 자본주의 선진국에서 복지국가를 추동하는 한편 그들의 침략을 받아 식민지로 전락했던 민족에게 해방운동의 희망을 심어주었다. 그 또한 세계 자본주의 체제의 큰 변화다.

레닌과 소련공산당은 식민지 해방운동을 적극 지원하고 나섰다. 민족해방운동을 인적·물적으로 지원하는 소련이라는 나라의 존재는 제국주의 국가들이 식민지 강탈 정책을 펴는 데 큰 '걸림돌'이었다. 제국주의자들 스스로 두 차례에 걸쳐 세계대전의 살육과 파국을 겪으면서 식민지 쟁탈을 위한 전쟁에 대한 성찰은 커졌다. 제2차 세계대전이 끝난 뒤에도 소련은 아시아-아프리카-아메리카의 민족해방운동을 적극 지원했다.

지금까지 톺아보았듯이 시민혁명으로 단두대에서 출발한 민주주의는 노동계급의 등장과 함께 사회주의 사상의 혁명적 실천을 거치면서 크게 성장했다. 그것은 관점의 차이가 아니라 또렷한 역사적 사실이다. 바로 그 점에서 21세기 지상에 살고 있는 우리 모두는 마르크스와 레닌에게 빚지고 있다고 해도 지나친 말은 아니다. 그 말은 우리가 마르크스주의자나 레닌주의자가 되자는 뜻이 아니고, 마르크스나 레닌을 '교조'로 받들자는 뜻은 더욱 아니다. 세계사에서 민주주의의 전개 과정을 있는 그대로 평가하자는 뜻 이상도 이하도 아니다.

그런데 실존 사회주의 국가들이 1989년과 1991년 사이에 전 세계적으로 몰락하면서 민주주의 역사는 새로운 국면을 맞았다.

노동운동

1. 마르크스는 왜 자본주의를 넘어선 사회를 노동운동에서 찾았는가?

2. 마르크스와 엥겔스가 말한 사회주의 사회의 전제조건은 타당한가?

3. 러시아혁명을 이끈 레닌의 사상은 마르크스 사상의 발전인가, 왜곡인가?

4. 실존 사회주의 국가들의 혁명은 민주주의 성장에 어떤 영향을 끼쳤는가?

5

민주주의는 왜
위기를 맞았는가

미국과 신자유주의 세계화

1989년부터 몰아닥친 동유럽 사회주의 국가들의 몰락과 1991년 소련의 몰락으로 미국과 영국에서 자라난 신자유주의Neoliberalism 는 지구 전체로 퍼져갔다. 자본주의 체제를 대체할 수 있는 현실적 대안이 사라지면서 전 세계의 자본가계급은 자본의 논리와 시장의 논리를 관철시키는 데 더는 머뭇거리지 않았다.

신자유주의의 이론적 출발은 시장주의 경제학자 밀턴 프리드 먼의 저작으로 거슬러 올라가지만 그것이 의미 있는 사회현상으로 나타난 시기는 1970년대 중반이다. 제2차 세계대전이 끝난 뒤 폐허가 된 유럽 경제를 재건하고 지구촌으로 시장을 확대하면서 줄곧 안정적 성장을 이뤄왔던 세계경제가 불황 국면을 맞았기 때문이다.

특히 1970년대 미국의 위기의식은 컸다. 미국과 유럽의 시장경제가 불황으로 침체되고 실업자가 늘어나면서 마르크스주의 경제학자들의 자본주의 위기론이 퍼져갔고, 같은 시기에 베트남 통일이 상징하듯이 미국의 군사적 패권은 크게 흔들리고 있었다. 게다가 1979년에 일어난 이란혁명으로 테헤란의 미국 대사관이 점거당한 사건은 미국의 황혼을 예고하는 역사적 신호로 받아들여졌다. 점거당한 미국 대사관의 인질을 구출하려던 미군 특수부대의 군사작전 실패는 베트남 사이공의 미 대사관 옥상에서 대사관 직원들이 헬리콥터로 도망가던 일과 겹쳐지면서 미국의 위기의식을 더 증폭시켰다. 더구나 소련의 아프가니스탄 침공은 '미국의 황혼'이라는 불안감을 부채질했다.

그 결과가 미국 공화당에서 오랫동안 자본을 대변하며 소련에 대해 강경론을 펴온 레이건*의 대통령 당선(1980)이다. 레이건은 베트남전쟁에 패하기 전에 미국이 누렸던 군사적 패권을 되찾아야 한다며 군사력을 대폭 강화해나갔다. 소련과의 화해 또는 공존 정책(데탕트)을 펴왔던 정책에서 벗어나 공세적으로 나서면서 반

---

*Ronald Reagan(1911~2004). 영화배우 출신의 미국 대통령으로 1981년부터 1989년까지 8년 동안 재임했다. 1947년 영화배우협회 회장으로 영화계에 '공산주의 성향의 인물 축출'에 앞장섰다. 1962년 공화당에 가입하고, 1966년 캘리포니아 주지사로 당선됐다. 대통령 레이건은 '강력하고 풍요로운 미국'을 내걸었다. 기업들의 세금을 줄여주고 복지 지출은 줄이는 '신자유주의 체제의 세계화'를 주도했다. 레바논 파병, 리비아 폭격, 그라나다 침략, 니카라과 반군 지원에서 나타나듯이 군사적 개입을 강행했다. 퇴임하고 5년 뒤 치매에 걸려 은둔하며 삶을 마감했다.

소, 반공 이데올로기도 강화해나갔다. 레이건은 군사적 우위를 바탕으로 한 '소련 봉쇄' 정책을 적극 추진했다. 실추된 미국의 위신을 되찾겠다고 공언하면서, 대소 강경책에 이어 중앙아메리카에서도 노골적 반공 정책을 펴며 군비 강화를 가속화했다.

영화배우로 성공하진 못했지만 이따금 할리우드 서부영화에 출연했던 레이건은 베트남과 이란에서의 연이은 패배로 미국 사회에 퍼져간 좌절감을 자극하며 미국의 '황금시대' 부활을 마치 영화처럼 호소하고 나섰다. 소련을 '악의 제국'으로 부르며 세계적 차원에서 미국과 소련의 대립 구도를 '선과 악의 대결'로 부각해갔다. 미국의 중앙정보국(이하 CIA) 또한 동유럽에서 정치공작 활동을 강화하며 소련을 압박해 들어갔다.

대소 군사력 우위를 지상의 목표로 내건 레이건의 정책은 1983년 3월 전략방위계획Strategic Defense Initiative(이하 SDI) 구상에서 정점에 이른다. SDI는 미국 국방성이 상대국의 대륙간탄도미사일ICBM을 발사 초기 단계부터 탐지해 포착한 뒤 '격추'하는 첨단 시스템을 개발하겠다는 구상이다. 천문학적 자본을 쏟아부어 미사일 방어 체계를 만듦으로써 소련의 미사일 체제를 무력화하고, 미국이 원자폭탄을 독점하고 있던 1940년대 후반의 패권 지위로 돌아가겠다는 의지를 노골적으로 드러낸 셈이다.

'악의 제국'에 맞서 레이건이 강조한 '자유'의 수사학은 단순히 대외적·군사적 차원에 그치지 않았다. 국내적으로 시장의 자유, 자본의 자유를 전면에 부각했다.

실제 레이건의 '자유'는 국외에선 미국의 세계 패권의 추구로, 국내에선 자본에 대한 국가 규제의 완화로 구현되었다. 기업 활동에 대해 정부 규제를 완화하고 '공급'에 중심을 둬야 한다는 정책, 이른바 레이거노믹스Reaganomics는 곧바로 복지 정책의 축소로 이어질 수밖에 없었다. 복지 예산을 줄이면서도 국방 예산은 대폭 늘린 게 레이거노믹스의 실체다.

결국 자유화의 명분 아래 탈규제화·민영화·사유화·유연화·개방화가 시대의 흐름처럼 강조되었다. 미국 안에서 본격적으로 전개된 신자유주의 정책은 다시 미국과 밀접한 경제 관계를 맺고 있는 국가들에 깊은 영향을 끼쳤다. 레이건에 앞서 이미 영국의 대처* 정권은 레이건과 별개로 신자유주의 정책을 강력히 추진하고 있었기에 상승작용을 일으켰다.

신자유주의는 자본주의 세계경제가 부닥친 위기의 근원을 경제에 대한 정부 개입과 복지 정책에서 찾았다. 소련을 악의 제국이라 몰아세운 이유도 같은 맥락이다.

하지만 경제위기의 원인이 정부 개입과 복지 정책에 있다는 신

---

* Margaret Thatcher(1925~2013). 영국 최초의 여성 총리를 역임한 보수당 정치인. 변호사로 일하던 1959년에 하원의원으로 정계에 진출해 1975년 영국 최초로 여성 당수(보수당)가 되었다. 1979년 노동당 내각이 불신임으로 해산된 뒤 총선에서 보수당이 승리하면서 총리에 취임했다. 복지 혜택을 줄이고 국영 기업을 민영화하고 노동자 파업에 강경 대응을 하며 '철의 여인'으로 불렸다. 레이건과 더불어 신자유주의 세계화를 주도했다. 1990년 유럽연합(이하 EU) 가입에 반대하면서 당내 지지 기반을 잃었고 결국 자진 사임했다.

자유주의의 주장은 역사의 맥락을 전혀 무시한 주장이다. 여기서 정부의 경제 개입과 복지 정책이 제2차 세계대전 이후 자본주의 국가들에 뿌리내렸던 이유부터 다시 짚어볼 필요가 있다.

두루 알다시피 자본주의 초기의 경제적 자유주의가 제1차 세계대전의 참상을 빚으면서 세계 자본주의는 위기를 맞게 된다. 전쟁 막바지에 러시아에서 사회주의혁명이 일어났다. 그로부터 10년이 지난 1929년에는 미국에서 시작한 대공황이 세계를 강타했다.

반면에 소련의 경제는 눈부시게 발전해가고 있었다. 자칫 세계 자본주의가 공멸할 수도 있는 위기였다. 바로 그 위기 국면에서 자본주의를 살린 것은 케인스의 경제학이었다. 정부가 적극 개입하여 노동자들의 소득을 높여주고 완전고용을 이룸—이는 복지국가로 이어진다—으로써 상품을 판매할 수 있는 시장을 국내에서 확대하자는 제안이다.

유효수요를 창출함으로써 자본주의의 과잉생산을 해결하려던 케인스의 경제이론은 '수정 자본주의'로 불리며 자본주의 체제의 위기를 극복하는 데 크게 기여했다. 물론 케인스의 수정자본주의와 그 결과인 복지국가론이 시대정신이 되기까지 인류는 제2차 세계대전이라는 또 다른 파멸을 겪어야 했다.

전후에 크게 확장된 시장을 바탕으로 한 세계적 차원의 자본주의 성장은 케인스주의를 주류 경제이론으로 뿌리내리게 하는 데 기여했다. 위기의 자본주의를 살린 게 바로 케인스주의였던 셈이다. 그런데 1970년대에 접어들어 미국과 유럽 경제에 스태그플레이션[•]이 나타나면서 이는 정부의 경제 개입과 복지국가 정책 때문이라는 주장이 힘을 얻기 시작했다.

그 흐름에 앞장선 게 그동안 시카고학파로 알려진 시장자유주의자들이었다. 리처드 닉슨^{••} 정권의 경제 정책에 일부 반영되었던 그들의 시장 만능주의 사고는 칠레에서 미국의 지원 아래 군사 쿠데타를 일으킨 피노체트^{•••} 정권 아래 '현장 실험'을 거쳤다. 마

• stagflation. 스태그네이션stagnation(경기침체)과 인플레이션inflation의 합성어. 경기가 침체되면 물가는 떨어지고, 물가가 오를 때는 경제가 호황으로 실업률이 하락해야 하는데 1970년대 들어 미국과 유럽에서 물가가 오르는데도 실업이 늘어나는 현상이 나타났다. 기존의 물가와 실업에 대한 경제이론으로 설명이 어려워 이를 스태그플레이션이라 불렀다. 케인스주의 비판론자들은 스태그플레이션의 원인을 지속적인 유효 수요 창출을 위한 재정지출 정책 때문이라고 비판했다. 하지만 1970년대 석유 값 인상이 결정적 원인이고 독점 대기업들의 상품 가격, 과도한 군사비 지출 때문이라는 분석이 더 설득력 있다.

•• Richard Milhous Nixon(1913~1994). 1946년 연방 하원의원(공화당)으로 정계에 들어선 뒤 반공주의자로 활동했다. 1968년 대선에서 이겨 집권한 다음 중국을 방문하고 마오쩌둥毛澤東(1893~1976)과 회담하며 국교 정상화의 길을 열었다. 1972년 대선에서 압승했지만 상대인 민주당 후보의 사무실을 도청한 사실(워터게이트 사건)이 드러나고 이를 은폐까지 했다는 비판 여론이 커지자 1974년 8월 미국 사상 처음으로 임기 중에 사임했다.

••• Augusto Pinochet(1915~2006). 라틴아메리카 군부 정권의 상징적 인물이다. 1973년 살바도르 아옌데Salvador Guillermo Allende Gossens(1908~1973) 대통령이 군 총사령관에 임명한 지 한 달 만에 쿠데타를 일으켜 대통령을 죽이고 집권했다. 그 뒤 17년간 철권통치를 자행하며 반정부 시위대와 정적을 무자비하게 학살해 악명을 떨쳤다. 쿠데타 직후에 '죽음의 특공대'를 편성해 헬기로 저항이 큰 도시를 돌며 75명의 정치범을 살해했다. 재임 기간에 공식 확인된 숫자로만 3,197명이 정치적 이유로 살해되

침내 레이건 정권이 등장하면서 신자유주의라는 이름 아래 세계 경제의 큰 흐름을 형성해갔다.

신자유주의는 기업의 자유와 시장의 자유, 재산권을 중시하며 정부의 시장 개입은 경제의 효율성이나 형평성을 되레 악화시킨다고 주장한다. 공공복지 제도를 확대하는 것 또한 정부의 재정만을 팽창시킬 뿐 노동 의욕을 감퇴시켜 이른바 '복지병'을 불러온다고 강조한다. 신자유주의는 국외적으로도 아무런 규제 없는 자유무역과 국제적 분업을 명분으로 전면적인 시장 개방 논리를 펴나갔다. '세계화'와 '자유화'의 구호는 세계무역기구(이하 WTO)를 통한 시장 개방 압력과 국가 간 FTA로 나타났다.

결국 케인스 이론에서의 완전고용은 노동시장의 유연화로, 공공 영역은 시장 이전으로 귀결되어갔다. 모든 것을 시장의 경쟁 논리에 맡길 때, 당장 눈앞의 기업 '효율성'이나 국가 경쟁력을 높이는 효과가 따를 수 있다. 하지만 바로 똑같은 이유에서 20퍼센트의 부익부와 80퍼센트의 빈익빈으로 빈부 격차가 확대되고, 선진국과 후진국 사이에 '남북 격차'도 더 커질 수밖에 없다.

없고, 수천 명이 불법 감금된 채 고문당하고 강제 추방되었으며, 1,000여 명이 여전히 실종 상태이다. 1988년 대통령 집권 연장에 대한 찬반을 묻는 국민투표에서 패배한 뒤에도 군 총사령관직을 거머쥐고 영향력을 행사했다. 죽은 뒤 시신이 피해자들에게 훼손될 것을 두려워한 그의 유언에 따라 화장되었다.

동전의 양면: 신자유주의·패권주의

많은 사람들이 정치와 경제를 분리된 것으로 이해하는 '정규 교육'
과 '미디어 교육'에 익숙해 있지만, 신자유주의는 미국의 패권주의
와 결코 무관하게 전개되지 않았다.

　신자유주의는 미국의 군사적 패권주의와 출발부터 동전의 양면
으로 세계적 흐름을 형성해갔다. 세계 자본주의 경제와 미국 패권
의 동시적 위기를 배경으로 집권한 레이건 정권 아래에서 정치적·
사상적·이론적 헤게모니를 장악한 신자유주의의 '정당성'은 소련
과 동유럽의 실존 사회주의 국가들의 몰락으로 더 힘을 얻었다.

　신자유주의든 자유주의든, 시장의 자유나 국가 개입의 축소라
는 논리로만 이해하는 것은 진실과 다르다. 가령 고전적인 자유방
임주의조차 당시 세계적 패권을 지녔던 단 한 나라, 영국에서만 가

능한 일이었다. 그것도 적용할 수 있는 시기가 한정되어 있었다. 영국은 다른 나라보다 일찍 공업화와 산업화에 성공했기에, 자유무역은 그 자체가 시장을 확장하는 전략인 동시에 경쟁자들을 시장에서 따돌릴 수 있는 방법이었다.

흔히 영국의 경제적 자유주의가 국가 개입을 부정적으로 생각해 배제했다고 하지만 실제는 전혀 달랐다. 영국이라는 강력한 제국을 유지하는 데 밑바탕은 군사력이었다. 그 군사력을 바탕으로 영국 기업인들은 다른 경쟁자들에 비해 우월한 지위를 누렸고 제국주의적 강탈도 서슴지 않았던 게 엄연한 역사의 진실이다.

자유주의는 역사상에 나타난 형태로 보면 제국주의와 동전의 양면이었다. 신자유주의도 마찬가지다. 이라크 침략이 단적으로 드러내주듯이 군사적 제국주의와 이어져 있다. 이라크를 침략해 그곳에 친미·친시장주의 정권을 세우는 미국의 모습은 우리 시대의 본질을 생생하게 드러내준다. 영국이 세계 패권을 유지하며 자유주의와 제국주의를 내걸었듯이 21세기 첫 10년의 미국은 신자유주의와 신제국주의의 길을 걸었다. 과거의 군사적 제국주의와 달리 신제국주의는 미디어를 통해 군사적 침략과 경제 침탈을 '새로운 자유'라는 이름으로 세련되게 정당화하고 있다.

신자유주의의 정점에 있는 미국은 GDP가 16조 달러(2012년 기준)로 세계 1위다. 금 보유량, 에너지 사용량, 인터넷 인구, 도로와 철도 길이, 공항 수 두루 1위다. 노벨상 수상자까지 296명으로 1위다.

그러나 미국의 또 다른 얼굴이 있다. 온실가스 배출량 세계 1위로 '지구온난화'로 빚어지는 재앙의 '원흉'이다. 인구 10만 명당 교도소 수감자 수도 1위다. 세계에서 인구 대비 감옥에 갇혀 있는 사람이 가장 많은 나라다. 국민이 부담하는 연간 의료비 또한 1인당 약 500만 원(5,700달러)으로 세계 1위다. 2008년 4월 미국 언론에 보도된 통계에 따르면, 미국에서 태어난 지 1년 미만의 어린이 가운데 9만여 명이 학대받고 있다. 그 가운데 499명은 목숨을 잃었다. 세계 초강대국으로 '자유의 전도사'를 자부하는 미국에서 갓난아기들이 학대로 죽어가고 있는 현실은 신자유주의의 야만성을 입증해준다.

객관적 사실에 근거할 때 미국이 세계 유일의 초강대국으로 패권을 휘두르는 힘의 배경은 막강한 군사력과 그것을 뒷받침하는 경제력이다. 미국은 군사비 세계 1위, 군사 장비 수출 세계 1위다. 문제는 군사력의 근거이기도 한 경제력이 '달러'에 의존한다는 데 있다. 미국은 세계 최대 채무국이다. 미국 자본주의를 뒷받침해주는 것은 세계 금융자본을 좌지우지하고 있는 금융 지배력이다.

온 세계를 상대로 한 손에는 달러, 다른 한 손에는 대포를 들고 있는 게 미국의 꾸밈없는 민얼굴이다. 지나친 평가라고 생각하는 독자도 있겠지만 찬찬히 톺아볼 일이다. 미국의 지배세력에게는 세계 패권을 내내 누리려는 노력이 당연하지 않겠는가. 미국 정치·경제·언론계의 '여론 주도층'들이 국제 커뮤니케이션 체계를 통해 그것을 국내로는 미국의 '국익'으로, 국외로는 '자유'로 세련되게 '화장'해왔기에 민얼굴의 진실이 낯설게 다가올 뿐이다.

미국 안에서도 비판적 인식은 커져가고 있다.[*] 이미 2006년에 미국 국민을 상대로 한 여론조사에서 48퍼센트가 "미국의 전성기가 지나갔다"고 응답했다. 2008년 조사에서 미국인의 80퍼센트가 "미국이 심각하게 잘못 가고 있다"고 응답한 사실도 주목할 일이다.

미국의 '권위' 있는 정책 전문지《포린어페어스 Foreign Affairs》에 기고한 글에서 하버드 대학의 라위 압델랄 교수와 미국 외교관계위원회 아담 세갈 연구원은 최근 몇 년 동안 세계화 추세가 역풍을 맞고 있다고 주장했다. 1990년대 말 아시아의 금융위기 이후 세계화에 대한 거부감이 커지기 시작했다는 그들의 지적은 역설이지만 한국의 외환위기에 담긴 역사적 중요성을 새삼 깨닫게 해준다.

---

[*] '여론 주도층' 사이에서도 우려의 목소리가 조금씩 나오고 있다. 무엇보다 미국 경제에 강력한 영향력을 행사하는 벤 버냉키 Ben Bernanke(1953~) 미국 연방준비제도이사회 FRB 의장은 2007년 2월에 "지난 30년간 벌어진 양극화로 미국 경제의 주요 성장 동력인 역동성이 위기에 처했다"고 털어놓았다. 버냉키는 미국이 '경제적 기회의 평등'을 내세워 '경제적 결과의 불평등'을 모르쇠 해왔다고 지적했다. 신자유주의가 미국 국내는 물론, 지구촌을 남쪽의 가난한 나라와 북쪽의 부자 나라로 갈라놓고 있는 현실을 미국 연방준비제도이사회 의장마저 더는 외면할 수 없는 상황에 이르렀다는 반증이다. 신자유주의가 궁극적으로 미국의 패권을 위협할 수도 있다는 판단이 들었기 때문 아닐까. 그로부터 1년 7개월 뒤 버냉키는 미국의 금융위기와 직면했다.

새로운 독재

신자유주의는 전후 세계 자본주의를 이끌어온 케인스주의의 수정자본주의(와 그에 근거해 사회보장 정책을 강화한 복지국가)가 스태그플레이션으로 한계에 부닥치자 그 위기를 타파한다는 명분으로 추진한 자본의 공세다. 자본의 논리와 시장에 국가가 개입해왔기에 경제적 어려움을 맞았다고 주장하며 모든 걸 '자유시장'에 맡기자는 발상이다.

신자유주의는 자본에 대한 국가의 규제를 완화하고 생산과정과 노동시장의 유연화, 사회복지 체계의 해체를 통해 경제위기를 극복할 수 있다고 주장했다. 신자유주의 주장은 자본의 논리에 우호적인 언론계와 학계를 통해 전 세계로 급속도로 퍼져갔다. 한국에서도 이미 전두환 정권 초기에 레이거노믹스가 '공급 중시 경제학'

으로 대대적으로 홍보되었다.

신자유주의자들의 주장이 세계적으로 세력을 형성하게 된 데는 더 말할 나위 없이 자본의 논리가 관철된 결과기도 하지만 실존 사회주의 국가들의 경제적 어려움과 붕괴도 큰 몫을 했다.

자본주의 국가에서 살아가는 민중 개개인으로선 경제적 어려움을 극복할 수 있는 대안이 뚜렷하게 보이지 않는 상황에서 신자유주의자들의 적극적 공세에 소극적으로 대응해나갔고, 그것이 신자유주의의 전성기를 맞는 계기가 되었다.

신자유주의는 단순한 경제 현상만이 아니다. 정치, 사회, 문화 전반에 걸쳐 시장의 논리를 확대하면서 지구온난화를 비롯해 생태계를 원천적으로 파괴하고 있다. 그 상징적 보기가 인간과 더불어 7,000여 년 동안 살아온 가축, 소에게 다가온 비극이다.

1980년대에, 기원전 5000년 무렵부터 인간과 더불어 살아온 소에게 갑자기 치명적인 병이 발생했다. 소의 뇌에 구멍이 뚫리는 병, 광우병이다. 영국에서 출현한 광우병은 그 뒤 미국으로 퍼져갔다. 문제는 소의 비극에 그치지 않는다. 광우병에 감염된 소의 고기를 먹은 사람도 병에 걸리는 데 있다.

그렇다면 왜 7,000년 만에 광우병이 '돌연' 발생했을까. 초식동물인 소에게 소뼈를 사료로 먹인 게 원인으로 밝혀졌다. 소뼈를 사료로 만들면서 비용을 아끼기 위해 살균 과정을 대폭 줄였고 그 결과 독성 물질이 만들어져 소들을 감염시켰다. 문제의 독성 물질은 끓는 물에서도 사라지지 않기 때문에 그 소의 고기를 먹은 사람도 병에 걸린다. 영국의 과학자들은 당시 마거릿 대처 총리가 이끄는 신자유주의 정부가 식품위생안전기구를 '민영화'해 결국 광우병이 발생했다는 보고서를 내놓았다.

하지만 문제는 민영화 이전에 있다. 더 많은 돈을 벌기 위해 소에게 소뼈를 먹이는 야만을 서슴지 않고 저질렀기 때문이다. 신자유주의가 퍼져가면서 소의 먹이만 문제가 되는 게 아니다. 사람이 먹는 농수산물과 식료품에도 '돈의 논리'가 침투하고 있다. 인간이 먹을 게 분명한 식료품을 만들어내면서 인간이 먹어서는 안 될 것을 섞는 것은 오직 더 많은 돈, 더 많은 이윤을 추구하는 탐욕 때문이다. 자본주의 상품경제를 받아들이면서 급성장하고 있는 중국에서 '불량 식료품'이 잇따르고 있는 현실은 중국공산당의 현주소를 새삼 묻게 한다.

비단 소만이 아니다. 식료품만도 아니다. 천문학적 순익을 내는 삼성전자를 비롯한 한국의 수출 대기업이나 은행들이 한국 사회의 높은 실업률을 버젓이 알면서도 '구조조정'이란 명분으로 정리해고를 일삼고 있다. 유럽과 달리 복지 정책이 제대로 실현된 경험이 없는 한국 사회에서 신자유주의의 확산은 논리적으로도 모순일뿐더러 현실에선 민중의 비극으로 이어질 수밖에 없다.

'경쟁'과 '승자 독식'의 논리가 젊은 세대를 비롯한 국민 모두의 일상생활까지 깊숙이 침투해 들어가고 있다. 대졸 청년 실업자들이 곰비임비 목숨을 끊는 비극은 노동자, 농민, 빈민 들의 비극적 최후와 더불어 신자유주의에 모두 연결되어 있다.

신자유주의는 우리가 살펴보았듯이 모든 걸 자본의 논리에 맡긴다. 신자유주의의 자유는 '자본이 누리는 절대적 자유'를 뜻하며, 한마디로 줄이면 '자본 독재'다.* 경제만이 아니다. 정치, 사회,

* '자본 독재'라는 개념은 낯설 수 있다. 저자는 《주권혁명》(2008)에서 그 개념을 처음 만들어 썼는데, 원고를 쓰면서도 너무 생경하지 않을까 우려했다. 솔직히 고백하자면 이 책을 새로 쓰면서 그 개념을 목차에서는 삭제하고 본문에서도 완화하려고 했다. 하지만 그런 생각이 잘못임을 다름 아닌 교황이 깨우쳐주었다. 프란치스코 교황은 2013년 11월 26일 자신이 직접 저술한 〈교황 권고Apostolic Exhortation〉를 발표하면서 "규제 없는 자본주의"를 '새로운 독재'라고 비판했다. 교황은 "경제 권력을 휘두르는 사람들은 아직도 부유층의 투자·소비 증가가 저소득층의 소득 증대로까지 확대될 것이라는 '낙수 효과'를 말하고 있지만, 이는 잔인하고 순진한 믿음"이라며 "가난한 사람들은 (그 낙수가 내려오지 않을지도 모르는데) 언제까지나 기다리고만 있다"고 말했다. 그는 "이런 상황에서 통제받지 않는 자본이 '새로운 독재자'로 잉태되고 있다"면서 "이 독재자는 무자비하게 자신의 법칙만을 따를 것을 강요하며, 윤리와 심지어 인간마저도 비생산적인 것으로 취급한다"고 비판했다. 교황은 세계 정치 지도자들이 경제적 불평등을 없애기 위해 노력해야 한다고 촉구하면서 내용의 상당 부분을 자본주의의 탐욕과 이 때문에 확대되고 있는 경제적 불평등을 비판하는 데 할애했다. 특히 교황은 "'살인하지 말라'는 십계명을 현시대에 맞게 고쳐 말하면 '경제적 살인(경제적으로 누군가를 배제하거나 소외시키는 것)을 하지 말라'가 돼야 할 것"이라고 지적했다. 또 "어떻게 주가지수가 2포인트 하락하는 것은 뉴스가 되는데, 홈리스 노인이 거리에서 죽어가는 것은 뉴스거리도 되지 않을 수 있단 말인가"라고 반문했다. 교황은 "많은 사람들이 자기 자신을 쓰고 버려지는 '소비재'라 여기고 있지만, 심지어 이제는 쓰이지도 않은 채 그냥 '찌꺼기'처럼 버려지고 있다"고 지적했다. 아울러 정치 지도자들과 가톨릭 사제들이 사회의 부조리와 불평등을 바로잡기 위해 행동에 나서야 한다고 강조했다. "정치 지도자들이 '가난한 자와 부를 나누지 않는 것은 그들이 마땅히 가져야 할 것을 도둑질하는 것'이란 옛 성인들의 말을 되새기길 바란다"고 권고했다(《경향신문》, 2013년 11월 28일 자). 교황이 '자본 독재'를 공식적으로 거론할 만큼 새로운 독재가 21세기에 보편화하고 있다.

문화, 언론 모든 영역에서 자본의 논리가 지배하는 새로운 독재다.

신자유주의라는 틀로 한국 정치를 바라본다면, 6공화국의 모든 정권, 곧 노태우부터 김영삼, 김대중, 노무현을 거쳐 이명박, 박근혜 정권에 이르기까지 진정한 정권 교체는 없었던 셈이다. 6공화국 이전의 군부독재가 새로운 독재인 자본 독재로 바뀌어가고 있을 따름이다.

규제 없는 자본주의, 곧 신자유주의 세계화의 중심에는 민주주의 탄생기의 시민도, 성숙기의 노동자도 없다. 주변으로 밀려나 있다. 시민과 노동자를 대체한 중심에 더는 사람이 자리하고 있지 않다. 자본이 있을 뿐이다. 신자유주의 시대에 민주주의가 위기를 맞았다고 분석하는 이유다. 신자유주의 시대의 주체가 사람이 아니라 자본인 게 그 모든 것을 설명해준다. 신자유주의를 우리가 사용할 때, 그 개념의 앞이나 뒤에 '자본 독재'라는 말을 늘 함께 써야 할 이유다.

신자유주의 시대의 주체가 자본이라는 사실은 금융의 세계화 현상에서 단적으로 드러난다. 금융 자유화**와 주주 자본주의***

** 금융 자유화liberalization of banking는 금융기관이 자금 조달과 운용에 제한을 받지 않고, 은행의 영역이 확대되어 무역·외환·자본과 용역에 관한 모든 업무를 자유롭게 취급하는 현상을 이른다. 정보 통신망의 발달로 인한 금융 국제화로 환율과 금리 관계가 중요해지면서 각국 중앙은행의 영향력은 감소되었고 살아남으려는 경쟁이 치열해졌다.

*** 기업 경영에서 주주Shareholder의 이익을 가장 중심에 두는 미국식 자본주의를 이른다. 소액주주의 권리 강화, 사외이사 제도의 확대, 경영의 투명성, 이윤 중심의 경영

를 역설해온 대표적 교수가 미국 하버드 경영대학원의 마이클 젠센이다. 젠센은 1980년대 금융 자유화가 1930년대의 뉴딜*의 잘못을 바로잡는 역사적 전환점이라고 주장한다. 실제로 1980년대부터 상품생산이나 교역을 통하지 않고 금융을 통해 이윤이 창출되는 경제의 금융화financialization가 급속도로 퍼져갔다. 세계 여러나라의 국내총생산 대비 금융자산소득 비중도 1980년대 들어서면서 크게 늘어났다.

　젠센이 무너뜨리고 싶었던 케인스는 금융 소득을 신랄하게 비판했었다. 금융시장은 흔들리기 쉽기 때문에 반드시 국가 규제가 필요하다고 강조했다. 케인스는 20세기 초반의 금융자본주의가 투기 거품과 금융 불안정을 양산하면서 대공황을 불러온 교훈을

으로 '세계화 시대 기업 경영의 표준'이라는 '찬사'를 받기도 한다. 하지만 단순한 기업의 이윤 극대화 차원을 넘어 주주들에게 최대한 배당을 주는 것을 경영 목표로 삼는다. 대주주는 물론 이익배당을 노리고 주식을 매입한 투자자들을 언제나 의식하며 경영하기에 분기마다 경영 실적도 공개한다. 실적을 중심에 둔 경영 방식 때문에 해고로 인한 대량 실업이 자주 일어나고, '구조조정'의 이름으로 노동자를 가장 많이 해고한 경영자가 최고의 연봉을 받는 일이 일어난다.

* New Deal. 1930년대 미국 대통령 루스벨트Franklin Roosevelt(1882~1945)가 대공황을 넘어서기 위해 추진한 정책. 1929년 뉴욕 증시의 대폭락으로 시작한 자본주의 세계 경제의 대공황으로 실업자들이 쏟아져나왔다. 1933년 민주당의 루스벨트는 대통령 취임과 동시에 빈곤에 허덕이는 국민, 소외된 사람들을 위한 새로운 정책New Deal을 실행에 옮겼다. 사회보장, 빈민 구제, 노동조합 지원 정책이 이어지자 대기업을 중심으로 비난의 목소리가 커져갔지만 루스벨트는 흔들리지 않았다. 하지만 루스벨트의 죽음과 제2차 세계대전 종전으로 뉴딜정책도 막을 내렸다. 그 뒤 미국 정치는 '루스벨트의 뉴딜'을 이어가지 못했다.

결코 잊지 않았다. 케인스는 이곳저곳으로 옮겨 다니며 단기적 고수익을 추구하는 금융자본의 속성은 장기 투자나 생산 활동의 부진을 불러온다고 우려했다. 금리로 돈을 버는 사람들을 케인스는 지주계급과 다름없다고 보았다. 금리생활자들의 '안락사'가 필요하다는 과감한 주장까지 서슴지 않은 이유다.

신자유주의의 세계적 확산으로 젠센은 케인스를 이겼다고 자부했을 수도 있다. 하지만 판단은 이르다. 많은 사람이 우려했던 세계경제의 위기가 표면화했기 때문이다. IT 혁명에 바탕을 둔 인터넷 연결망으로 금융의 세계화와 자유화를 주장했던 사람들은 2007년 말부터 가시화한 금융 전반에 걸친 불안을 우려했다. 그 우려는 2008년 9월 미국의 금융위기로 폭발했다.**

신자유주의의 금융 자유화 문제는 비단 금융과 경제 구조의 문제에 그치지 않는다. 금융화가 퍼져가는 시대를 살아가는 사회 구성원 대다수는 언제나 '재테크'로 권장되는 돈 벌기 환상에 사로잡히게 마련이다. 부익부빈익빈이 갈수록 커져가고 80 대 20의 사회가 되어가는데도 대다수 사람들이 '황금만능주의'에 물들어 있는 이유도 여기에 있다.

잘나가는 20퍼센트가 주로 소유하고 있는 다수 신문과 방송, 인터넷이 금융화와 재테크를 일상적으로 부추기고 있기 때문에 그

** 2008년 5월 출간된 《주권혁명》에서 저자는 미국의 금융위기 불안이 커져가고 있다고 진단했다. 그 진단은 출간 넉 달 뒤 터진 금융위기로 현실화했다.

허위의식에서 벗어나 신자유주의의 본질을 꿰뚫기란 결코 쉬운
일이 아니다.

역설이지만, 아니 자연스러운 현상으로, 신자유주의의 세계적
패권은 민중에게 경제적 민주주의의 중요성을 서서히 깨닫게 해
주고 있다. 단순히 몇 년에 한 번꼴의 투표만으로 민주주의를 이뤘
다는 착각에서 벗어날 때, 민주주의의 역사적 전개 과정을 민중이
정확히 인식할 때, 민주주의는 경제적·사회적 민주화로 새로운 전
환점을 맞을 수 있다.

민중의 자기 통치라는 민주주의 철학에 비춰 본다면, 실존 사회
주의가 무너진 뒤 전 세계를 '석권'한 신자유주의는 민주주의일 수
없다. 민주주의와 정반대인 독재, 자본 독재다.

자본

1. 소련 동유럽 공산주의 체제의 몰락은 왜 민주주의 후퇴를 가져 왔을까?

2. 미국의 두 얼굴은 무엇인가?

3. 신자유주의는 어떻게 황금만능주의를 부추겼는가?

4. 신자유주의 시대의 주체는 누구인가?

한국 민주주의
무엇이 문제인가

조선 후기 민중의 등장

한국 민주주의는 유럽에서 전개된 시민혁명과 민주주의 발전의 '고전적 길'을 걷지 않았다. 자주적으로 근대 민주주의 사회를 열어갈 시점에 외세가 깊숙이 개입했기 때문이다. 그렇다고 해서 한국의 전근대사회가 유럽에 견주어 미개사회였다는 의미는 전혀 아니다. 한국의 민중이 유럽의 민중에 비해 열등하다는 말은 더더욱 아니다.

토지와 신분제를 밑절미로 한 중세의 질서를 기준으로 본다면, 15세기 말까지 조선은 세계사적으로 선진 체제를 이루고 있었다. 앞서 언급했듯이 브루스 커밍스는 조선의 15세기에 대해서 "하나의 국가로서, 하나의 문화로서, 한국은 신대륙을 아직 발견하지 못한 유럽보다 훨씬 앞서 있었다"고 분석했다. 봉건국가로 조각조각 갈라져 있던 유럽과 달리 조선왕조는 일찌감치 강력한 중앙집권 체제를 형성했다. 무엇보다 조선왕조는 농업을 중시하면서 상업과 수공업을 경시하거나 통제했다. 조선은 유학자인 동시에 관료인 지배세력이 주자학 사상에 기초해, 중세로서는 '모범적인 농업 관료제'로 번성해갔다. 선비(학자)-농민-공인-상인, 곧 사농공상이라는 유교식 서열제가 모든 종류의 제조업과 상업을 억압했다. 특히 상인은 천민과 다름없는 대우를 받았다.

조선은 동아시아 국가들 가운데서도 상업적 성격이 가장 약한 나라였고, 자유로운 도시 형성을 이룰 수 없었다. 처음에 유럽에서 상업 정보를 교환할 목적으로 등장한 신문이 조선에선 만들어지기 어려웠다. 그에 따라 근대 정치의식을 키워갈 수 없었다.

유럽에서 시민사회가 태동하게 된 배경을 조선과 비교하면 상대적 후진성에서 찾을 수 있다. 15세기까지도 유럽은 조선이나 중국과 비교해 강력한 중앙집권 체제를 이루지 못했는데, 그 상대적 후진성 때문에 정치적 의사 표현이 상대적으로 자유로웠다. 의도했던 결과는 아니지만 유럽은 정치적 통제의 그물망이 촘촘하지 못해 상공인들이 세력화해갈 수 있었고, 자본주의 경제가 뿌리내릴 수 있었다. 자유로운 유통과 소통은 자유주의와 개인주의 사상만이 아니라 민주주의 사상을 싹트게 했다.

바로 그 지점에서 유럽과 다른 길을 걸어온 한국 민주주의의 특수성을 찾을 수 있다. 15세기까지 선진 정치체제였던 조선에선 일찍부터 정치적 공론의 중요성을 강조해왔다. 가령 조선 건국 원년의 《태조실록太祖實錄》에서 공론을 '천하국가의 원기元氣'라 규정한 데서 확인할 수 있듯이 공론의 이념은 언로言路 사상이나 간쟁諫諍의 정신과 더불어 조선왕조의 통치 체제를 출발부터 밑받침한 이데올로기였다.

하지만 자급자족의 농업을 중시하고 공업과 상업을 천시했기 때문에 이 시기 '공론'의 한계는 뚜렷했다. 조선의 양반계급이 백성을 위한다며 내세운 '민본 정치' 또한 신분제도의 틀에 갇혀 있었다. 조광조*와 율곡 이이**가 공론을 중시했다고 하지만 그 한계도 분명했다. "공론이 조정에 있어야 나라가 다스려진다"는 율곡의 말에서 드러나듯이, 그들이 내세운 공론은 뭇 백성이 접근할 수 없는 곳에 머물렀다. 게다가 그 조정 또한 사림 사회에 근거를 둔 여러 당파의 당리당략에서 자유롭지 못했다.

임진왜란과 병자호란丙子胡亂을 거치면서 조선 사회는 전환점

---

* 趙光祖(1482~1519). 조선 중종 때 개혁 정치에 열정을 불태운 정치인. 조선왕조 개국공신의 후손으로 1510년(중종 5) 진사시를 장원으로 통과하고 성균관에 들어갔다. 1518년 홍문관 부제학을 거쳐 대사헌이 되었다. 성균관 선비들의 절대적 지지를 받으며 도학 정치 실현에 나섰다. 중종은 자신의 왕권을 강화하기 위해 조광조를 중용했지만, 기득권 세력의 반발이 커져가자 조광조에게 사약을 내렸다.
** 栗谷 李珥(1536~1584). 조선 중기의 유학자이자 정치가로 신사임당의 셋째 아들이다. 1548년(명종 3) 13세의 나이로 진사시에 합격했고, 19세 때 금강산에 들어가 불교를 공부하기도 했다. 1564년 정6품으로 관직에 나선 뒤에 사간원 정언正言으로 일했다. 황해도 관찰사, 대사헌, 홍문관 부제학과 대제학, 이조판서를 역임했다. '십만 양병'을 주창했지만 조정에서 받아들이지 않았다. 율곡이 숨을 거두고 8년 만에 임진왜란을 맞았다.

을 맞는다. 전쟁을 치르는 과정에서 왕과 양반계급이 누리던 권위는 무너졌다. 농업 생산력의 발전으로 신분제 질서가 근본적으로 흔들리기 시작했다. 부가 축적되면서 상업과 수공업도 활성화하기 시작했다.

중세 지배 체제의 핵심인 신분제는, 이미 17세기에 허균***의 한글 소설《홍길동전》이 나오면서 지배세력 일각으로부터도 정면으로 공격받기 시작했다. 《홍길동전》은 국왕의 명령보다 우위에 있는 주인공의 절대적인 능력을 묘사함으로써 중세의 한계를 넘나들었다.

구전설화를 밑절미로 18세기에 소설로 나온《춘향전》은 이몽룡의 시를 빌려 "금 술잔에 부은 향기로운 술은 천 백성의 피요, 옥

*** 許筠(1569~1618). 첫 한글소설《홍길동전》을 쓴 작가이자 정치인이다. 조선 시대 명문가에서 태어나 파격적인 삶을 살았고 죽음마저 참혹했다. 허균은 평소 참선을 할 만큼 불교에 심취했고 신분적 한계로 불운한 삶을 살던 서자들과 소통했다. 1594년(선조 27) 과거 급제로 관직에 들어선 허균은 자유로운 생활로 파직과 복직을 반복했다. 광해군이 들어선 뒤 호조참의와 형조판서를 지냈다. 하지만 역적모의를 했다는 혐의로 사람들 앞에서 팔과 다리가 찢겨나가는 능지처참 형을 당했다. 허균은 소설《홍길동전》을 비롯해 많은 글을 썼다. 특히 〈호민론豪民論〉에서 "언제나 눈앞의 일들에 얽매이고, 그냥 법이나 지키면서 윗사람에게 부림을 당하는 사람들이란 항민恒民이다. 항민이란 두렵지 않다. 모질게 빼앗겨서, 살이 벗겨지고 뼛골이 부서지며, 집안의 수입과 땅의 소출을 다 바쳐서, 한없는 요구에 제공하느라 시름하고 탄식하면서 그들의 윗사람을 탓하는 사람들이란 원민怨民이다. 원민도 결코 두렵지 않다. 자취를 푸줏간 속에 숨기고 몰래 딴마음을 품고서, 천지간天地間을 흘겨보다가 혹시 시대적인 변고라도 있다면 자기의 소원을 실현하고 싶어 하는 사람들이란 호민豪民이다. 대저 호민이란 몹시 두려워해야 할 사람이다"라고 강조했다.

쟁반의 좋은 안주는 만 백성의 기름이다 金樽美酒千人血, 玉盤佳肴萬姓膏. 잔칫상의 촛물 떨어질 때 백성 눈물 떨어지고 노랫소리 높은 곳에 원망 소리 높다 燭淚落時民淚落 歌聲高處怨聲高"라며 양반계급의 통치를 신랄하게 비판해 민중의 사랑을 받았다. 19세기의 방랑 풍자 시인 김삿갓도 부패하고 타락한 양반을 겨냥해 증오와 풍자를 전국 곳곳에 '전파'했다.

17세기 이후부터 양반계급 중심의 문학은 위항문학, 평민 문학, 여류 문학으로 퍼져갔다. 상업이 발달하고 중세 신분제도가 와해되어가는 시대를 배경으로 김천택·김수장을 중심으로 한 시인 집단이 형성되었다. 백성을 대상으로 한 문학이 새로운 흐름을 이루며 발전해갔다. 양반 문화의 평민화와 상호 교류 현상이 빚어지기도 했는데, 대표적 인물이 박지원이다. 박지원의 《양반전兩班傳》은 양반의 권리와 칭호가 매매되는 현실을 생동하게 보여주며 "한갓 문벌을 재물로 하여 조상의 덕만 팔아먹는" 양반계급을 날카롭게 비판했다.

민간인이 판매를 목적으로 간행한 출판물인 방각본坊刻本도 17세기 이후 상품화폐 경제의 발달과 함께 늘어났다. 영조 초기부터 방각본 출판이 활성화하면서 양반 신분의 선비는 물론, 사대부의 규수·중인·서출·서리 들이 독자층으로 떠올랐다. 19세기에 이르면 사대부 가문의 부녀자뿐 아니라 평민에게까지 독자층이 퍼져갔다.

여기서 그치지 않는다. 19세기엔 소설뿐 아니라 잡기雜記*, 만설漫說, 가사 문학, 시조 문학(특히 사설시조), 판소리와 같은 다양한 장르의 문학작품이 선보였다. 풍자와 해학을 통해 사회 현실을 비판하는 목소리가 강하게 들어 있는 작품이 당시 정치, 사회에 끼친 영향은 컸다. 중세에서 근대로의 이행기가 시작된 사회의 산물인 소설이 유럽만이 아니라 동아시아에서 창작되었고, 특히 조선에서 전환의 양상이 또렷했던 사실은 주목할 일이다.

신분제에 대해 퍼져가던 비판의식은 19세기에 들어와서 한 차원 높은 운동으로 전개되었다. 조선 중세 사회의 정치 질서에 정면 도전하며 올라온 '민란'이 그것이다. 민란의 중심에 향회鄕會가 있다는 역사학계의 연구 성과에 우리가 주목할 이유도 여기 있다.

19세기를 '민란의 세기'라고 평할 만큼 1811년에는 평안도에서 홍경래 난이, 1862년에는 충청·영남·호남의 70여 개 군에서 민란이, 그리고 1894년에는 갑오농민전쟁이 일어났다. 역사적인 세 사건들 사이에도 크고 작은 농민 봉기가 줄기차게 일어났다. 중앙의 지배세력은 사회 통제력을 잃어가고 있었다.

그 결과 조세와 부역 체계가 크게 문란해졌다. 감당하기 어려운 세금을 내려면 백성들이 향촌 차원에서 대책을 강구할 수밖에 없었다. 백성들은 부당하고 공정하지 못한 수취를 당할 때, 처음에는 수령을 찾아가서 호소하거나 집단으로 항의하기도 했다. 그 호소

---

* 잡기는 일상생활의 잡다한 사실을 소재로 삼아 의미를 탐구하는 한문 산문의 한 종류다. 요즘 어법으로는 기록문학이나 수필을 이른다. 잡기는 이름이 주는 '오해'와 달리 선비들의 일상 문필 생활에서 가장 중요한 위치를 차지했다.

나 항의가 받아들여지지 않을 때 '소요'를 일으키게 되는데, 그 과정에서 '공론의 마당'으로 등장한 것이 바로 향회였다.

향회는 본디 향촌의 교화나 수령의 보조 기구, 그리고 이를 전제로 수령守令이나 이서吏胥 들의 횡포를 견제하기 위한 기능을 가졌으며 지배 기구의 일부였다. 18세기 중엽까지도 대체로 불평등한 신분제 속에서 지배 체제를 안정적으로 유지하기 위해 열리는 게 대부분이었다.

하지만 역사학자 안병욱의 연구에 따르면 조세 정책과 제도가 자주 바뀌면서 향촌의 여론을 '의식'할 수밖에 없었던 18세기 중엽에 이르러 향회의 성격에 변화가 일어나기 시작했다. 정규적인 조세에 더해 각 지방에서 편의적으로 부과하는 여러 명목의 수취가 행해졌는데, 이를 위해서는 형식적으로라도 납세자의 동의를 얻어야 했다. 이때 수령은 기왕의 향회를 적절히 활용하면서 의견을 구하거나 다른 방법으로 민의를 수렴했다.

가령 1745년(영조 21) 고양군의 군수는 리里마다 대소민인大小民人의 여론을 조사해 동의를 얻었다. '궐액闕額'이 생길 때 상하노소上下老少가 모두 모여 공론公論으로 대안을 마련하도록 했다. 비록 제한적인 범위였지만 자치적으로 논의해 여론으로 결정하는 것이 모든 것을 수령 일변도로 통제하고 시행하는 것보다 더 효율적이라고 판단했기 때문이다.

읍을 통치하는 과정에서 여론을 중시하고 자치적 운영을 유도하는 경향은 18세기 후반의 대표적 실학자 안정복이 한 고을을 다스리며 남긴 기록에서 좀 더 확연하게 나타난다. 그는 관 일변도의 행정이 안고 있는 문제를 민의 자치로 해결하려고 했다. 읍의 사정에 밝은 향소鄕所에서 폐정을 보고하게 했고, 장시場市에 직접 여론 수집함을 설치해 백성이 감히 말하기 어려운 관의 폐단까지 조사했다. 중요한 일일수록 여론을 정확히 파악해 그 여론에 따라 실행하려 했다. 만일 민심이 원하지 않는 일이라면 강제로 실시하지 않겠다고 했다.

바로 이 지점에서 우리는 신분을 넘어선 공론장의 맹아를 발견하게 된다. 신분 구별이 없이 '대소민인' 모두의 의견을 묻는 '마당'이 새롭게 나타났기 때문이다. 비록 한계는 있었어도 양반과 평민이 함께 '자치'에 참여한 사실은 신분제에 바탕을 둔 중세 체제가 내부적으로 무너지고 있었음을 뜻한다.

실제로 농업 생산력과 상업의 발달로 기존의 신분 체제는 의미를 잃어가고 있었다. 백성 가운데 일부는 적극적인 경제활동을 통해 부를 축적했고, 이를 기반으로 개별적인 지위 상승을 이루기도 했다. 반면에 기존의 양반들 가운데 빈곤층으로 몰락하는 사람들이 생겨나면서 기층 사회와 신분제의 내부 구조에 큰 변동이 나타났다.

향회는 삼남 지역 곳곳에서 봉기가 일어날 때 민회民會로 불렸다. 기존 향회가 변화된 민회도 있었고 농민 중심의 집회가 민회로 전개되어가기도 했다. 향회에서 전화했든, 아니면 면·리회를 토대로 농민들이 자주적으로 형성했든, 민회는 거사 뒤에도 중요했

다. 관권을 배척하거나 상대적으로 약화시킨 뒤의 공백을 민인民
人들의 주체적 의지로 활용해나갔으며 그 과정에서 향회는 공론이
모아지는 마당으로서 새로운 면모를 보였다. 그런 전통이 있었기
에 갑오농민전쟁 시기에 집강소執綱所가 민중의 자치기관, 주권 기
관으로서 역사적 기능을 할 수 있었다.

결국 조선 후기에 주동적으로 나선 민중의 역사적 의미는 유럽
에서 중세 사회를 해체시킨 시민계급과 견줄 만하다. 실제로 '민
중'이란 말이 한국 역사에 처음 나타난 시기가 바로 갑오농민전
쟁 때였다.

외세 개입과 민주주의 왜곡

조선 사회에서 자주적으로 근대사회를 열어가려는 아래로부터의 맹아는, 위기의식을 느낀 지배세력이 밖을 끌어들임으로써, 또 조선을 식민지 시장으로 만들려던 밖의 세력이 위기에 몰려 있던 지배세력을 유인함으로써 짓밟히고 말았다. 상징적 사건이 갑오농민전쟁이다.

아래로부터 올라오는 새로운 사회의 요구에 맞서 기득권 세력이 밖의 제국주의 세력과 손잡음으로써 갑오농민전쟁은 실패로 끝났고, 조선 사회는 식민지 체제로 전락해갔다. 기득권 세력은 일제의 침략 의도를 꿰뚫고 의병義兵을 일으켰던 민중을 서슴없이 비도匪徒로 몰아 일제와 손잡고 살육했다. 개화파의 '양심'이라 불렸던 《독립신문》이 의병을 비도로 보도하고 의병 기사에 '놈' 자를 쓴 이유도 같은 맥락이다.

토지에 기반을 둔 신분 질서의 특권을 지키려는 게 일차 목적이던 기득권 세력이 일본 제국주의에 적극 협조함으로써 대한제국大韓帝國은 결국 식민지로 전락했다. 친일 세력은 제국주의 강점기 아래서 일본의 공작, 후작, 백작, 자작, 남작이 되어 호의호식하며 살아갔다. 아래로부터 올라오는 민중의 독립운동은 적대시하거나 외면했다.

하지만 우리는 여기서 왜 민중이 역사의 주체인지를 새삼 깨달을 수 있다. 갑오농민전쟁과 의병으로 한 세대가 무너졌어도 그 잿더미에서도 어김없이 새로운 세대는 등장한다. 그 어떤 지배 권력도, 제국주의도 싱그러운 젊은이들의 사랑을 막을 수는 없기 때문이다.

그렇다. 바로 그렇게 언제나 새로운 세대는 태어난다. 갑오농민전쟁으로, 의병으로 싸웠던 세대를 이어 새로운 세대가 자라면서 세상의 모순을 인식하고 싸우게 된다. 바로 그것이 3·1운동이다.

일본 제국주의와 야합했던 지배세력은 3·1운동에 참여하지 않았다. 오히려 경거망동하지 말라고 언죽번죽 훈계를 늘어놓기도 했다. 그래서다. 독립만세운동에 나섰던 수만 명의 민중이 야만적으로 학살당하거나 감옥에 갇히는 아픔을 겪으면서 대한제국 또는 조선왕조를 되찾자는 움직임은 씻은 듯이 자취를 감췄다. 왕조가 아닌, 새로운 국가를 세우자는 데 자연스럽게 의지가 모아졌다. 무능하고 이기적인 대한제국의 지배세력에 환멸을 느낀 민중은 일제강점기에서 더는 대한제국에 미련이 없었다. 민중의 의지는 상하이 임시정부 이름이 대한제국이 아닌 대한민국이라는 데서도 입증된다.

제국이 아니라 민국民國, 왕의 나라가 아니라 민중의 나라를 세우자는 게 1919년 3·1운동의 역사적 의미다. 그것은 한국 역사에서 새로운 역사로 들어가는 전환점이었다.

새로운 국가를 건설하자는 3·1운동의 과제는 아직도 미완의 과제로 남아 있다. 대한민국과 조선민주주의인민공화국으로 갈라져서 통일국가를 세우지 못했기 때문이다. 조선 독립을 외쳤던 그날의 민중 개개인에겐 분단된 나라를 건설한다는 걸 꿈에서라도 상상할 수 없었을 터다.

무력으로 독립 만세 시위를 막을 수 없다고 판단한 일본 제국주의는 이른바 '문화정치'로 포섭에 나섰다. 무단통치를 이완시킴으로써 식민지를 영구적으로 지배하려는 의도에 적잖은 조선인들이 호응하고 나섰다. 조선 민족은 스스로 독립할 능력이 없다는 일본 제국주의자들의 이데올로기가 조선의 언론인과 지식인 들을 통해 퍼져갔다.

대표적 보기가 이광수다. 한국 근대문학 작가이자《동아일보》의 편집국장을 지낸 이광수는 조선은 아직 독립할 능력이 없다며 '민족개조론'을 주장했다. 하지만 결국 이광수가 부르댄 민족개조의 도달점은 일본인이다. 그는 이른바 '창씨개명'이 본격화하기 전에 스스로 일본식 성과 이름으로 바꿨다. 심지어 일제강점기 말기에

"조선 사람 이마를 때리면 이마에서 일본인의 피가 나와야 한다"
고 강연을 하고 다닐 정도로 타락했다.

많은 조선인들이 독립운동에 나설 섶에 되레 일본군 장교로, 경찰로, 법률가로, 교사로, 언론인, 시인, 소설가로 앞장서서 일본인이 되는 길로 걸어갔다. 문제의 핵심은 조선 민족이 본디 독립할 능력이 없는 게 아니라 지배세력이 언제나 민중의 눈과 귀를 가려온 데 있다.

민중의 힘을 믿은 지식인들은 주저 없이 노동자와 농민 속으로 들어가 조직 활동을 벌였다. 한날한시에 국내 봉기를 일으킬 전략이었다. 일제의 군사력이 아직 미치지 못했던 중국과의 국경 지대에서 무장투쟁을 준비하고 실제로 국내 진공 작전을 펴기도 했다.

제국주의의 식민지 쟁탈을 비판하며 식민지 해방을 약속한 러시아혁명과 소련은 당시 독립운동을 하는 사람들에게 더없이 미더운 언덕이었다. 그래서였다. 3·1운동 뒤 새로운 국가를 건설하려던 운동은 제국주의자들의 체제인 자본주의를 넘어선 국가를 갈망하고 있었다. 하지만 우리 힘으로 해방을 이루지 못했고, 바로 그 때문에 우리의 뜻대로 새로운 국가를 건설하지 못했다.

여기서 냉철하게 짚을 필요가 있다. 우리 힘으로 일본 제국주의 군대를 쫓아내지 못한 이유는 무엇인가?

답은 명료하다. 많은 조선인들이 독립운동에 나서지 않아서다. 그 결과, 일제의 식민지 강점에 물리적 토대였던 일본군이 머물던 바로 그 자리, 서울 용산에 미군이 들어왔다. 국토는 미국 장군들이 그어 소련에 공식 제안한 38도선을 경계로 분단되었다. 이어 1948년 8월 15일에 대한민국이, 곧이어 9월 9일에 조선민주주의 인민공화국이 세워졌다.

1,000년 넘도록 한 나라로 살았던 땅이 갑자기 남과 북으로 갈려 두 나라가 세워지면서 백범 김구가 우려했듯이 마침내 남북 전쟁의 동족상잔이 일어났다. 350만 명에 이르는 민족 구성원이 참혹하게 숨졌다. 만일 일제강점기에 350만 명의 절반이라도, 아니 10분의 1이라도 민족 독립운동에 헌신했다면, 분단은 물론 참혹한 전쟁도 상상할 수 없었을 터다. 역사는 언제나 대가를 요구한다는 진실을 새삼 확인할 수 있다.

이승만 정권은 일본군을 몰아낸 미군의 동아시아 전략에 따른 친미 독재정권, 그 이상도 이하도 아니었다. 이승만 정권이 처음부터 민주주의와 거리가 먼 사실은 누구나 인정하는 우익 정치인 백범 김구의 암살에서 확인할 수 있다. 그러나 친일 세력과 결탁한 친미사대 세력의 견고한 정권은 그들의 의도처럼 영원히 지속될 수 없었다.

1960년 4월혁명은 이승만의 장기 독재에 마침표를 찍었다. 하지만 4월혁명은 아래로부터의 혁명이라고 하기엔 부족한 게 많았다. 혁명을 지도할 사상도 조직도 없었으며, 이승만의 하야에는 미국의 '영향력'이 있었다. 미국은 이승만을 계속 비호할 때, 반미 정권이 들어설 가능성을 우려해 그의 하야를 권고했다.

이승만이 하와이로 망명하고 열린 4월혁명 공간에서 진보 세력

의 진출이 여러 부문에서 활발하게 일어나자 미국과 기득권 세력
은 다시 위기의식을 느꼈다.

　바로 그 시점에 일어난 게 1961년 5월 16일의 군부 쿠데타다. 소
련과 냉전 체제를 형성하고 있던 미국은 동아시아 전략에 따라 한
국의 경제성장을 적극 지원했다. 박정희와 전두환으로 이어진 군
부독재가 경제성장을 이루면서 군사정권의 의도와 달리 민중의
정치의식, 민주주의에 대한 요구도 점차 성숙해갔다. 박정희 정권
이 장기 집권을 위해 3선 개헌을 하면서 불붙기 시작한 민주화운
동은 1970년대에 다시 등장한 '민중'이란 말과 더불어 활활 타오
르기 시작했다.

민주주의 열어온 민중

갑오농민전쟁에서 처음 나온 민중이란 말은 신채호의 《조선혁명선언 朝鮮革命宣言》을 거쳐 한국전쟁 시기까지 일상적으로 사용되던 말이었다. 하지만 분단독재와 군부독재 시기를 지나면서 사실상 외면받아온 '민중'이란 말이 1970년대에 부활했다.

단순히 담론의 문제가 아니었다. 1970년대 후반부터 민중운동이 본격 등장하고 부마항쟁(1979)과 광주항쟁(1980)을 지나면서 1980년대는 가히 민중운동의 시대 또는 '민중의 시대'라 불러도 지나친 말이 아니었다. 그 귀결점이 바로 1987년의 6월 대항쟁이다. 한국 사회에서 민주화 세력은 민중을 내세워 창조적 길을 열어왔다.

그러나 정작 1990년대는 민중의 시대가 아니었다. 정반대로 민중을 억압하는 신자유주의 시대가 열렸다. 오랜 군부독재를 거치면서, 자유에 대한 편협한 인식은 '시장의 자유'나 '규제 철폐'와 같은 담론을 무비판적으로 받아들이게 했다. 더구나 1997년 미국의 방조 아래 국제통화기금(이하 IMF)*의 구제금융을 받게 되면서 신자유주의는 한국의 경제와 정치를 지배하게 되었다.

주요 기업들은 물론, 공기업과 금융기관까지 외국인 지분이 절반을 훌쩍 넘어섰다. 곳곳에서 이른바 '구조조정'이 벌어지고, 노동시장의 '유연성'이 마치 '시대정신'이라도 된 듯이 부각되었다.

신자유주의의 본질을 명쾌하게 파악하려면 조금만 상상력을 발휘하는 것으로 충분하다. 가령 신자유주의를 선호하는 자본가의 시선으로 오늘의 사회를 바라보자.

자본가들에게 신자유주의 체제는 어떻게 다가올까. 대기업 2세로 젊은 나이에 '총수'가 된 사람의 눈으로 보자. 임금이라는 형태로 돈 얼마를 달마다 주니까 평생 자신에게 충성을 바치며 준 돈보다 더 많은 돈을 벌어올 노동자들이 지천으로 깔려 있다. 자신은 그 위에 제왕처럼 군림하며 '민주주의' 사회를 살아갈 수 있다. 물론, 그에게도 위험 부담이 전혀 없는 것은 아니다. 돈을 벌 수 있는

---

* International Monetary Fund. IMF는 제2차 세계대전 직후인 1945년 12월에 미국이 주도해 만든 국제금융기구다. '자유무역'의 안정적 성장, 실물거래를 뒷받침하기 위한 국제적 유동성의 보장과 확대를 목적으로 설립됐다. 본부는 미국 워싱턴에 있는데 대통령 집무실인 백악관과 걸어서 5분 거리이다. IMF는 1982년 라틴아메리카 국가들의 채무 위기, 1995년 멕시코 위기에 이어 1997년 한국 및 동남아시아의 외환 위기에 깊숙이 개입했다.

상품을 기획하고 생산해야 한다. 하지만 별로 걱정할 게 없다. 자신의 눈길만 바라보는 수많은 노동자들 가운데 일 잘하고 판단력 뛰어난, 하지만 자신의 뜻을 결코 거역하지는 않을 '품성' 좋은 자를 발탁해 맡기면 된다. 그들의 어깨를 툭툭 두드리면서 평생을 호의호식하며 살아갈 그는 비단 노동자만을 착취하지 않는다. 노동자들의 딸과 누이 들의 몸까지 토닥이고 농락하며 지배한다.

부리는 노동자들 가운데 더러는 은혜도 모르고 그에게 저항하는 '천한 것'들도 있게 마련이다. 하지만 자신의 제왕적 질서에 불만을 드러내는 노동자들, 배은망덕한 인간들을 직접 상대할 필요는 전혀 없다. 노동자들 임금에 조금만 웃돈을 얹어주면 그를 위해 노동자를 탄압할 '야심가'들을 얼마든지 발탁할 수 있다. '노조 파괴 전문가'들도 고용이 가능하다. 무자비한 탄압을 그의 손에 티끌 하나 묻히지 않고 자행할 수 있다. 폭력적 탄압이 심하다고 해서 노동자들의 저항을 우려할 이유도 없다. 그때쯤이면 달리 세련된 방법을 사용하면 된다. 자신들이 탄압받고 있다는 느낌마저 주지 않을 만큼 부드럽게 노동자를 탄압하는 법을 그는 익히고 있다. 그것이 자본주의 사회에서의 그의 '경영 전략'이다. 따라서 탄압의 기술은 나날이 '발전'한다. 그 '부드러운 탄압'을 일러 그들은 '과학적 관리'나 '산업심리학' 따위의 '학문'으로 부른다.

그뿐인가. 그들을 합법적으로 탄압할 법도 거미줄처럼 만들어 놓았다. 노동자들이 목숨을 건 투쟁을 할 때, 지배 체제가 위협받을 때도 그는 걱정할 필요가 없다. 조금만, 아주 조금만 양보하면 된다. 물론 온갖 생색은 내야 한다. 무슨 '선언'을 내놓거나 법률 체계의 극히 일부분을 개정하는 것으로 그들을 다시 체제 내에 포섭할 수 있다.

노동자를 비롯한 민중의 자녀들도 걱정할 일이 없다. 입시 경쟁을 부추겨 싱그러운 십대들에게 좌절과 절망감을 심어주면 된다. 게다가 민중을 관리할 온갖 자리에 이른바 '고시'라는 것을 만들어놓고 출세 경쟁을 시키거나 취업 경쟁으로 줄 세우면 된다. 경쟁 체제에서 조금이라도 앞선 사람들은 비정규직이나 도시 빈민, 농민에 비해 자신은 선택받은 중산층이라는 환상을 지니게 된다. 민중을 조각조각 갈라놓고 그들 사이에 적절하게 갈등을 부추기기도 한다. 자신은 마치 모든 갈등의 중재자인 듯 의연하면 된다. 저들에게 가장 두려운 것은 이 모든 명백한 지배 질서의 '비밀'을 민중이 깨달을 때다. 하지만 그것도 걱정할 일이 아니다. 민중이 진실을 인식하는 걸 가리 트는 '메커니즘'이 작동하고 있기 때문이다. 언론계와 학계도 다수가 이미 그들 손에—더 정확히 말하면 그들 돈에—'영혼'을 팔았다.

신자유주의 예찬자들은 그들이 의도했든 안 했든 민중을 '세뇌'하고 있다. 민중이 진실에 눈뜨는 것을 한사코 방해한다. 심지어 '민중'이란 말까지 색안경을 끼고 바라보는 사람들이 한국 사회엔 두텁게 존재한다.

1987년 6월 대항쟁으로 군부독재 정권을 몰아내고 대통령 직선제를 쟁취한 이후 동아일보사에서 일어난 사건은 여러모로 상징적이다. 1980년대 동아일보는 박종철 군 고문치사 보도에서 확인할 수 있듯이 군부독재와 맞서 대통령 직선제의 민주주의를 일궈내는 데 큰 기여를 했기에 더욱 그렇다.

6월 대항쟁에 이은 7월과 8월의 노동자 대투쟁이 일어난 뒤 동아일보도 노동조합을 결성했다. 동아일보사는 노동조합의 요구로 신문사의 '기자윤리강령'을 만들기 위해 노사 공동으로 강령 제정위원회를 구성했다. 노동조합이 추천한 위원으로 저자가 기자윤리강령 초안을 기초하며 '민중의 생존권 보장'이란 표현을 썼을 때다. 편집국장을 역임하고 편집담당 상무이사로 재직하던 고위 간부가 경영진 대표로 나와 그 대목을 죽죽 그으며 힐난조로 말했다.

"왜 굳이 민중이란 말을 씁니까?"

당혹스럽던 저자는 정중하게 대꾸했다.

"왜 굳이 민중이란 말을 쓰면 안 됩니까?"

잠시 저자를 안경 너머 아래위로 훑어보던 그는 아주 태연스럽게 말했다.

"민중이란 말은 좌익 개념이니까!"

어이가 없었다. 당시까지 한국을 대표하던 신문사에서 기자로 30여 년 활동하며 편집국장을 거친 언론인의 의식구조가 '냉전 사고'에 사로잡혀 있을 만큼 우리 사회의 이념적 지형은 오래전부터 뒤틀려 있었다. 이미 대통령 직선제로 민주화가 되었는데 왜 자꾸 '민중'을 들먹이느냐는 게 그의 논리였다.

비단 동아일보만의 문제가 아니다. 거의 모든 한국의 신문과 방송은 1990년대 들어 민중이란 말을 금기시했다.

단순한 우연일까. 1980년대까지 힘찬 움직임을 보이던 민중문화는 1990년대 들어 뚜렷하게 퇴조했다. 죽은 것은 민중문화만이 아니다. 1970년대 이후 한국 사회에서 깨어나던 민중 자체가 죽음을 맞았다. 신문 지면과 방송 화면에서 '민중'이란 말의 죽음은 곧바로 그 말의 실체인 민중의 죽음으로 이어졌다.

하지만 민중이란 말은 에이브러햄 링컨이 게티즈버그 연설에서 민주주의를 정의하면서 한 말에서 확인할 수 있다. 링컨은 민주 정부를 'government of the people, by the people, for the people'로 정의했다. 이를 대한민국에서는 오랫동안 '국민의, 국민에 의한, 국민을 위한 정부'로 옮겨왔지만, 기실 이 번역은 옳지 못하다. 'people'은 결코 '국민'으로 옮길 수 없기 때문이다. 민주주의의 기초가 특정 국가의 틀에 갇힌 국민이 아니라 보편적인 민중people에 있다는 사실은 가볍게 지나쳐서는 안 될 대단히 중요한 의미를 지니고 있다. 민중은 국민과 달리 자신들의 뜻에 따라 지금과는 다른 형태의 국가까지 꿈꿀 권리를 지니고 있기 때문이다.

그럼에도 민중이란 말을 21세기인 오늘도 여전히 좌파적 개념으로 생각하거나, 딱히 왜 그런지 모르지만 그 말을 쓰기 꺼려 하거나, 마치 낡은 시대의 '운동권 언어' 따위로 여기는 사람들이 많은 사실은 고스란히 한국 민주주의의 수준을 짐작게 해준다. 그것은 의도했든 안 했든 민주주의를 아주 낮은 수준에서 인식하고 있다는 자기 폭로에 지나지 않는다.

민중이라는 말이 공론장에서 사라지면서 민중 담론도 약화되고 민중의 정치의식도 성숙할 수 없었다는 진단은 민중에 대한 신화적 주장—민중은 언제 어디서나 옳다—에 동의하지 않는다.

기실 민중은 어리석기도 한 게 사실이기 때문이다. 세계사의 지나온 길은 민중이 얼마나 어리보기였는지를 웅변해준다. 민중은 역사적으로 노예와 농노로 기나긴 굴욕적 삶을 살아왔다. 바로 그 이유에서 민중의 각성을 논의하는 담론과 실천에 '엘리트주의'라거나 '좌파 딱지'를 붙이는 행태는 온당하지 않다. 짐짓 자신들이야말로 민중을 진정으로 위하는 듯이 "국민을 바보로 여기지 말라"거나 "국민을 의식화의 대상으로 삼지 말라"고 부르대는 이들의 심보엔 어김없이 노림수가 똬리 틀고 있기 때문이다. 그들은 국민을 바보로 보지 말라면서, 민중의 거듭나기에 몸 바치는 이들을 꾸짖는다. 국민을 의식화 대상으로 삼지 말라고 부르대면서 민중의 정치의식 성숙을 위해 아무 일도 하지 않거나 오히려 방해한다.

때로는 어리보기로 역사를 후퇴시키는 데 '동원'되어왔지만, 인류 역사를 긴 눈으로 보면 민중은 자유와 평등을 갈망하며 새로운 시대를 지며리 열어왔다. 앞에서 분석한 시민혁명과 민주주의는 민중이 역사의 표면에 나서는 전환점이었다. 민중이 자신의 세계관을 지니고 역사의 주체임을 뚜렷하게 선언한 시점은 자본주의 사회의 모순이 갈수록 깊어가던 19세기에 이르러서였다. 당시 민중에게 강력하게 다가간 사상은 사회주의였다. 특히 마르크스주의는 '노동계급의 사상'을 자임하고 '과학적 사회주의'를 자부할 만큼 분석력 또한 탁월했다. 그들의 사상은 1917년 러시아혁명에서 현실화함으로써 세계사의 새로운 전환점을 마련했다는 평가를 받기도 했다. 하지만 그들의 사상과 혁명보다 더 강력한 것은 자본주의였다. 1989년 동유럽 공산주의 국가들의 붕괴에 이어 1991년 소련(소비에트사회주의공화국연방)의 해체는 자본주의를 넘어서는 혁명이 얼마나 지난한 과제인지를 웅변해주는 한편, 마르크스 사상이 지닌 한계도 또렷하게 드러내주었다.

실존 사회주의 체제가 무너지기 시작할 무렵에 한국에선 1987년 6월 대항쟁이 일어났다. 국민 사이에 민주주의에 대한 기대가 높았지만 1997년에 IMF로부터 구제금융을 받으면서 한국은 신자유주의적 세계화에 깊숙이 편입되었다.

1997년 이후 한국 사회가 부닥친 문제를 풀어가려는 열정과 이성은 더 이상 변방의 민족주의적 움직임이 아니다. 세계사적 의미를 지니게 되었다. 신자유주의 체제를 넘어서는 일은 곧바로 세계 인류가 21세기에 부딪치고 있는 문제를 해결하는 과제와 직결되어 있기 때문이다. 바로 그곳에서 우리는 한국 민주주의의 문제를 풀어가는 보편적 의미를 발견할 수 있다. 앞서 짚어보았듯이 한국 민주주의는 다음과 같은 두 가지 특성을 지니고 있다.

첫째, 민주주의의 탄생과 성장이 밖으로부터 영향을 받으며 전개되었다. 이 사실은 중요한 의미를 갖는데 유럽의 민주주의 발전 과정과 달리 역사의 고비마다 외세의 직간접적 개입으로 민주주의 발전이 왜곡됐기 때문이다. 동시에 바로 그런 이유로 한국에선 민주주의가 탄생한 순간부터 사회 구성원들이 세계적 차원의 문제점을 파악할 수 있었다.

둘째, 민주주의의 탄생과 성장이 밖과 손잡은 위로부터 제약을 받았다. 이 사실 또한 중요한 의미를 갖는데 유럽의 민주주의 발전 과정과 달리 아래로부터의 요구가 내내 배제당했기 때문이다. 동시에 바로 그런 이유로 한국은 민주주의가 탄생한 순간부터 아래로부터 민주주의를 갈망할 수밖에 없었다.

밖과 위에서, 아래로부터의 갈망을 배제해온 두 가지 특성에서 한국 민주주의는 초기부터 자본주의의 문제점을 지양하려는 보편적 과제를 지니게 되었다. 민주주의 탄생과 성장 과정에서 식민지와 분단을 경험하며 제국주의와 패권주의를 뼈저리게 체험했기 때문이다.

갑오농민전쟁에서 출발해 아래로부터 새로운 나라를 건설하는 투쟁에서 흘린 민중의 피는 민주주의의 성장 과정에서 흘린 유럽 민중의 피에 결코 모자라지 않는다. 그럼에도 한국 민주주의는 여전히 분단 체제 아래 놓여 있다. 남쪽은 신자유주의 체제가, 북쪽은 주체사상의 유일사상 체제가 지배하고 있다.

북쪽의 조선민주주의인민공화국 존재는 남쪽 대한민국의 민주주의 전개 과정에 무시할 수 없는 영향을 끼쳐왔다. 가령 북쪽에서 전격 토지개혁이 이뤄지면서 남쪽도 토지개혁을 마냥 모르쇠 할 수 없었다. 나중에 더 자세히 분석하겠지만, 1950년대 북쪽의 경제 발전은 남쪽의 경제 발전을 추동하는 강력한 요인이었다. 한때

'대동강의 기적'이란 찬사를 들었던 북쪽의 사회주의 건설이 이룬 성과와 급속한 쇠퇴가 오늘 신자유주의 자본 독재를 넘어선 새로운 민주주의를 구상하는 남쪽의 민중에게 주는 교훈은 무엇인지를 깊이 성찰할 필요가 있다.

그래서다. 민주주의 성장의 주된 동력이었던 실존 사회주의의 경험이 인류에게 남긴 의미를 진지하게 분석해야 옳다. 자본주의를 넘어서는 체제를 구현하는 데 무엇이 문제였는지를 정확히 짚지 않으면 같은 과오를 되풀이할 수밖에 없기 때문이다. 조선민주주의인민공화국과 조선로동당은 독자적으로 주체사상을 이념으로 삼고 있지만, 그 경험 또한 사회주의혁명의 전반적인 흐름과 동떨어져 있는 현상은 아니기에 더욱 그렇다.

민중

1. 조선왕조는 왜 스스로 민주주의 시대를 열지 못했을까?

2. 조선은 일제로부터 왜 스스로 독립하지 못했을까? 그 결과는 무엇인가?

3. 한국 민주주의의 두 가지 특성은 무엇인가?

4. 언론이 '민중'이라는 말에 색깔을 칠하면서 어떤 현상이 나타났는가?

7

20세기 상상력과의
소통

인간적·민주적 사회주의론

1917년 세계 역사상 노동계급에 기반을 둔 첫 혁명인 러시아혁명으로 등장한 소비에트사회주의공화국연방(소련)은 1991년 12월 사라졌다. 러시아혁명으로 태어난 소련을 죽음으로 이끈 인물은 다름 아닌 소련공산당의 마지막 서기장 미하일 고르바초프였다.

고르바초프는 '인간적·민주적 사회주의'를 주장하며, 화려하게 세계 무대를 누볐다. 그러나 그는 자신의 '위대한 조국' 소련과 함께 역사의 격랑 속으로 침몰되고 말았다.

훗날 역사가들은 그를 어떻게 평가할까. 사회주의혁명의 꿈을 산산조각 낸 '혁명의 배교자'라 부를까, 아니면 '소비에트 체제'라는 환상의 쇠사슬로부터 인류의 진보적 사고를 해방시킨 혁명가로 칭송할까. 과연 그의 세계사적 소임은 무엇이었을까를 찬찬히 짚을 필요가 있다.

　다 알다시피 러시아혁명으로 태어난 소련은 단순히 한 나라가 아니었다. 러시아혁명을 전환점으로 세계 곳곳에서 곰비임비 나타난 사회주의 국가들을 이념적·물질적으로 이끌던 '중심 국가' 였다. 소련공산당 또한 온 세계의 진보적 지식인과 노동자 들에게 절대적 '권위'를 지녔을 만큼 20세기 세계사의 전개에 깊고 넓게 영향을 끼쳤다. 비록 실존했던 사회주의 국가들과 더불어 해체되어 '역사적 유물'이 되어버렸지만 소련공산당의 경험이 더없이 소중한 까닭이다.

　소련공산당은 1991년 8월 정치적 사망 선고를 받기 직전에 사회주의 개혁의 '청사진'이라 할 만한 철학을 마치 '유서'처럼 남겼다. 1990년 소련공산당이 마지막 당대회(제28차)에서 채택한 '현 단계에서 기본적인 당 정책의 결정과 현 시기의 올바른 평가에 근본적인 의미를 부여하는 강령적 선언'이 그것이다.

　당대회는 1985년 소련공산당 서기장에 오른 고르바초프의 페레스트로이카 정책이 사회주의 부활이라는 초기의 확신에 찬 목표를 벗어나 '의도하지 않은 결과'를 불러오고 있던 어려운 상황에서 열렸다. 1990년 7월 2일부터 13일까지 모스크바에서 12일간 열린 제28차 당대회는 고르바초프가 개막 연설에서 밝혔듯이 개혁이 실패할 경우 암흑시대를 맞을 것이라는 위기의식 속에서 진행되었다.

　이미 1989년의 '동유럽 사태'로 사회주의 정치체제 몰락이 현실로 나타나면서 당시 소련공산당 지도부는 당혹감에 사로잡혀 있었다. 소련 내부적으로도 1989년 이후 경제위기가 확대 심화되고 정치체제의 혼란이 두드러지게 나타나기 시작했다.*

소련공산당 제28차 당대회의 강령적 선언은 사회주의 체제 안팎의 위기를 극복하고 앞으로 전개해나갈 사업에서 지침으로 삼아야 할 사상적 좌표와 정치적 목적을 담았다. 소련이 가야 할 사회를 '인간적·민주적 사회주의'로 선언했는데, 여기서 '인간적'은 러시아어에서 '인도적인, 박애적인, 인정이 있는, 인자함이 넘치는'의 뜻을 두루 담고 있다.

소련공산당의 새로운 철학과 정치경제적 실험은 인류 역사상 최초의 노동계급 혁명으로 건설한 소련의 역사적 경험이 담겼다는 점에서, 동시에 그 실험이 소련공산당의 해체와 소련 붕괴라는 파국으로 귀결되었다는 점에서, 20세기의 중요한 세계사적 사건이다.

앞서 살펴보았듯이 신자유주의가 세계적 흐름으로 등장한 것도

---

* 무엇보다 보리스 옐친Boris Nikolaevich Yeltsin(1931~2007)의 선동이 두드러졌다. 소련공산당 제28차 당대회가 개최되기 직전, 러시아공화국 최고회의 의장에 당선된 옐친은 당대회 폐막을 앞두고 전국에 TV로 생중계되는 상황을 충분히 활용하여 극적으로 탈당 선언을 했다. 이어 그는 고르바초프의 권위에 강력히 도전함으로써 정치체제의 혼란을 가중시켰다. 옐친은 1991년 6월 12일 그가 강행해 실시한 러시아공화국 대통령 직접선거에서 압도적인 표차로 당선됨으로써 소련의 정치구조를 안으로부터 붕괴시키는 데 큰 구실을 했다.

소련의 몰락과 깊은 관련이 있다. 러시아 10월혁명 못지않게 1991년의 소련 붕괴가, 온 세계는 물론 분단 시대 우리 민중의 삶에 깊은 파문을 던진 변화라면, 당시 소련의 철학과 실천에 대한 정확한 이해야말로 절실한 과제다.

사회주의의 운명에 대한 깊이 있는 이해를 위해서라도 소련 스스로 혁명적 변화라고 규정했던 페레스트로이카 정책과 그것을 5년 동안 실천한 경험이 모두 반영된 소련공산당의 강령적 선언을 면밀히 분석해볼 필요가 있다. '사회주의의 기초를 튼튼하게 만들고 사회주의 사회를 올바르게 세우려는' 소련공산당의 '마지막 시도'는 비록 실패했지만, 우리에게 적지 않은 사상적 자극과 정치적 시사점을 주고 있다.

사실 1985년 이후 소련과 동부 유럽의 사회주의 체제 변혁은 서방의 냉전 이론가는 물론, 그 어떤 사회주의 국가의 석학도 미처 예견하지 못했을 만큼 소용돌이 속에서 이루어졌다.

저명한 마르크스주의 경제학자 어네스트 만델은 고르바초프가 결코 브레즈네프 독트린Brezhnev Doctrine을 폐기하지는 않을 것으로 진단했었다. 하지만 겨우 몇 달 뒤에 폐기는 물론, 동유럽의 사회주의 정치체제가 연쇄적으로 붕괴하는 '믿을 수 없는 현실'을 바라보아야 했다. 위르겐 쿠친스키도 예외는 아니다. 동독의 대표적 역사학자였던 그는 소련과 동유럽의 변화를 사회주의를 위한 '보존 혁명'으로 규정하고, 그것은 사회주의 몰락이 아니라 사회주의를 확대하고 강화하기 위한 것으로 분석했다. 하지만 동독의 정치체제는 소멸되어 자본주의 국가 서독에 흡수당했다.

비단 서방의 좌우 이론가들*뿐 아니라 소련공산당 지도부 스스로도 예상하지 못한 상황으로 역사는 전개되었다.

이는 무엇을 의미하는 걸까. 인간의 주관적 의도를 무력하게 만드는 객관적 현실의 위대한 냉혹성 아닐까. 대다수 기존 연구나 전망이 오류로 드러남으로써 현실은 자신의 위대성에 새삼스러운 경의를 불러일으키며 한층 더 정밀한 이론을 요청하고 있다.

많은 전문가들이 페레스트로이카(1985)와 동유럽 사태(1989)는 세계사적 의미를 지니고 있음에도 그에 걸맞은 구체적인 정치철학이나 민중적 열정이 없었던 것은 물론, 그 어떤 역사적 전망도 제시하지 못했다고 지적했다.

하지만 적어도 소련공산당은 스스로 '1990년 선언'을 통해 '인간적·민주적 사회주의'라는 뚜렷한 철학과 정책 목표를 선언—그것이 참담한 실패로 끝나 한낱 환상에 지나지 않았다고 폄훼되고 있지만—했으며, 고르바초프 또한 1985년 이래 '진정한 레닌으로의 복귀'를 기회 있을 때마다 강조했다는 사실에 주목할 필요가 있다.

여기서 레닌주의로의 회귀라든가 '인간의 얼굴을 한 사회주의'라는 개념을, 공산주의적 전통으로부터의 급격한 이탈 과정에서

---

* 가령 종래 소련을 비롯한 공산주의 체제를 파악했던 서방의 고전적인 '전체주의 모델'은 소련이 그들의 분석만큼 획일적이거나 동질적이지 않았다는 점에서 한계가 드러났다.

생길 수 있는 혼란을 저지하기 위해 고안된 '충격 완화용 제어장치' 수준으로 해석할 수 있다. 그리고 고르바초프가 강조한 레닌주의는 '말년의 병약한 레닌이 병석에서 쓴 한두 개의 단편적 저작에서 뽑아낸 레닌주의'에 지나지 않는다는 혹평도 가능할 수 있다.

그렇지만 다양한 해석과 평가보다 우선해야 할 것이 실체에 대한 바른 인식이라면, 먼저 당시 고르바초프로 상징되는 소련공산당 지도부가 스스로를 어떻게 이론적으로 규정하고 있었으며 자신들의 사회를 어디로 개혁해나가려 했던가에 대한 충실한 이해가 필요하다. 페레스트로이카를 비판하기 이전에, 소련공산당의 '1990년 선언'에 드러난 소련 최후의 철학적·정치적 구상을 짚어보자는 뜻이다.

페레스트로이카 현상을 총체적으로 인식하려면, 그 철학을 먼저 분석해야 옳다. 철학이 현실적으로 빈곤한 학문에 지나지 않는다 해도 혁명적 이론 없이 혁명적 실천은 불가능하듯, 소련의 개혁정책이 지향했던 이론적 기반으로서의 철학에 대한 분석은 실타래처럼 복잡하게 엉키어 전개된 현실에서 교훈을 얻을 수 있는 유용한 실마리다. 러시아혁명 뒤 소련 사회에서 '마르크스-레닌주의 철학'이 70년 이상 사회 발전 과정을 규정해온 이데올로기였기에 더욱 그렇다.

먼저 '인간적·민주적 사회주의'가 '1990년 선언'에서 정식화되기까지의 역사적 문맥을 살펴볼 필요가 있다. 사회주의의 혁신적 재구성이라는 시대정신은 단순히 고르바초프의 개인적 관념이나 수사학적 구호가 아니라 보편적인 사회주의 사상사 및 특수한 러시아혁명사의 논리적 귀결이었기 때문이다.

문화혁명: 정치적 · 사상적 각성

페레스트로이카의 러시아어 본디 뜻은 '재건축', 곧 '재구성, 재편성'이다. 종래의 시각을 벗어나 혁명적으로 새롭게 구성한다는 의미를 내포하고 있다. 페레스트로이카의 철학인 인간적 · 민주적 사회주의론은 무엇보다도 먼저 철학의 페레스트로이카로부터 출발했다. 그것은 기존의 소련 철학에서 간과되어왔던 인간의 문제에 대한 새로운 관심을 뜻한다.

고르바초프는 "10월혁명은 민중을 위한, 인간을 위한, 인간의 해방과 발전을 위한 민중의 혁명"이라고 규정했다. 또 소련공산당의 1990년 선언은 인간적 · 민주적 사회주의를 "인간이 사회 발전의 목적이며, 정치권력과 물질적 · 정신적 가치로부터 인간의 소외를 극복한 사회"로 정의하고 있다. 이 선언은 그동안 소련 사회에서 인간의 삶이 권력과 물질적 정신적 가치로부터 심각하게 소외되어왔다는 반성을 함축하고 있다.

특히 정신적 가치로부터의 소외는 사회주의 이념에 대한 불신으로 확산되고 있었다. 생명력을 잃은 채 이데올로기적 도그마로 작동한 '마르크스-레닌주의'로 인해 소련의 젊은 세대들은 사회주의에 대한 확신을 시나브로 잃어갔다. 고르바초프는 사회과학과 철학 담당 학자들이 독단적이고 부적절한 상투어들을 영구화해온 사실을 질책하면서 따분하고 형식적이며 관료적인 이념 교육을 비판했다.

사실 소련 철학자들이 스스로 고백했듯이 스탈린 체제 뒤 인간에 대한 사회과학적 개념만이 지배해왔기 때문에 구체적 현실에서 인간을 이해하는 데 큰 어려움을 겪을 수밖에 없었다. 민족주의 문제나 종교 문제에 특히 그런 현상이 두드러졌다. 더구나 소련에서 큰 사회문제로 대두되고 있는 '알코올의존증'이나 마약, 청소년 문제는 종래의 철학 개념으로 설명할 수 없는 '모순된 삶의 현실'로 나타났다. 철학이 삶으로부터 유리되어 있었다는 반성을 통해 소련 철학은 인간에 대한 관심으로 전환하고, 인간의 문제를 사회주의의 '새로운 얼굴'이라는 주제와 연관 지어 탐색하기 시작했다.

결국 레닌이 생전에 예견할 수 없었던 새로운 현실을 반영하여 모든 철학 체계를 재구성할 필요가 있었다. 그 구체적 표현 가운데 하나가 개편된 철학 교과서다. 이 교과서의 대표 저자인 프롤로프는 기존의 철학 교과서가 마르크스-레닌주의 철학을 교조적으로 경전화하고, 삶과 실천에서 유리되어 스콜라적 학문으로 전락시켜버렸다고 비판하면서 마르크스-레닌주의 철학의 '인간주의적 전환'을 주장했다.

프롤로프의 제안은 철학 교과서에 고스란히 반영되었다. 새 교과서는 물질 개념보다 존재의 개념을 먼저 다루면서 '존재의 연구는 세계의 통일성을 이해하는 전제'라고 규정하고 이 전제의 해명으로부터 '운동하는 물질, 그것의 존재와 형태로서 공간과 시간의 문제'를 다뤘다. 교과서는 또 사람을 철학의 특별한 주제로 고찰해야 하는 이유를 다음과 같이 강조했다.

"사람을 철학의 특별한 한 주제로 고찰하는 이유는 사람이 총체적으로 연구되어야 한다는 필요성에서 기인한다. …… 이러한 필요성은 우리 사회 발전의 모든 과정에서, 곧 우리 사회의 경제적, 정치적, 정신적 삶을 개혁하는 데 있어서 사람의 역할이 증대되고 있다는 사실에 의해서도 부과되고 있다. 이러한 개혁의 의미와 사명은 사람의 가치가 높게 평가되는 새로운 인간적이고 민주적인 얼굴을 한 사회주의의 창조에 있다. …… 사람의 보편적인 성격의 다차원적 체계를 연구하고 이 체계의 핵심을 해명하려는 시도가 1980년대에 이르는 소련 철학의 특징적 경향이었다. 지배적이던 독단주의와 교조주의에 굴복하지 않고 자신의 길을 개척했던 이 경향은, 인간의 본질과 존재에 관한 마르크스주의 창시자의 주장이 갖는 살아 있는 의미를 부활시키는 것을 그 기본 임무로 했었다."

인간 문제로의 철학적 전환은 단순히 철학 그 자체에만 국한한 게 아니다. 소련과학아카데미의 새 정치경제학 교과서도 1편 4장에서 '현대의 사회적 생산 체계에서의 인간'을 독립적으로 다뤘다. 생산의 중심 요소인 사람의 문제를 경제성장의 주요 변수로 간주했다. 결국 1990년의 강령적 선언에서 '물질적 가치로부터 인간 소외'를 극복하자는 제안은 경제성장 과정에서 사람의 창조성을 최대한 동원하여 생산을 증대하고 그에 따른 소비생활의 풍요로움을 의도하고 있다.

아울러 경제 발전에서도 중요한 게 경제 운영에 광범위한 참여라고 판단해, 인간적·민주적 사회주의론은 개별 경제조직의 민주화를 비롯한 전략적 과제를 폭넓게 제기했다. 고르바초프는 "사회주의 사회의 새로운 모습을 결정할 때 우리 사회의 모든 생활 분야에서 인간적 척도가 우선한다는 원칙을 철저하게 실현해야 한다"고 밝힌 바 있다.

페레스트로이카 정치사상의 민주적 사회주의 이론은 바로 그런 인간론에 기초를 두었다. 소련공산당 제28차 당대회의 강령적 선언은 '진정한 민주정치를 향하여' 권력 만능의 관료주의적 제도로부터 민주적인 사회주의 사회로 이행할 것을 명백히 밝혔다. 이어 페레스트로이카가 국가의 생활에서 민주주의로 나아가는 실마리가 되었다고 평가했다. '선언'은 또 '프롤레타리아의 이름으로 당과 국가의 고위 간부들이 형성한 전반적인 사회생활의 국유화와 독재'를 비판했다.

관료적 독재로부터 벗어나겠다고 나섰던 소련공산당의 민주주의론은 레닌의 '최후 투쟁'에 기반을 두고 있다. 페레스트로이카의 주요 사상적 근거로 꼽히고 있는 논문 〈협동조합에 관하여〉에서 레닌은 기존의 사회주의에 대한 모든 시각들의 근본적인 전환을 촉구했다. 정치적 투쟁이나 권력 장악보다 평화적이고 조직적인 문화 사업을 중심으로 교육 문제에 관심을 더 기울여야 한다고 본 레닌은 '문화혁명'의 중요성을 강조했다. 레닌은 다음과 같이 거듭 주의를 환기시키고 있다.

　　"우리가 확실히 살아남기 위해서는 절대다수의 민중이 문명화해야 한다. 우리가 비록 사회주의로 이행하는 데 필요한 정치적 전제조건을 갖추고 있기는 하지만, 그렇게 할 수 있을 만큼 충분히 문명화되어 있지는 못하다."

　　레닌에 따르면 사회주의적 민주주의가 더 한층 발전하기 위해서는 민중의 문화적 진보와 의식 수준의 향상에 따라 민중을 위한 민주주의로부터 민중 자신에 의해 실현되는 민주주의로 나가야 한다.

　　사실 레닌의 문화혁명 강조는 반드시 러시아의 후진성이라는 문제로만 환원할 수는 없다. 사회주의가 기본적으로 그 건설 과정에서 민중의 자립적이고 활력 있는 창조적 참여를 만들어내야 가능한 것이라면 그에 필수적으로 요구되는 것은 노동자계급의 정치적, 사상적 각성이기 때문이다. 레닌은 이를 위하여 국가기구를 개혁하려 노력했고 '노농감독부'를 강화함으로써 국가기구가 노동계급으로부터 유리되는 현상을 막으려 했다.

그러나 역사가 증언하듯이 레닌의 마지막 투쟁은 성공하지 못했다. 당대 러시아의 객관적 조건 때문에 불가피한 것이기도 했지만, 스탈린과 그가 대표했던 관료 세력들의 이해관계 또한 무시할 수 없는 요인이었다.

고르바초프는 레닌이 만년에 걸었던 길을 따라, 페레스트로이카의 생명력이 정치적으로 민주주의의 발전에 달려 있으며 민주주의는 민중의 창조적 자발성을 자극한다고 말하고, 결국 페레스트로이카는 '민주주의 방법에 의해, 민중에 의해, 민중을 위해 실현되는 혁명'이라고 선언했다. 심지어 그는 사회주의 사상은 '자유의 사상'이라 해석하고 민주주의와 자유는 인류 문명의 위대한 가치이며 실질적인 민주주의를 추구한다는 명분으로 민주주의의 형식적 원칙들을 포기해서는 안 된다고 강조했다.

형식적 민주주의에 대한 소련공산당의 새삼스러운 중시는 종래의 비판적인 시각으로만 볼 때 의아스러운 것일 수도 있다. 하지만 러시아 역사에서 국가와 사회의 분리 경험이 거의 없었다는 점에 주목한다면, 형식적 민주주의의 강조는 너무 때늦은 자각이었다. 요컨대 이는 레닌이 본래 의도했던 것처럼 사회주의혁명 뒤 노동계급의 권력 아래서 러시아가 형식적 민주주의까지 이루어나가야 했다는 것을 의미한다.

레닌은 민주주의의 남김 없는 실현 없이는 사회주의가 그 승리를 유지할 수 없으며 사회주의의 궁극적 목적인 국가의 사멸이 불가능하다고 경고했다.

페레스트로이카는 소련 사회의 재건을 위해서 개인의 인격적 자유의 근본적 확장이 필수적이라고 보고, 사람을 책임 있는 주체로서 모든 사회적·국가적 과업에 참여시켜 '진정한 민중권력'을 실현하려는 구상을 갖고 있었다. 고르바초프는 사회주의적 자치와 의회 민주주의를 변증법적으로 결합하여 진실로 인간적인 사회를 건설하겠다고 그의 '포부'를 밝히기도 했다.

소련공산당의 새로운 강령을 제의하는 정치 보고에서도 그는 "우리의 이상은 인간적·민주적 사회주의"라고 분명히 선언했다. 그 목표 설정은 진정한 레닌의 철학 정신에 기초하여 새로운 사회주의로의 길을 모색하려던 소련공산당의 고뇌를 상징했다.

선언은 휴머니즘 사상을 부각하면서 '인간의 세계관과 정신적 관점'의 자유와 '양심의 자유'를 명문화함으로써 개개인의 삶의 완전한 실현을 목표로 했던 마르크스와 레닌의 사상을 충분히 흡수했다. 아울러 모든 사회단체가 자신의 이익을 표현하며 주장할 실질 기회를 법으로 보장하고, 헌법의 범위 안에서 사회·정치 단체들이 자유롭게 경쟁하도록 하여 공산당의 배타적 권력을 부정했다.

선언은 소련공산당을 '자신의 실천적 활동과 사회 발전 문제의 해결에 있어서 건설적 태도로써, 다른 정치세력과의 자유경쟁을 통해 정치 지도자로서의 지위를 주장할 수 있는 정치단체'라고 규정했다. 선언은 또 입법과 행정, 사법권의 분립이 권력 남용을 막기 위해 필요하다며, 특히 입법 과정의 민주성과 공개성을 강조했다. 결국 선언에 나타난 인간적·민주적 사회주의론은 '경쟁적 토대에서 형성되어 법의 테두리 안에서 대의기관과 여론에 의해 조정되는 동태적이고 현대적인 국가기관의 설립'을 과제로 삼았다.

선언은 부르주아 민주주의의 모든 형식성을 흡수하여 진정한 민주주의를 실현하려는 유토피아적 이상을 담고 있었다. 좁게는 소련에서 1985년 이후 추진해온 개혁정책의 경험을, 넓게는 1917년 10월혁명 이후 소련과 세계사의 경험을 반영하여 사회주의 사상과 실존 사회주의의 혁명적 재구성을 목표로 했다. 레닌이 제기한 문화혁명이 60여 년 뒤에 인간적·민주적 사회주의론으로 나타난 셈이다.

권력의 괴물, 민중의 창조물

레닌은 혁명과 사회주의를 '민중의 살아 있는 창조물'로 개념화했다. 혁명 뒤 전개되는 상황을 예의 주시한 레닌은 새로운 사회주의 개념을 찾아내려고 애썼으며 그것은 '혁명 속의 혁명'이었다.

고르바초프는 페레스트로이카의 사상적 근원이 '레닌으로의 회귀'임을 집권 초기부터 밝혔으며, 레닌의 업적과 그의 사회주의 이상이 변증법적·창조적 사고와 이론적 풍요, 정치적 탁견의 고갈되지 않는 원천이라고 강조했다. 그는 또 '레닌은 숭고한 도덕적 힘과 해박한 정신문화, 그리고 사회주의와 인민에 대한 사심 없는 봉사의 결코 꺼지지 않는 표상'이라고 말했다.

레닌의 사상과 정치적 실천은 10월혁명을 분수령으로 나뉜다. 혁명가로서 출발한 초기 레닌의 활동은 그의 저서 《러시아에서의 자본주의 발전*The Development of Capitalism in Russia*》(1899)에 이론적 뿌리를 내리고 있었으며, 1914년 이후 사회주의혁명을 구체적으로 모색하던 그의 실천은 《제국주의론*Imperialism, the Highest Stage of Capitalism*》(1916년)에 이론적 기초를 두고 있었다.

10월혁명 후 레닌은 사회주의를 실현하는 과정에서 새로운 문제의식에 잠긴다. '혁명 속의 혁명' 또는 '레닌의 최후 투쟁'으로 알려져온 바로 그 시기다. 앞서 분석했듯이 레닌은 러시아혁명의 역사적 성격을 분명히 인식하고 있었다. 혁명이 궁극적으로 성공하려면 공업이 발달된 유럽의 노동계급 지원이 필수라고 판단했다. 그러나 혁명 뒤 러시아는 제국주의의 간섭과 내전으로 그나마 일정 수준에 올라 있던 경제적 기반마저 파괴되었다. 기대했던 유럽혁명은 일어나지 않거나 참혹하게 짓밟혔다. 이 시기 러시아혁명은 말 그대로 '포위된 혁명'이었다.

레닌은 미처 예견하지 못했던 현실을 반영하여 문화혁명과 신경제정책을 강력히 추진했다. 하지만 그의 만년에는 점차 러시아혁명의 사회주의 이상이 빛바래가는 한편, 혁명의 열악한 상황에 뿌리를 두고 거대한 관료 지배 체제가 자리 잡아가는 현실을 깨닫게 되었다. 1922년 봄 레닌은 그가 참석할 수 있었던 마지막 당대회에서 자신의 당혹감을 절절하게 표현했다.

"(신경제정책 실시 이후) 우리는 지난 1년간 우리의 손에 국가권력을 움켜쥔 채로 잘 견뎌왔다. …… 그러나 국가기구는 자신을 운전하는 사람들의 의지에 따르기를 거부하였다. 그것은 운전수가 원하는 방향으로 움직이지 않고 다른 어느 누가 원하는 방향으로 달리는 자동차와 같았다. …… 우리 당이 저 거대한 관료 기구, 저 커다란 괴물을 붙잡고 있다면, 우리는 누가 누구를 지도하고 있는지 물어야 한다. 나는 공산주의자들이 저 괴물을 지도하고 있다는 것이 진실인지 대단히 의심스럽다. 솔직히 말하자면 그들은 지도하고 있는 것이 아니라 지도받고 있는 것이다."

만년의 레닌은 바로 그 '괴물'과 마지막 숨을 거둘 때까지 투쟁했다. 그 투쟁 과정에서 레닌이 남긴 논문들은 고르바초프가 페레스트로이카의 철학과 정책을 구상할 때 사상적 원천이 되었다. 레닌은 단순한 사상가나 혁명가 혹은 정치가 그 어느 하나일 수 없는 역사적 인물이다. 당대의 작가 고리키는 레닌의 죽음(1924)을 맞아 쓴 글에서 레닌을 '사람들의 행복을 위해 무거운 짐을 짊어지려고 속세의 모든 쾌락을 거부한 사람의 영웅 정신'으로 추모했다.

그렇기에 '레닌에의 회귀'는 레닌 사상에 대한 전면 분석을 요구한다. 특히 인간적·민주적 사회주의론과 관련해 레닌의 사상을 차분히 검토해보아야 한다. 흔히 인간의 정신세계를 외면하고 있다고 참으로 엉뚱하게 비난받는 레닌의 유물론부터 짚어보자.

레닌에 따르면 유물론은 자연과학이 발전함에 따라 허구로 드러나는 독단론이 아니다. 오히려 자연과학의 발달로 그 내용이 풍부해진다. 레닌의 철학적 유물론에서 물질의 유일한 성질은 '우리의 인식 밖에 존재하는 성질, 곧 객관적 실재라는 성질'이다. 따라서 불변적 요소라든가 사물의 불변적 본질을 결코 인정하지 않았다. 그것은 유물론이 아니라 형이상학이라고 레닌은 비판했다.

따라서 사람의 의식에 물질세계가 실재하는 그대로 직접 반영된다는 천박한 반영론은 정녕 레닌의 인식론과 아무 관계도 없다. 다만 레닌은 객관적 실재, 곧 물질이 존재하고 그 물질의 변화는 무진장하며 자연에서의 모든 한계는 조건적, 상대적, 가변적이기 때문에 우리는 물질의 인식, 곧 진리에 점진적으로 근사하게 접근해나갈 수 있다고 말했을 뿐이다.

물론 레닌은 최종적인 영원한 진리가 있음을 의심하지는 않는다. 다만 인식은 결코 끝이 발견될 수 없는 과정이며 총체적 현실에 대한 완전한 인식으로서의 절대적 진리는 사람이 끊임없이 접근해나가야 할 이상이라고 판단했다.

변화하는 현실에 언제나 열려 있는 탐험 정신, 인간의 잠재력에 대한 튼튼한 확신이 레닌의 철학을 관통하고 있다. 바로 그렇기에 스탈린 시대부터 당 소속 철학자들이 흔히 그러했던 것과는 달리, 사회주의 철학은 당에 의해 '해석되는 진리'나 암기해야 할 도그마가 아니라 늘 현실을 새롭게 반영해야 할 과제를 지니고 있어야 옳았다.

레닌의 반영론을 많은 사람이 오해해온 것처럼 레닌의 정치사상 또한 파괴적이고 폭력적 선동 이론으로 매도당해왔다. 그러나 레닌의 《국가와 혁명 The State and the Revolution》은 갈피갈피마다 인류의 새로운 역사를 열어가려는 열정으로 가득 차 있다.

무엇보다 레닌은 말뿐인 형식적 민주주의, 곧 자본주의 사회의 민주주의를 통렬하게 질타하는 데서 출발한다. 레닌이 보기에 자본주의 사회 속에서의 민주주의란 '극소수를 위한 민주주의, 부자들을 위한 민주주의'에 지나지 않는다.

"자본주의 사회에 있어서 민주주의는 언제나 자본주의적 착취에 의해 설정된 편협성으로 둘러싸여 있으며, 결과적으로 언제나 소수를 위한, 곧 유산계급과 부자들만을 위한 민주주의에 머문다. 고대 그리스의 민주주의가 단지 노예주들의 자유였듯이 자본주의 사회의 민주주의도 마찬가지다. 자본주의적 착취라는 조건으로 인해 근대의 임금노예들은 기아와 빈곤으로 압살당하고 있기 때문에 생활 속에서 민주주의나 정치를 피곤하게 여긴다. 일상적으로 대다수 민중은 정치적 참여를 배제당하고 있다."

노동자들이 생활 속에서 민주주의나 정치를 피곤하게 여긴다는 탁견은 21세기를 살아가는 오늘날에도 여전히 훌륭한 통찰이다. 레닌에게 자본주의 사회의 민주주의란 "철두철미하게 위선적이며 허위적"인 제도다. 그 민주주의로부터 대다수 민중을 위한 민주주의로의 이행, 레닌에게 그것은 인간의 참다운 해방을 위해 반드시 이뤄야 할 필생의 과업이었다.

"대다수 민중을 위한 민주주의, 그리고 무력에 의한 억압으로 민중을 착취하는 자의 자유를 배제하는 것, 바로 이것이 자본주의에서 공산주의로 이행하는 동안에 이루어지는 변화된 민주주의다. 오직 공산주의 사회, 곧 자본가들의 저항이 완전히 분쇄되고 계급이 없는 사회에 이르러서야 …… 자유에 대해서 말할 수 있게 된다."

레닌에게 그것은 궁극적으로 국가의 사멸로 이어진다. 민주주의가 완전해지면 완전해질수록 국가가 불필요하게 되는 순간은 점점 더 가까워오기 때문이다. 1917년 8월 레닌은《국가와 혁명》서문을 쓰면서, 마르크스-엥겔스의 국가에 관한 이론을 1848년 혁명과 1871년 파리코뮌의 경험 속에서 검토한 뒤 마지막 장에서 '1905년과 1917년 러시아혁명의 경험'을 종합하겠다고 밝혔다. 그러나 1917년 11월 레닌은 마지막 7장을 쓰지 않았다. 후기에서 다음과 같이 썼을 뿐이다.

"10월혁명의 전야라는 정치적 위기가 (마지막 장을 쓰는 것을) 중단시켰다. 그러한 중단은 반가울 뿐이다. 혁명의 경험이 그것에 관해 쓰는 것보다 더 기쁘고 더 유익하다."

결국 상세한 저술 계획만을 남겨놓은 채 레닌은 '훗날'로 미룬 그 마지막 장을 완성하지 못하고 운명했다. 그리고 앞에서 보았듯이 1924년 그의 사후, 러시아혁명은 레닌 사상에서 일탈되어갔다.

그로부터 70년이 흐른 뒤 인간적·민주적 사회주의로 간추려진 소련공산당의 페레스트로이카 철학과 정책은 바로 그 마지막 장을 현실 속에서 써가려는 시도처럼 보이기도 했다. 적어도 1917년 10월혁명 뒤의 총체적 경험을 반성하면서 새로운 사회주의로의 길을 '레닌과의 대화' 속에서 탐색하려는 의지를 천명하고 있었기 때문이다.

그러나 소련 철학과 정치학의 활발한 움직임은 현실의 벽에 부딫쳐 소련공산당의 몰락과 소련의 붕괴로 중단되었다.* 인간적·민주적 사회주의론의 대외적 표현인 '새로운 사고'는 냉전 체제의 종식이라는 혁명적 변화를 가져온 반면에 국제정치에서 사회주의 체제의 붕괴와 미국 패권의 강화, 전 세계적인 신자유주의 세계화로 귀결되었다.**

페레스트로이카는 실패했지만 소련 사회주의 체제에 얼마나 많은 문제점이 있었는지를 깨우쳐주었다. 동시에 페레스트로이카 철학과 정책이 추구하던 새로운 사회주의 실험 또한 비싼 대가를 치른 교훈으로 남아 있다. 그런 의미에서 사회주의의 새 길을 찾으려던 인간적·민주적 사회주의론은 사회주의 사상사에서 결코 간과할 수 없는 철학의 무게를 지니고 있다고 평가할 수 있다.

* 고르바초프 자신이 "1985년 3월 당서기장직을 수락했을 때 더 이상 과거처럼 살 수 없다는 것을 깨달았지만 그러나 얼마나 많은 문제와 어려움들이 쌓여 있는지 상상조차 하지 못했다"고 노벨 평화상 수상 연설(1991년 6월)에서 고백한 바 있다. 소련 사회의 숱한 갈등들이 언론 통제로 인해 오랜 세월 억압되어오다가 폭발한 셈이다. 비단 서방 학계뿐 아니라 당시 소련 학계에서 비판적 분석과 비관적 전망이 많이 나왔던 것도 이 때문이다. 사실 페레스트로이카 시기에 불거진 소련 정치체제의 난맥상이라든가 소련 경제의 혼란은 개혁의 성공 가능성에 회의를 불러일으키기에 충분했다. 고르바초프에게 노벨 평화상은 '독배'였다.

** 소련의 새로운 외교정책에 대한 가장 신랄한 비판은 "제국주의자들이 약탈의 본성을 버리지 않는 한 부익부빈익빈의 양극으로 갈라지고 있는 세계의 평화와 인민들 사이의 모순도 해결할 수 없다"는 《로동신문》의 논평에 잘 나타나 있다(1989년 12월 22일 자). 실제로 페레스트로이카는 아무것도 해결하지 못하고 묻혔다. 소련공산당의 인간적·민주적 사회주의론은 자신이 오래전에 파묻었던 체코 공산당의 '인간의 얼굴을 한 사회주의'의 운명처럼 역사 속에 사산아로 파묻힌 개념이 되고 말았다.

우리가 이미 살펴보았듯이 러시아혁명은 마르크스-엥겔스가 말한 사회주의 전제조건을 충족시키지 못한 상황에서 레닌의 제국주의론과 혁명적 현실주의 사상에 기초하여 일어났다. 그러나 외부적으로 혁명은 포위되었고 내부적으로도 내전으로 인해 노동계급이 물리적·정치적으로 약화했기 때문에 관료적이고 권위주의적인 스탈린 체제가 현실적 힘을 획득하게 되었다.

스탈린의 사망 뒤 잠시 한정된 영역에서 해빙의 조짐이 보였던 것도 사실이다. 그러나 1960년대 흐루쇼프의 실각과 소련군의 체코 침략을 전환점으로 소련은 다시 경직화의 길을 걸었다. 소련 내부에서 '개혁' 사상이 광범위하고 깊이 있게 탐색되기 시작한 반면, 흐루쇼프를 이은 브레즈네프* 권력은 점점 관료화함으로써 체제 위기는 깊어갔다. 그런 상황에서 고르바초프로 대표되는 공산당 개혁 세력은 1985년 집권 뒤 페레스트로이카를 추진했다. 이어 5년간의 정책 경험을 통해 1990년 제28차 당대회에서 레닌의 사

---

* 흐루쇼프가 실각한 뒤 소련공산당 서기장을 맡아 18년 동안 집권한 소련 정치인. 직업기술학교를 졸업한 농업 기사로 1930년대부터 당에서 활동했다. 흐루쇼프의 여러 개혁정책을 원점으로 돌리고, 안정 성장을 지향했다. 1971년 제24차 당대회에서 소련이 '사회주의 초급 단계를 지나 공산주의 단계로 이행해가는 과도기인 발달된 사회주의'에 도달했다고 선언했다. 소비재 생산을 확대하면서도 국민들의 지나친 기대 상승과 사상적 이탈을 막기 위해, 과도한 소비를 배격하고 '사회주의적 생활양식'과 '사회주의적 인간형'을 강조했다. 그러나 현실은 사뭇 달랐다. 사회가 안정되면서 정체와 부패가 퍼져갔다. 노동규율은 점점 느슨해졌고, 경제성장도 갈수록 둔화됐다. 고르바초프가 개혁을 내건 이유도 여기에 있다.

상에 기반을 두고 '인간적·민주적 사회주의를 향하여'라는 강령적 선언을 제시했다.

하지만 레닌으로 회귀를 강조했던 인간적·민주적 사회주의론은 레닌의 민주주의 사상에만 몰입해 정작 레닌이 제국주의나 자본의 논리를 분석할 때 보여준 냉철한 리얼리즘을 놓치고 있었다. 소련공산당의 '강령적 선언'에 표현된 인간적·민주적 사회주의의 내용 또한 지향점을 강조하는 철학적 기초 수준 이상으로 나아가지 못했다. 우리는 여기서 마르크스와 레닌이 '미사여구의 공허한 개념'을 더없이 경멸했던 사실을 상기할 필요가 있다.

인간적·민주적 사회주의론의 실험은 어떤 혁명이나 개혁도 그것을 뒷받침할 경제체제의 대안을 마련하지 못할 때 실패할 수밖에 없다는 사실을 입증해주었다. 고르바초프가 경제적 대안도 정책도 없이 미사여구를 늘어놓고 있을 때, 이미 소련은 내부로부터 무너지고 있었다. 그 점에서 고르바초프는 레닌의 한 부분만을 극대화해 추종했던 전형적인 '공산당 관료'였다고 평가할 수 있다.

러시아혁명 뒤 태어난 고르바초프와 그의 '동료'들이 내건 인간적·민주적 사회주의론의 경제체제는 자본주의 세계 체제에 대한 문제의식이 없었다. 실존 사회주의 체제를 개혁한다면서 경제 밑그림이 전혀 없었던 것도 그들이 얼마나 '온실' 속에서 성장해왔는지를 보여준다. 국가사회주의 관료 체계에서 오랜 세월에 걸쳐 서서히 혁명적 열정을 잃은 소련공산당 지도부 대다수의 기회주의 행태와 공산당에 대한 소련 민중의 환멸로 인간적·민주적 사회주의론은 실현될 수 없었다.

소련공산당과 소련의 붕괴는 20세기 말의 세계사에 큰 충격을 주었다. 앞서 우리는 러시아혁명이 비단 러시아뿐 아니라 온 세계 민중에게 새로운 세계로의 빛과 혁명에의 열망을 심어준 세계사적 전환점이었음을 살펴보았다. 러시아혁명이 일어난 지 채 3년이 되지 않아 식민지 조선에서도 사회주의 사상이 지식인들 사이에 폭넓게 공감대를 형성했다. 1925년 4월 17일 조선공산당 결성이 그 보기다.

바로 똑같은 맥락에서 혁명 70여 년이 지난 1991년, 소련공산당과 소련의 해체는 전 지구적으로 신자유주의의 거센 반동을 불러왔다. 분단 시대를 살아가고 있는 남북의 두 정치체제와 그 체제 속에 몸담고 있는 민중의 삶에도 어김없이 큰 영향을 끼쳤다.

남쪽에선 1960년 4월혁명 이후 성숙해오던 민중운동이 급격히 퇴조하기 시작했다. 북쪽에선 단군릉이 상징하듯 조선로동당의 주체사상이 민족주의 색채와 유일사상 체제를 강화했다. 실존사회주의의 죽음을 온전히 딛고 새로운 사회를 모색해야 할 이유가 여기에 있다.

마르크스가 간파했듯이 "인류는 언제나 해결 가능한 문제만 떠맡아왔다." 인간적·민주적 사회주의론의 실패한 철학은, 그 정치적 유언은, '민중의 자기 통치'라는 민주주의의 오랜 숙원을 구현해가는 길에 산 교훈이다. 레닌은 사회주의를 생명력이 상실되고 영원히 고정된 개념으로 인식하는 것은 부르주아적 사회주의관이며 그것이 얼마나 거짓된 것인지를 깨닫는 것이 대단히 중요하다고 경고했었다.

우리가 논의했듯이 소련의 70여 년에 걸친 사회주의 경험은《국가와 혁명》그 마지막 미완의 장을 현실 위에 써나간 것으로 인식할 수 있다. 러시아혁명의 성공과 '타락'의 경험 모두를 담은 마지막 장의 살아 있는 글들은 경험 앞에 스스로의 미완성을 역설적으로 시인하고 있거니와 그 진정한 의미를 올바르게 파악하는 과제는 '새로운 혁명'의 몫으로 남아 있다.

인간적 · 민주적 사회주의

1. 인간적 · 민주적 사회주의의 역사적 의미는 무엇일까?

2. 레닌은 왜 문화혁명을 강조했을까?

3. 물질이란 무엇인가?

4. 페레스트로이카는 왜 실패했을까?

새로운
민주주의의 이름은?

살아 숨 쉬는 정치체제

지금까지 민주주의의 세계사적 전개 과정을 살펴보면서, 우리는 민주주의가 완성된 제도나 개념이 아니라는 사실을 인식할 수 있었다. 아울러 흔히 민주주의와 대립되는 전체주의로 논의되어온 사회주의 사상이 민주주의를 성장시킨 사실, 사회주의 체제의 몰락은 민주주의의 위기와 이어져 있다는 사실도 확인했다. 실존 사회주의 국가들의 경험이 보여주었듯이 사회주의의 실천은 의도와 다른 결과를 빚으며 결국 참담한 패배를 맞았다. 그에 따라 자본주의 경제에 다른 대안이 없다는 생각이 퍼져가면서 신자유주의는 도도한 흐름이 되었고 결국 민주주의의 위기를 불러왔다.

여기서 민주주의의 기본 철학을 새삼 확인할 필요가 있다. 민주주의는 단순히 절차적 문제로 이해할 수 없다. 민주주의는 말 그대로 민民이 주인主인 체제로서, 어원 그대로 '민중Dêmos'의 '지배 Kratos'를 뜻한다. 민주주의란 곧 민중의 자기 통치self-government라는 정의도 같은 맥락이다. 그러므로 민주주의의 고갱이는 '어떻게 지배하는가'에 있지 않다. '누가 지배하는가'의 문제다. 민주주의에서 국가권력의 궁극적 주체는 민중이다.

따라서 민주주의를 언론·집회·결사의 자유, 보통선거권, 공정선거로 이어지는 절차적 측면이나 권력이 행사하는 방식으로만 좁게 생각하는 것은 잘못이다. 그것은 우리가 이미 분석해본 민주주의의 세계사적 전개 과정을 톺아보더라도 마찬가지다.

국민 대다수가 민주주의를 투표로 상징되는 형식의 문제로만 좁게 생각하거나 탈역사적으로 이해하고 있는 것은 누군가의 의도가 깔려 있다. 절차 민주주의 정치학자들도 인정하듯이 자본주의는 민주주의 과정과 정치적 평등을 왜곡할 정도로 경제적 불평등을 만들어내고 있다. 현대 자본주의 사회, 특히 신자유주의가 퍼져가면서 형식적 민주주의는 부자들만의 민주주의로 전락했다.

물론 실존 사회주의 국가들의 경험은 '민중의 전위'라는 명분 아래 형식적·절차적 민주주의를 경시하는 체제가 결코 대안이 될 수 없다는 교훈을 가르쳐주었다. 민중의 자기 통치라는 민주주의의 본질로 판단할 때, 형식적·절차적 민주주의와 실질적 민주주의를 구분한다는 것은 논리적 근거가 약할 수밖에 없다. 일찌감치 로자 룩셈부르크*는 다음과 같이 강조했다.

"우리는 결코 형식적 민주주의의 숭배자였던 적이 없다. 그 말

은 우리가 언제나 부르주아 민주주의의 정치적 형태를 사회적 본
질과 구별해왔다는 뜻이다. 곧 우리는 언제나 형식적 평등과 자유
라는 사탕발림의 외피 뒤에 숨겨진 자유의 부재와 사회적 불평등
의 단단한 본질을 밝혀내왔다. 그러나 그것은 형식적 평등과 자유
를 던져버리기 위해서가 아니라 노동자계급으로 하여금 외피에
만족하지 말고 정치권력을 장악하여 그 외피에 새로운 사회주의
내용을 채우게 하기 위해서다. 프롤레타리아트의 역사적 사명은
모든 형태의 민주주의를 파괴하는 것이 아니라 부르주아 민주주
의 대신 사회주의적 민주주의를 창조하는 일이다."

룩셈부르크의 말은 새삼 형식적·절차적 민주주의에 담긴 의미
를 확인시켜준다. 일반적으로 정치학에선 시민권이 대다수 성인

* Rosa Luxemburg(1871~1919). 폴란드 출신 유대인 여성으로 독일에서 활동한 사
회주의 혁명가다. 스위스 취리히 대학에서 법학과 정치경제학을 공부하고 박사학위
를 받았다. 위장 결혼으로 독일 국적을 얻어 독일사회민주당에 가입했다. 당시 사민
당을 이끌던 베른슈타인Eduard Bernstein(1850~1932)이 고도로 산업화된 자본주의 사
회에선 혁명보다는 노동조합이나 의회를 통해 점진적으로 권력을 획득해야 한다고
주장하자 '수정주의'라고 비판했다. 그는 또 '직업적 혁명가의 혁명 주도와 정당 조직
의 규율화'를 강조한 레닌에 대해서도 '엘리트 혁명이 아닌 노동자 중심의 혁명'을 통
해서만 사회주의가 승리할 수 있다고 비판했다. 제1차 세계대전에 사민당이 참전을
지지하자, 이를 비판하고 전쟁에 반대하는 총파업을 벌여 투옥된다. 감옥에서 러시
아혁명 소식을 들은 그는 레닌과 트로츠키에게 경의를 표한 한편, 중앙집권적 독재
와 민주주의 억압을 비판하며 혁명이 관료화되고 부르주아적 독재로 귀착될 수 있다
고 경고했다. 1918년 11월 출옥한 뒤 이듬해 1월 1일 독일공산당을 창당했다. 곧 이
은 봉기 과정에서 당시 군부와 결탁한 독일사민당 우파 세력에 붙잡혀 감옥으로 이
송되던 중 살해당했다.

에게 확대되어 있고, 시민이 그 행사를 통해 최고 정부 공직자에게 반대할 수 있으며, 나아가 투표로 그의 권력을 박탈할 수 있는 체제를 민주주의라고 정의한다. 민주주의의 기초 상식처럼 다가오는 말이지만, 실존 사회주의 국가들에선 그 상식적인 투표가 최고 공직자에 대해 이뤄지지 않았다.

따라서 최고 권력자를 국민이 투표로 선출하고 바꿀 수 있는 정치제도가 민주주의의 최소 강령임을 분명히 인식할 필요가 있다. 다만 민주주의에 대한 최소 강령 정의는 '초보적 민주주의'를 마치 '완성된' 민주주의처럼 인식하게 됨으로써 더 나은 민주주의로의 진전을 가로막을 수 있기에 유의해야 한다. 자본주의가 민주주의와 동시적으로 전개되어왔기에 더 그렇다.

찬찬히 톺아보면 형식적 민주주의의 상징으로 꼽히는 보통선거권조차 그 '산모'는 자본주의가 아니다. 자본주의에 대한 민중의 투쟁이다. 영국이나 프랑스의 민주주의 발전사를 들여다보더라도 초기의 자유주의, 부자들만 선거권을 가졌던 민주주의가 보편적인 자유민주주의로 발전되는 데는 아래로부터의 민중의 투쟁이 있었음을 쉽게 확인할 수 있다.

그렇게 볼 때 우리는 민주주의를 비로소 살아 숨 쉬는 정치체제로 이해할 수 있다. 우리가 이미 살펴본 것처럼 시민혁명 뒤 민주주의의 전개 과정에서 가장 큰 변수는 언제나 지배세력과 민중 사이의 힘겨루기였다.

시민혁명 뒤 지배세력이 된 상공인 세력과 민중 사이에 힘의 관계가 고스란히 그 나라의 민주주의 수준을 결정했다. 상공인 세력의 힘이 커질 때 사회경제적 불평등이 커지면서 민주주의는 약해졌고, 반대로 민중의 힘이 커질 때 사회경제적 불평등을 줄여감으로써 민주주의는 한 단계 더 진전됐다. 역사적 전개 과정을 볼 때 민중, 특히 노동계급은 가장 일관되게 민주주의를 발전시켜온 세력이다.

튼튼한 경제력을 지닌 사람들은 민중의 힘이 자신들의 지배 자체를 위협하는 상황에 이르지 않도록 여러 물리적·이데올로기적 장치를 만들어놓았다. 민중의 투쟁으로 제도화된 보통선거권도 이미 민주주의가 완성되었다는 이데올로기로 이용되고 있다. 마치 누구나 평등을 누리고 있는 것처럼 교육하고 선전함으로써 민중이 경제적 불평등을 정치적 문제로 인식하는 것을 가로막는다.

여기서 중요한 것은 서로 상반되는 힘이 겨루는 무대다. 형식이나 기껏해야 절차에 지나지 않는다고 하더라도 어쨌든 다툼이 일어나는 그곳은 민주주의가 열어놓은 정치 공간이기 때문이다. 민중은 그 공간에서 적어도 형식적으로나마 지배세력과 평등한 정치적 권리를 확보함으로써 정치운동을 합법적이고 공개적으로 전개할 수 있는 소중한 '마당'을 확보했다. 그곳은 민중이 민주주의를 진전시켜나갈 수 있는 토대이기도 하다. 그 열린 공간의 중요성에 적극 의미를 부여한 개념이 바로 공론장이다.

민주주의의 기초: 공론장

위르겐 하버마스는 독일 철학의 전통에 영미 경험주의 철학의 성과를 포괄하면서 언어학, 정치학, 사회학, 역사학 연구를 통해 근대사회에 새로운 접근을 시도했다. 근대 유럽에서 자본주의 체제가 형성될 때 국가와 시민사회가 분리되는 과정을 면밀하게 분석해 공론장 Öffentlichkeit이라는 새로운 개념을 제시했다.

하버마스의 공론장 개념은 1962년 《공론장의 구조변동*Strukturwandel der Öffentlichkeit*》에서 처음 선보였다. 공론장 이론이 세계의 주목을 받게 된 것은 1989년 실존 사회주의 국가들이 무너지면서였다. 실존 사회주의 체제의 공산당 정권을 '우리가 인민이다'라는 구호 아래 무너뜨리는 민중의 모습은 공론장 이론의 설명력을 크게 높여주었다. 공산당 지도 체제에 민중의 분노가 분출되는 역사적 사건 앞에서 아래로부터의 정치 공간이 지닌 중요성에 눈뜨게 된 셈이다. 하버마스의 공론장 개념이 처음 영어 'Public Sphere'로 소개되고, 그의 독일어 저작이 번역된 것도 그 시점(1989)이다.

한국에서도 공론장에 대한 논의가 본격화한 것은 1990년대부터다. 1980년대 한국의 사회과학계를 뜨겁게 달군 마르크스주의 열기가 소련과 동유럽 사회주의 정권의 몰락으로 방향을 잃고 있을 때, 하버마스의 사회 이론은 그 현상을 분석할 수 있는 이론으로 다가왔다. 베를린장벽의 붕괴 뒤에 유럽의 동서에서 하버마스의 공론장 이론이 다시 주목받은 사실과 같은 맥락이다.

세계 사회과학계에서 그러했듯이 한국에서도 공론장 개념은 '시민사회'와 함께 민주화의 중요한 매개체로 인식되었다. 시민사회의 확장이 곧 공론장의 확장이라는 생각은 민주주의를 뿌리내리려는 시민운동의 여러 부문에서 큰 관심을 불러일으켰다. '여론 정치의 조건'이자 '입헌 민주국가의 기초'가 공론장이기 때문이다.

흔히 하버마스의 공론장을 '사적 영역과 구별되는 영역'으로 정의하고, 공론장이라는 말 자체가 그런 추정을 불러오기도 하지만, 그것은 하버마스의 공론장 개념에 대한 중대한 오독이다. 하버마스의 공론장을 사적 영역과 다른 영역으로 파악하는 데 익숙하기 때문에 일부 사회과학자의 연구에서 한국에는 '유교 공론장'이 있었다고 주장하는 식의 개념 혼란이 일어나기도 한다. 한국에서 공론장 개념의 엄밀한 이해를 전제해야 할 이유가 여기에 있다.

하버마스는 공론장이 무엇보다 "공중으로 결집한 사적 개인들의 영역"임을 분명하게 밝히고 논의를 시작한다. 여기서 '공중으로 결집한 사적 개인들의 영역'이란 말에 담긴 뜻은 깊다. 국가와 사회가 분리되지 못했던 중세 시대와 달리, 그리고 더 중요하게는 실존 사회주의 국가들의 공산당 1당 체제와는 달리, 국가 영역에 맞서 '사적 개인들의 영역'이 형성됐음을 의미하기 때문이다.

사적 개인들의 영역은 '새로운 사회질서의 요소'로서 공론장의 기원이기도 하다. 하버마스는 이 '새로운 사회질서 요소들'로 초기 자본주의 시기에 장거리 무역이 창출한 상품 교환과 뉴스 교류라는 두 가지 관계를 중시한다. 상품 교환과 뉴스 교류가 늘어나면서 중상주의 시대에 이르러 '혁명적 힘'이 드러나는 과정을 좀 더 자세히 들여다보자.

장거리 무역과 더불어 새로운 종류의 시장이 발생하고, 수평적으로 광범위하게 퍼진 경제적 의존 망이 형성됨으로써 농노를 장원 경제체제에 묶어두었던 봉건제도는 몰락했다. 이는 생산수단이 과거와 달리 생산 주체의 소유로 옮겨간다는 의미를 지닌다. 자신의 상품을 시장에 내다팔아 수익을 올림으로써 가계경제를 재생산하는 쪽으로 경제활동의 중심이 옮겨간 것은 큰 변화다. 경제 상황의 변화는 자연스럽게 토지에 근거한 대가족제도에서 핵가족제도의 확산으로 이어졌다.

시장에서 상품 소유자로서의 자율성이 가족 내부에서는 개인의 등장으로 나타났다. 가부장적 핵가족의 내부 공간에 그 제도적 형태를 획득한, 이른바 사적 생활에서 비로소 사적 개인이 출현한다는 하버마스의 분석은 공론장 개념을 바르게 인식할 때 유념해야 할 대목이다. 사적 개인의 사적 생활을 한낱 의미 없는 영역으로 경시하거나 심지어 '부르주아지의 사치' 정도로 혐오하는 일부 국가사회주의자들의 발상은 민중에 대한 정치적 억압으로 나타날 수밖에 없었다. 공론장이 사적 영역에서 출발한 사실을 소홀히 여겨선 안 될 이유가 여기 있다.

핵가족의 사생활 영역에서 사적 개인들은 서로 '순수한 인간적 관계'에 들어설 수 있는 사람들로 자신들을 이해하게 되는데 그 관계의 문학적 표현이 '서신 교환'이다. 그 맥락에서 볼 때 18세기가 '편지의 세기'가 된 것은 우연이 아니다. 경제 영역과 분리되어 가족 안에서 독립적인 존재가 됨으로써 다른 사람과 '순수한 관계'를 맺을 수 있었다. 편지가 자신과 타인 사이에 심리적 교감의 표현이라면, 타인으로 상정된 자신과의 대화가 일기였다. 21세기에 살고 있는 우리에게 편지나 일기 쓰기는 사사롭고 당연한 일로 다가오기 십상이지만, 신분제도와 대가족제도 아래서는 그것이 자유롭지 못했다.

가부장적 대가족을 넘어 핵가족 시대의 '친밀한 관계' 속에서 비로소 '공개성을 지향하는 주체성subjectivity'이 싹텄다. 그 '주체'들이 만나 자신들이 읽은 문학작품을 놓고 토론을 벌인 것이 '문예 공론장'의 첫걸음이다. 영국에서는 커피 하우스, 프랑스에서는 살롱, 독일에서는 다과회가 그것이다. 시기적으로 예술가들이 종래의 왕이나 귀족의 '후견 체제'로부터 자유로워지고 인쇄술의 발달이 겹치면서 풍부한 지적 활동에 근거한 문학과 철학 서적들이 시장에 나와 유통되었기에 문예 공론장은 활발하게 형성되어갔다.

게다가 뉴스 교류가 신문으로 발전하면서 공론장은 더 큰 의미를 지니게 된다. 상품과 뉴스 교류가 증권거래소나 신문을 통해 제도로 정착되면서 어떤 관직도 가지지 않은 사적 개인들이 새로운 시민계급을 이루게 된다.

그때까지의 역사에서 줄곧 공권력의 추상적 대립자이기만 했던 민중은 막 출현한 공론장의 공중으로, 공권력의 상대방으로 자기 자신을 의식할 수 있게 된다. 종래의 관청이 시민사회라는 사적 영역에 대해 더는 '공공 이익'을 대리하지 않게 됨에 따라 공론장은 발전하게 된다.

자생적 만남의 마당인 문예 공론장이 시민계급의 사회·정치적 요구를 담아내는 정치 공론장으로 발전하는 데 결정적 매체가 된 것이, 신문으로 대표되는 대중적 인쇄물의 폭발적 확산이었다. 하버마스는 18세기 전반기를 지나면서 '이성적 논의'가 일간신문에 도입되었다고 분석한다.

공론장의 성격이 정치적으로 전환하면서 국가와 시민사회를 매개하는 고유의 성격이 명확해졌다. 시민들은 공론장에 적극 참여함으로써 근대국가의 정치적 의사결정 과정의 한 주체로서 당당하게 참여하게 되었다. '여론 정치' 시대가 열린 것이다. 사적 개인들이 공중으로 결집하면서 권력은 자신을 정당화하기 위해 여론 public opinion을 의식할 수밖에 없었다.

공론장이 나타나기 시작한 18세기 이전에도 '여론'이라는 개념과 실체가 존재했지만, 그것이 중요한 대상으로 부각된 것은 18세기 후반부터였다. 여론이 '자신의 의견opinion을 표현하길 갈망하는 공중public의 비판적 담론'의 성격으로 굳어지면서 그것은 국가가 사회의 요구와 교감하는 수단이 되었다. 국가와 시민사회를 매개하거나 중개하며, 공중으로 모인 사적 개인들이 합리적이고 비판적인 토론으로 여론을 형성하는 공간인 공론장은 전제군주의 자의적 지배가 아닌 여론에 의한 정치, 민주주의를 가능하게 했다.*

영국에서 17세기에 'public'이라는 말이 사용되는 맥락도 주목할 필요가 있다. 그때까지 '공중public'에 상응하는 말은 '세계world'나 '인류mankind'였다. 공공장소에서 연사 주위에 모여든 '공중'이나 '독서 공중'이 생겨나면서 정착하기 시작한 public에는 역사적으로 '판결을 내리는 공중'의 뜻이 담기게 된다.**

---

* 여론의 전사pre-history를 들춰보면 근대사회에서 여론의 의미는 한결 뚜렷하게 드러난다. 영어와 프랑스어에서 'opinion'은 라틴어 'opinio', 곧 사견 또는 '완전히 입증되지 않은 불확실한 판단'이라는 뜻을 이어받았다. 플라톤Plato(BC 428/427~BC 348/347)이 말한 '억견doxa'과 같은 맥락이다. 하지만 근대에 들어오면서 윌리엄 셰익스피어William Shakespeare(1564~1616)의 작품에 나타나듯이 opinion은 평판이나 '다른 사람의 의견에 대한 존경'이라는 의미를 지니게 되었다. 여기서 public opinion의 'opinion'이 그리스어 doxa에서 비롯된 사실은 시사적이고 중요하다. 억측으로 폄하되어온 doxa는 말 그대로 '불충분한 판단과 지식에 근거한 사람들의 집단적 정서나 편견'을 가리키는 말이기 때문이다. 이 말이 근대에 들어와 public과 결합하면서 '보편성'이라는 새로운 의미를 지니게 되었다.

** 결국 public opinion에는 public에 담긴 '판결'과 opinion에 담긴 '평판'의 뜻이

'민중의 의견opinion of the people'으로 인식되어왔던 '여론'은 18세기 후반에 이르러 '합리적 토론을 통해 형성된다'는 뜻을 지니게 되면서 비로소 과거의 개념적 모호성을 벗어나게 된다.

18세기 영국에서 여론이 형성되는 공론장의 '이념형'을 발견한 하버마스는 공적 토론이 자유롭게 이루어짐으로써 '더 나은 논증의 힘'으로 참된 '합의'에 이를 가능성이 보장된다고 보았다. '담론적 상호작용의 제도화'나 '제약이나 구속 없는 의사소통 행위'를 강조한 이유가 여기에 있다.

그렇다면 여론과 공론장은 어떤 관계일까. 하버마스는 사적 의견들이 공중의 논의를 통해 여론으로 형성될 수 있는 한에서만 공론장이 실현될 수 있다고 간명하게 정리했다.

하버마스의 사회사상이 헤겔의 지적 전통과 갈라지는 지점도 여기에 있다. 헤겔은 '욕구 체계의 무정부적인 동시에 적대적인 성격에 대한 통찰'로 부르주아 사회의 깊은 분열을 발견했다. 그에게 여론이란 "다수의 주관적 사견私見의 수준"에 지나지 않았다. 따라서 헤겔은 "여론이란 그 자체 내에 구별의 척도도, 실체적 측면을 특정한 지식으로 고양할 능력도 갖지 못하기 때문에, 현실이나 학문에서 여론으로부터의 독립을 어떤 위대하고 이성적인 것을 위한 제1의 형식적 조건"으로 이해했다.

여론에 대한 헤겔의 부정적 견해는 결국 그로 하여금 시민사

| 두루 함축된 셈이다.

회가 아닌 '절대정신'의 구현체로서 국가를 상정함으로써 민주주의 가치와 멀어지게 한 결과를 낳았다. 헤겔 사상의 귀결은 역설적으로 하버마스의 여론과 공론장 이론이 지닌 의미를 새삼 돋보이게 한다.

실제로 공론장은 근대국가의 성립과 긴밀한 연관이 있다. 영국에서 17세기 후반, 프랑스에서 18세기, 독일에서 19세기에 들어와 본격적으로 형성된 공론장은 근대 민주주의 정치 질서의 확립과 그 궤를 같이한다. 따라서 신문에서 정당과 의회로 이어지는 정치적 공론장의 정립과 법치주의나 입헌 국가의 개념은 서로 맞물려 있다. 개개인의 자연권은 물론, 보통선거제나 언론·출판·집회·결사의 자유, 그를 보장하는 입법이 모두 공론장을 밑절미로 가능했기 때문이다.

여기서 근대 법치국가의 조직 원리가 공론장에 있다는 사실을 새삼 발견할 수 있다. 하버마스 자신도 이를 민주주의 원리로 규정한다. 하버마스의 논리에 따르면 공론장은 그 속에서 모든 사람이 원칙적으로 동등한 기회를 가지고 각자의 개인적 성향, 희망, 신조, 곧 의견을 제시할 수 있다는 이유 때문에 바로 민주주의의 원리가 된다. 법치국가에서 법을 제정하거나 개정하는 과정도 마찬가지다.

결국 유럽의 역사에 근거한 공론장은 여론 정치의 조건이자 근대 입헌 국가 또는 근대 민주주의의 기초다. 공론장의 이념을 입법으로 제도화한 게 바로 근대 입헌 국가이기 때문이다. 권위의 전

시나 복종만이 있던 근대 이전의 '밀실 정치'에서 벗어나 민중 스스로 자신의 문제를 토론하고 결정하는 새로운 정치 공간이 생성되었다.

근대 이전, 곧 공론장 형성 이전의 정치는 '장대한 행렬과 행사, 여러 문양과 의식'들이 상징하듯이 민중 앞에 자신의 권력을 과시하는 '전시적 공개성publicness of representation'에 머물렀다. 새 정치의식으로 새 정치 공간을 만드는 과정이 순조롭지 않았던 것도 이 때문이다. 절대군주의 자의적 언행에 기반을 둔 밀실 정치와 이성에 기반을 둔 공공성·공개성을 대표하는 입헌정치 사이에 권력투쟁은 필연이었다.

그 투쟁 과정에서 시민계급이 공론장을 통해 자유와 평등의 이념을 제도화한 입헌 국가를 탄생시켰다. 하버마스는 절대왕정의 지배 체제로부터 시민사회가 해방되는 데 공론장이 실제로 구실을 한 것은 기존의 권위에 대항해 공개성의 원리를 사용했기 때문이라고 분석했다.

공중으로 결합한 사적 개인들이 문예 공론장을 통해 중세 질서를 비판하는 과정에서 신문과 정당이 만들어졌으며, 마침내 근대 국가의 헌법과 헌정 국가의 이념으로 이어졌다. 자유와 평등, 인간성의 이념이 공론장에 참여하는 이들에게 진리와 법의 이념으로 뿌리내렸다. 이성을 지닌 사람들의 평등하고 자유로운 삶이 공론장의 이념이 되었고, 이성적 사람들의 토론을 통한 합의로 국가를 통치해야 한다는 사상이 구체화했다. 공중이 국가와 사회 사이에 공론장이라는 정치 공간을 만들어내면서 근대 이전의 '민중 배제 정치'를 벗어나 직접 참여하는 정치로 바뀐 셈이다.

공론장과 여론, 그것이 민주주의와 갖는 관계를 하버마스는 다음과 같이 정리했다.

"공론장에서는 하나의 정치의식이 발전하는데, 그것은 절대 지배에 대항하여 일반적이고 추상적인 법 개념과 법의 요구를 표현하며 결국에는 자기 자신을, 곧 여론을 이 법의 유일한 합법적 원천으로 주장할 줄 아는 정치의식이다. 18세기를 거치면서 여론은 자신이 논쟁적이고 합리주의적인 개념을 부여한 규범들에 대해 입법적 권한을 주장하게 된다."

하버마스는 후기에 들어서서 "자유롭고 평등한 시민들의 자기 결정적 연합체 속에서 모든 사람들이 평등하게 자유를 누리는" 민주적 입헌 국가의 핵심 제도로 공론장을 자리매김했다. 이는 마르크스와 사회주의자들이 자본주의에 대한 과학적 분석에 집중하느라 미처 보지 못했거나 중시하지 않았던 민주주의 정치의 핵심 조건이다. 실존 사회주의 국가들의 붕괴 뒤에 공론장 이론이 높은 설명력을 지닌 이유가 여기에 있다.

중세의 신분제에 바탕을 둔 폐쇄적 정치구조를 벗어나 모든 사람이 자유롭고 평등하게 참여해서 여론을 형성하는 마당으로서 공론장은 역사적으로도 그렇지만 새로운 사회를 구상할 때도 중요한 개념이다.

문제는 공론장이 하버마스도 지적했듯이 유럽 근대사회의 전개 과정에서 추출해낸 이념형이라는 데 있다. 더구나 그 공론장이 자본의 강력한 영향력으로 유럽에서도 다시 봉건화했다고 다름 아닌 하버마스 자신이 분석했다. 재봉건화한 공론장을 다시 해방하는 공론장의 재구성이 그만큼 절실한 시대적 과제로 떠오르고 있다.

새로운 공론장과 주권혁명

한국사에서도 공론장의 맹아는 발견된다. 조선 후기의 정치·사회·경제를 총체적으로 분석할 때, 우리는 17세기 이래 조선 사회가 큰 변동기에 들어갔음을 확인할 수 있다. 토지와 신분제에 바탕을 둔 중세 질서에 저항하는 움직임이 아래로부터 구체화해갔다.

　이미 살펴보았듯이 백성의 깨어나는 의식은《홍길동전》과《춘향전》을 비롯한 문학예술로 표현되었다. 중세 질서에 저항하는 창작물들이 출판—수공업 수준이지만—되어 유통된 사실도 눈여겨볼 일이다. 우리가 흔히 19세기를 '민란의 세기'라고 불러왔는데, 여기서 중요한 것은 19세기 내내 연면히 이어진 항쟁의 주체로서 백성의 각성이다. 하버마스가 유럽의 공론장에서 개념화한 문예공론장의 새싹을 조선 후기 사회에서도 발견할 수 있는 것은 흥미로운 일이다.

기실 임진왜란과 병자호란을 거친 뒤 18세기 말까지 조선의 경제는 성장과 안정의 장기 추세에 있었다. 인구가 늘어나고 경제성장으로 농업과 상공업의 발달을 이룬 게 엄연한 사실이다. 더구나 상업이 활발해짐으로써 조선 사회의 폐쇄된 수직적 공론 구조에 큰 변화가 일어나고 있었다.

하지만 19세기에 들어서면서 양반 기득권 세력이 중심이 된 '세도정치' 때문에 아래로부터 살아나던 경제가 정체를 거듭할 수밖에 없었다. '삼정 문란'으로 상징되듯이 가혹한 수탈 체제는 농촌 경제의 피폐로 이어졌고, 자연스럽게 민란과 농민 항쟁이 일어나게 되었다. 그 배경에는 향회와 민회라는 공론 마당이 자리하고 있다는 사실도 이미 알아보았다. 동학을 사상적 기반으로 한 갑오농민전쟁은 아래로부터 올라오던 민중 항쟁의 최종 결정판이다. 동학 농민군이 호남 지역의 각 군현에 설치했던 집강소는 농민의 자치 기구로서, 21세기인 오늘에도 '새로운 민주주의'를 모색할 때 여러 시사점을 주는 창조적 공간이다.

문제는 아래로부터 활기차게 형성되어가던 공론장이 밖의 외세와 그와 결탁한 위로부터의 탄압 때문에 가로막힌 데 있다. 우리가 다 알다시피 갑오농민전쟁이 실패한 뒤의 역사는 일본 제국주의의 식민지와 분단 체제의 공론장으로 이어졌다.

식민지 공론장을 지배한 일본 제국주의는 쫓겨났지만 그 빈자리에 들어선 분단 체제는 오늘 이 순간까지 아래로부터 형성되는 공론장을 밖과 위로부터 제약하고 있다. 그 결과 '밖과 연결된 위로부터 형성된 공론장'이 '아래로부터 창조되는 공론장'과 갈라져 공론장 구조 자체가 분단된 모습을 드러내고 있다.

밖과 위로부터 편성된 한국 공론장이 지녀온 문제점은 실존 사회주의 국가들이 붕괴된 뒤에 세계로 퍼져가는 신자유주의 아래서 보편성을 얻고 있다. 일찍이 하버마스 자신이 공론장의 재봉건화를 경고했기 때문이다. 의사소통 망의 상업화와 밀집화, 언론 매체를 설립하는 데 필요한 자본의 증가, 언론 매체 조직화의 증가에 따라 공론장이 재봉건화하고 생활세계*가 식민화했다는 하버마스의 분석은 신자유주의 체제 아래서 살아가는 지구촌의 모든 생활인들에게 적실성을 갖는다.

하버마스는 신문이나 텔레비전으로 대표되는 언론 권력의 여론

* 생활세계life-world, Lebenswelt는 본디 과학의 객관적 세계와 뚜렷이 구별되는 일상생활의 주관성 속에서 직접 경험하는 세계를 뜻하는 현상학 개념이다. 하버마스는 그 생활세계 개념을 자신의 사상적 언어로 재구성했다. 하버마스에게 생활세계는 말로 소통이 이루어지고 그 의사소통으로 행위가 조정되는 일상의 사회 문화이다. 그런데 사회가 복잡해지면 언어적 의사소통만으로는 사람들의 행위를 조정하는 것이 어려워질 수밖에 없다. 그래서 권력이나 화폐와 같은 비언어적 수단을 통해 행위를 조정한다. 바로 그 권력이나 화폐가 행정이나 경제라는 '체계'를 형성한다. 문제는 현대사회에서 두 '체계'가 생활세계를 도구화하고 위협한다는 데 있다. 행정 체계는 사회 구성원들에게 권력에 대한 일방적 순응을 강제하거나 조작하며, 경제 체계는 압도적인 힘으로 모든 구성원들의 삶을 경제적 가치로 규정하고 재단한다. 하버마스는 이를 체계에 의한 생활세계의 식민화로 개념화했다. 권력과 돈의 논리가 현대인의 삶을 지배하고 있다는 분석이다.

조작으로 공론장의 공개성 원리가 지닌 순수함도 시나브로 훼손되어갔다고 강조했다. 실제로 미국과 유럽에서도 공론장에 대한 자본의 영향력이 무장 커져가고 있다.

민주주의가 성장하던 시기에 유럽에서 사회민주주의 정당들이 집권하면서 구현한 복지 제도들 또한 신자유주의의 자본 독재 아래 뒷걸음쳐온 게 현실이다. 국내에선 국가 경쟁력이라는 이름 아래, 국외에선 금융 자유화라는 명분 아래 자본의 논리가 온 세계를 지배해갔다. 결국 신자유주의 세계화로 한국 공론장과 유럽·미국의 공론장은 점점 닮은꼴이 되어왔다. 한국 민주주의의 특수성이 보편성을 얻은 것과 같은 맥락이다.

자본이 공론장을 '재봉건화'하면서 정치에 적극 나서는 공중은 개인주의 공중으로, 문화를 비평하던 공중은 문화 소비 공중으로 전락한다는 게 하버마스의 비판이다. 다만 하버마스는 후기에 들어서면서 자신이 대중의 저항 능력과 비판적 잠재력을 너무 과도하게 비관했다며 암울한 분석을 스스로 수정했다.

기실 하버마스는 처음부터 의사소통의 합리성을 근거로 정치 활성화의 가능성을 제시해왔다. 따라서 중요한 문제는 한국이든 미국이든 유럽이든 공론장을 민주주의의 토대로서 어떻게 활성화할 것인지에 있다. 공론장이 온전히 기능하려면 어떤 사안에 대해 '예'와 '아니요'를 분명히 말할 수 있는 능력을 청중이 갖추고 있어야 한다. 이는 상식적인 요구처럼 들릴지 모르지만 현실적으로 충족되기가 어려운 가정이다. 이상적인 공론장에서는 그 누구도 특별한 능력을 전제할 수 없기에 더 그렇다. 전문가들이 있고 실제로 그들이 많이 알고 있는 것도 사실이지만, 최종 심판관은 평범한 민중이어야 옳다.

바로 여기서 우리는 주권主權, sovereignty의 의미를 성찰하게 된다. 마르크스가 구상한 사회주의 사회든, 하버마스가 구상한 공론장이 활성화된 사회든, 사회 구성원의 의식이 성숙하지 않고는 진정한 민주주의는 물론, 새로운 사회의 구현이 가능하지 않기 때문이다.

마르크스는 사회주의의 실제적 조건으로 노동자들이 "현존하는 세계의 모순을 인식해야 한다"고 강조했고, 공론장의 활성화 또한 '분별 있는 청중'을 전제했다.

모든 권력은 국민으로부터 나온다고 말할 때, 더는 그것을 수사 차원으로 넘길 일이 아니다. 실제 정치 현실로 실현하는 일은 주권자로서 국민의 절대다수인 민중의 능력에 달려 있기 때문이다.

주권은 문자 그대로 '가장 주요한 권리'로서 '국가의 의사를 최종적으로 결정하는 권력'이다. 하버마스는 '국민주권'을 두 가지 유형의 의사소통으로 접근하고 있다. 하나는 다양하게 분산된 넓은 의미의 공론장에서 전개되는 비공식 유형의 의사소통이다. 언론의 자유, 집회 결사의 자유와 같은 시민의 권리는 당연히 전제된다. 대중매체, 시민권, 노동조합 활동도 보장된다. 또 다른 유형의 의사소통은 정당이나 의회 형태로 구체적 절차를 따라 이루어지는 조직화된 공론장이다.

두 수준의 의사소통 흐름을 따라 우리가 어떤 주제에 관하여 고려 가능한 모든 찬성과 반대의 목소리를 듣고, 모든 적합한 정보를 검토하고, 누구나 토론에 참여한 결과로 정당과 의회와 정부를 두루 포함해 논쟁과 공정한 타협이 이루어졌다면, 그때 국민주권을 제도화했다고 볼 수 있다는 게 하버마스의 논리다.

여기서 확인할 수 있듯이 하버마스의 '국민주권'은 토론의 절차를 강조하고 있다. 하버마스의 공론장 이론이 지닌 현실적 실효성에 의문을 제기하는 사람이 적잖은 까닭도 여기에 있다. 하버마스가 화폐와 행정 체계에 의해 식민화된 생활세계를 벗어나야 한다고 주장하지만, 생활세계의 의사소통 합리성을 보장하는 데 머물기 때문이다.

화폐와 행정, 곧 자본과 권력이 지배하는 공론장을 해방하려면, 체계 자체를 민주화해나가야 함에도 하버마스에게는 그런 문제의식이 치열하지 못하다. 신자유주의가 횡행하고 국가의 폭력적 억압 기제가 여전한 나라들에서 의사소통을 중시하는 공론장 개념은 공허해 보이기도 한다. 언제든 모든 것을 토론으로 합의할 수 있다는 하버마스의 가정도 순진하거나 근거 없는 낙관 아닐까.

그럼에도 민주주의를 한발 더 전진시켜가는 데 공론장 논리는 경청할 만한 가치가 충분하다. 하버마스가 이념형으로 제시한 공론장은 민주주의가 숙성한 새로운 사회를 설계할 때 중요한 주춧돌이기 때문이다. 그뿐이 아니다. 공론장은 새로운 사회를 실현해가는 전략의 하나로도 탐색할 필요가 있다. 국민적 동의 없는 변혁은 지속될 수 없다는 교훈을 20세기 경험을 통해 뼈저리게 학습했기 때문이다. 다만, 하버마스가 진단한 생활세계의 식민화를 진정으로 넘어서려면 단순히 공론장의 활성화에 그칠 게 아니다.

하버마스가 화폐와 행정으로 제시한 두 체계의 차원, 곧 경제 권력과 정치권력의 두 부문에서 주권을 법과 제도로 확립해야 옳다. 생활세계를 억압하는 두 체계를 어떻게 바꿔갈 것인가라는 전략과 실천의 문제까지 공론장에서 논의하고 실천에 옮겨갈 때 비로소 식민화와 재봉건화를 넘어서는 공론장을 형성할 수 있다. 새로운 민주주의를 새로운 공론장—그것을 잠정적으로 '해방 공론장'으로 개념화할 수 있다—형성과 더불어 모색해나가야 할 이유도 여기에 있다.

권력과 자본이 지배하고 있는 공론장을 해방하지 않고서는 신자유주의 자본 독재 체제와 분단 체제를 넘어서는 과정에 국민적 합의를 이루기 어렵다. 한국 공론장에서 신자유주의 자본 독재가 '글로벌 스탠더드'로 이상화되고 있는 현실은, 사상을 통제하는 국가보안법이 여전히 반공주의와 함께 활개 치는 현실은, 그래서 대학이 교수를 임용할 때도 '사상 검증'을 서슴지 않는 현실은 대한민국 민주주의가 지금 몇 시인지를 가리키는 시침이다. 바로 그렇기에 '모든 권력이 국민으로부터 나온다'고 헌법에 명문화한 국가 아래서 노동자·농민의 타살 같은 야만이나 민중의 분신·투신 자살 같은 참극이 곰비임비 일어나도 대다수 국민이 신자유주의 자본 독재의 문제점을 정확히 꿰뚫지 못하거나 거기에 둔감하다.

우리는 여기서 민주주의를 민중이 주권을 확보해가는 기나긴 혁명으로 이해할 수 있다. 군주가 유일한 주권자로 전횡을 일삼던 오랜 역사를 벗어나 민중이 주권을 구현해가는 맥락에서 본다면, 근대 세계사의 전개 과정은 민주주의의 탄생 → 성장 → 위기로 요약된다.

실제로 민주주의 탄생 시기에 주권은 지극히 불완전했다. 왕정과 공화정이 서로 번갈아 들어섰는가 하면, 투표권이라는 기본 주권도 재산 많은 남성에게만 주어졌다. 자본주의 체제가 비인간적 착취를 일삼으며 민주주의를 위협하자 사회주의 운동이 거세게 일어났다. 사회주의 사상과 운동이 확산되면서 자본주의 국가 안에서도 민중의 주권 의식은 크게 성장했고 바로 그만큼 민주주의도 커나갔다.

하지만 신자유주의가 퍼져가고 사회주의 국가가 몰락하면서 주권은 민주주의와 함께 호된 시련을 겪고 있다. 주권 개념은 껍질만 남은 채 헌법에 사문화되어 있다. 민중이 주권을 자신의 권리로 인식하는 걸 방해하거나 행사하는 걸 가로막는 구조가 엄존하고 있기 때문이다. 결국 민중 스스로 주권을 행사하겠다는 실천 의지도 시나브로 사라져갔다.

바로 그 점에서 우리는 민주주의의 위기인 현 시기를 민주주의의 성장통으로 이해할 수 있다. 본디 성장통은 괄목할 성장에 거쳐야 할 필수 과정이다. 민중이 투쟁으로 창조해온 '살아 있는 정치 체제'로 민주주의를 인식할 때, 우리는 탄생 → 성장 → 위기를 거친 민주주의가 위기를 잘 이겨내면 성숙의 단계에 이르리라고 전망할 수 있다. 그것은 민주주의를 그 주체이자 주권자인 민중과 더불어 살아 숨 쉬는 생명체로 보는 새로운 틀frame이다.

민주주의의 위기를 성숙으로 전환하는 과제, 바로 그것이 주권혁명이다. 주권혁명은 주권을 단지 선언적으로만 이해하는 한계나 주권 행사를 투표만으로 제한하는 고정관념을 벗어나는 과정임은 물론, 온전하게 주권을 이해하고 행사하는 것을 가로막는 정치구조와 경제구조를 바꾸는 일이다.

주권혁명을 목표로 한 주권운동이 아래로부터 폭넓게 일어날 때, 주권운동은 그 자체로 새로운 공론장이 될 수 있다. 새로운 공론장과 함께 열릴 새로운 민주주의는 주권 민주주의 또는 주권혁명으로 개념화할 수 있다. 새로운 민주주의에서 주권의 실천은 일상의 혁명이기 때문이다.

주권혁명

1. 로자 룩셈부르크의 민주주의 비판은 어떤 의미가 있는가?

2. 새로운 민주주의에서 공론장은 왜 중요한가?

3. 여론은 무엇이고 어떻게 형성되는가?

4. 민주주의 발전 단계에서 주권혁명의 위치는 무엇인가?

주권혁명의 정치사상

21세기의 마르크스와 니체

마르크스와 새로운 민주주의

새로운 민주주의의 구상은 21세기 인류가 부닥친 냉엄한 현실에서 출발한다. 20세기에 자본주의 사회를 넘어서려는 인류의 실험은 바벨탑처럼 무너졌다. 20세기 내내 지구 곳곳에서 수백만, 아니 수천만 명의 사람이 사회주의혁명을 위해 기꺼이 자신의 목숨과 열정을 바쳤다. 하지만 그 혁명의 선구자이자 상징이던 소련은 속절없이 무너졌다.

실존 사회주의 국가들의 경험에 대한 온전한 분석 없이 마치 지금이라도 혁명을 일으켜 자본주의를 폐절하고 곧장 사회주의 사회를 실현할 수 있다고 주장하는 사람이 있다면, 그것은 단순히 자기 신앙(더 정확히는 아집)을 고백하는 일에 지나지 않는다. 자신이 신앙을 고백하면 모든 사람들이 따르리라는 생각 또한 '맹신'의 흔적이다. 닫힌 신앙고백은 그 신앙에 동의하지 않는 사람을 설득하기 어렵다.

20세기에 소련을 비롯해 중국, 동유럽, 조선민주주의인민공화국, 쿠바, 베트남에서 자본주의를 넘어선 사회를 이루려던 경험은 우리에게 사회주의의 정치경제 체제를 구현하기가 얼마나 어려운지를 절실하게 깨우쳐주었다.

수십억의 인민들이 70여 년 넘게 구현해보려던 혁명적 실천의 패배 앞에서 그들의 헌신적 열정에 보답하는 길은, 그들의 혁명적 삶과 죽음을 헛되게 하지 않는 길은, 실패를 변명하거나 억지로 부정하는 데 있는 게 아니라 그 실패의 교훈을 분명히 깨닫는데 있다.

무엇보다 마르크스가 제시한 자본주의를 넘어서는 사회의 조건을 실존 사회주의 국가들이 충족시키지 못했던 게 사실이다. 앞서 살펴보았듯이 마르크스가 제시한 사회주의의 전제조건은 자본주의의 성숙이라는 물질적 조건과 사회 구성원 의식의 성숙이라는 주체적 조건으로 간추릴 수 있다. 두 조건이 충족되지 않은 사회에서 자본주의를 넘어서려는 혁명은 실패할 수밖에 없다는 게 마르크스의 과학이다. 기실 1848년 혁명이 그러했듯이, 1917년 혁명 또한 거기서 예외일 수 없다.

대다수 사회 구성원이 가진 게 없어야 하며, 자신이 살아가는 세계의 모순을 인식할 때 비로소 자본주의를 넘어설 수 있다는 게 마르크스의 확신이다. 거기에 더해 고도의 생산력 발전이 있어야 한다. 생산력의 발전이 뒷받침되지 않는다면 가난만 보편화한다. 생산력의 세계적 발전이 있어야 비로소 사람들 사이에 보편적 교류가 확립되면서 혁명이 '우물 안 개구리'를 벗어나 세계적 차원에서 사회주의를 건설할 수 있다.

마르크스의 조건에 비추어 볼 때 20세기에 사회주의를 실현하려던 모든 국가의 혁명적 열정은 근본 한계를 지니고 있었다. 지역의 한계를 벗어나기 어려웠고 고도의 생산력 발전이 받쳐주지 못함으로써 의도와 달리 빈곤의 보편화를 이룬 나라들이 많았다.

마르크스는 더 높은 생산관계는 물질적 조건이 낡은 사회의 태내에서 성숙하기 이전에는 출현하지 않는다고 전망했다. 엥겔스도 모든 사회적 진보는 계급의 존재가 정의나 평등에 모순된다고 사람들이 인식해서가 아니라, 또 이들 계급을 폐지하겠다고 단순히 의도해서도 아니라 일정 수준의 새로운 경제적 조건들이 갖춰져야 실현될 수 있다고 강조했다.

반면에 자본주의 국가들의 생산력은 정보과학기술 혁명이 상징하듯이 나날이 발전해나갔다. 이미 마르크스는 어떠한 사회적 질서도 모든 생산력이 그 안에서 발전할 여지가 있는 한 붕괴되지 않는다고 간파했다. 자본주의의 생산력은 20세기 내내 놀라운 발전을 거듭했다.

물론, 마르크스와 엥겔스는 단순히 생산력의 발전만으로 사회주의가 가능하다고 판단하지 않았다. 엥겔스가 《공산당 선언》의 독일어판 서문(1890)에서 썼듯이 "마르크스는 선언에서 제시된 사상의 궁극적 승리를 위하여, 단결된 행동과 토론의 결과로서 필연적으로 이뤄질 노동계급의 지적 발전에 전적으로 의존했다."

엥겔스 또한 노동계급이 자신들에게 주어진 "역사적 위업의 전제조건을 철저하게 인식"하고 "그 의미에 대해 완전한 지식"을 갖춰야 한다고 보았다. 엥겔스는 특히 '노동계급의 지적 발전'에 마르크스가 전적으로 희망을 걸었다는 문장 바로 다음에 다음과 같이 썼다.

"자본에 반대하는 투쟁 속에서 생겨난 여러 사건과 변화로 인해, 특히 승리보다도 패배로 인해 투사들은 자신들의 만병통치약universal panacea이 지금까지 부적절했음을 깨닫고 노동자 해방의 진정한 조건을 철저히 이해하기 위해 더 한층 노력하지 않을 수 없었다."

엥겔스가 그렇게 말한 근거는 스스로 밝히고 있듯이 "1874년 인터내셔널이 해체될 당시의 노동계급은 그것이 설립된 1864년의 그들과는 전혀 달랐다"는 데 있다. 그렇다. 10년의 변화도 엥겔스는 결코 소홀히 하지 않았다. 사회주의 이론을 무슨 '만병통치약'처럼 떠벌이지도 않았다. 언제나 '노동자 해방의 진정한 조건을 철저히 이해'하려는 자세, 바로 그것이 '투사'가 할 일이다.

더구나 우리가 해방을 단순히 경제적 틀로만 이해할 게 아니라면, 민주주의의 중요성을 우리가 경시하지 않는다면, 실존 사회주의의 교훈을 우리가 무시하지 않는다면, 새로운 사회의 주체에 대해 깊은 성찰이 필요하다. 민주주의를 다시 생각해야 할 까닭도 같은 맥락이다.

자본의 논리가 지배하는 사회를 넘어선 사회, 그 사회를 굳이 '사회주의'라는 이름 아래 선험적으로 규정할 아무런 이유가 없다. 그것은 마르크스나 레닌의 저작을 살펴봐도 마찬가지다. 마르크스에게 사회주의는 자본주의를 넘어선 사회를 의미하는 '기호'일 뿐이었다. 레닌은 살아 있는 민중의 창조물로 사회주의를 인식했다. 소련공산당의 정치적 유서인 인간적·민주적 사회주의론은 사회주의와 민주주의의 관련성을 더 분명하게 증언하고 있다. 살아 있는 민중이 창조해가는 민주주의의 무한한 상상력을 '사회주의'라는 기호 아래 굳이 제약할 아무런 이유가 없다.

실존 사회주의 국가들의 경험은 생산수단의 문제에만 집중해 새로운 사회를 기획할 때 정치 독재의 문제에 마주친다는 사실을 입증해주었다. 그것은 하부구조로서 경제의 중요성을 인정하느냐, 인정하지 않느냐의 문제와는 다른 차원에서 명확하게 풀어가야 할 정치 문제다. 자본에 대한 통제는 그 통제의 주체가 민중이 아닐 때, 실존 사회주의 국가들처럼 국가사회주의의 형태로 나타날 수밖에 없다. 여기서 마르크스가 언제나 "노동자의 해방은 노동계급 자신의 행동이어야 한다"고 강조한 사실을 성찰해볼 필요가 있다. 노동자들의 지적 발전에 희망을 건 마르크스를 21세기의 시대적 지평에서 새롭게 불러와야 할 이유가 여기에 있다.

문제의 핵심은 어떤 개념으로 우리의 구상과 꿈을 표현할 것인지에 있지 않다. 민중의 자기 통치라는 민주주의의 근본 철학을 누가 어떻게 실천하고 구현하느냐에 있다. 이 책에서 민중의 주권을 중심에 놓고 민주주의를 살아 숨 쉬는 생명체로 인식해 탄생 → 성장 → 위기 → 성숙의 단계로 설정해 분석한 까닭도 여기에 있다. 민주주의가 위기를 벗어나 성숙기로 접어드는 혁명적 변화, 바로 그것이 이 책에서 일관하고 있는 새로운 민주주의와 주권혁명의 철학이다.

엄밀하게 따질 때, 굳이 그것을 '새로운 민주주의'라 부를 필요는 없을지도 모른다. 민중의 자기 통치라는 민주주의의 철학을 올곧게 구현하자는 제안이기 때문이다. 그 점에서 주권을 중심에 둔 '새로운 민주주의론'은 민주주의에 대한 새로운 해석, 새로운 정의다. 새로운 민주주의의 논리로 볼 때, 우리는 민주주의의 성장과 위기의 의미를 온전히 짚을 수 있다. 실존 사회주의 혁명의 경험까지 민주주의 성숙의 틀 속에서 제대로 평가할 수 있다.

민주주의가 성숙 단계로 넘어가는 전환점을 주권혁명으로 개념화한 까닭은 새로운 민주주의에서 가장 중요한 고갱이가 민주주의의 주체, 자기 통치의 주체, 자기해방의 주체이기 때문이다. 민중의 광범위한 동의 없이, 민중 스스로 통치에 나서는 실천 없이 혁명적 변화를 이룰 수 없고 민주주의도 성숙시킬 수 없다는 게 20세기 내내 질풍노도와 같던 사회주의혁명의 경험이었다. 바로 그렇기에 주권혁명의 고갱이는 새로운 사람, 새로운 사회다.

니체와 주권 민주주의

새로운 사람, 새로운 사회의 새로운 민주주의를 구상할 때 중요한 젖줄은 카를 마르크스 못지않게 프리드리히 니체의 사상이다. 흔히 마르크스와 니체는 정반대의 사상가로 이해하기 쉽다. 니체의 철학이 포스트모더니즘의 원천이기에 그렇게 이해할 수도 있다. 하지만 두 철학자 사이에는 공통점이 많다. 그 공통점은 근대 민주주의 사회를 넘어선 탈근대의 새로운 민주주의, 21세기의 민주주의를 열어가는 데 중요한 디딤돌이 될 수 있다.

마르크스의 근대 자본주의 사회 비판은 새삼 설명이 필요 없을 만큼 잘 알려져 있다. 니체 또한 자본주의 사회를 비판한다. 하지만 비판의 시선이 마르크스와 사뭇 다르다. 자본 독재를 넘어 새로운 민주주의를 구상할 때 마르크스와 니체 사이에 커뮤니케이션이 필요한 이유가 여기 있다.

니체는 자본주의 사회를 '정치 영역이 위축된 시대'로 분석한다. 마르크스와 달리 니체의 개념은 다분히 문학적이다. 니체는 정치 위축을 사회 구성원들의 '군주적 본능'이 해체된 것으로 표현한다. '군주적 본능'이란 표현은 자칫 오해하기 쉬운 대목이다. 하지만 니체가 말하는 내용을 깊이 들여다보면 참뜻을 발견하는 기쁨을 얻을 수 있다.

니체는 '군주적 본능을 가지지 못할 때'와 '주권자, 입법자, 가치의 창안자이기를 그칠 때'를 동일한 뜻으로 이야기한다. 국가를 구성하고 있는 국민 개개인이 스스로 주권자와 입법자, 가치 창안자로 살아가지 않고 있다는 지적은 니체가 살던 당대는 물론, 21세기인 오늘날에도 시대의 핵심을 정확히 짚은 통찰이다.

니체가 그 이유를 '국제적 화폐 은둔자들'과 연관 지을 때, 우리는 니체와 마르크스의 접점을 확인할 수 있다. 니체는 마치 신자유주의 시대를 예견이라도 하듯이 '국제적 화폐 은둔자'들을 일러 "정치를 '증권시장과 국가, 사회의 수단'으로 오용하고, 자유주의적·낙관주의적 세계관을 보편적으로 확대시킨다"고 비판한다.

니체는 근대 자본주의 사회가 인간을 '표준화'한다는 점에 분노한다. 그와 대립시켜 제시하는 보기가 그리스 사회다. 고대 그리스에서 사람들은 "누구나 다른 사람들과는 다른 자신의 특성을 부각시키고자 했고 독특한 행위와 업적을 통해 자신이 최고임을 보여"주었다는 게 니체의 분석이다. 하지만 근대 자본주의 사회는 인간의 독특한 개성이나 행위를 '일탈'로 규정함으로써 순응주의 사회를 조장한다. 순응주의 사회는 니체에게 '정치의 쇠퇴 형식'이다. '정치의 소멸'이다.

니체는 근대의 정치를 '작은 정치'라든가 '정치를 상실한 정치'라고 비판한다. 이어 그 시대가 끝나간다고 예고한다. 니체는 주권자와 입법자를 동일시한다. 주권자가 투표권만을 주권 행사로 여기는 현실에 대해 니체는 자신이 복종해야 할 법을 만드는 데 '한 표'를 행사할 수 있을 뿐인 '작은 정치'라며 날카롭게 고발했다.

니체와 마르크스의 공통점은 자유주의를 반대하는 데서도 나타난다. 흔히 니체를 철저한 개인주의자로 이해하지만 전혀 아니다.

니체는 개인을 사회와 절연된 개별적 존재로 인식하는 자유주의자들의 전제가 오류임을 강조한다.

"철학자들이 종래 생각해온 개인, 곧 '단일인'이라는 것은 하나의 오류이고, 개인은 개별의 실체, 하나의 원자, 사슬 안의 고리, 그냥 과거로부터 내려온 존재가 아니며, 개인은 그에게까지 이르는, 그를 포함한 '사람'이라는 하나의 연속적 전체를 이룬다".

마르크스가 인간의 본질을 사회적 관계들의 결합체(앙상블)로 인식한 것과 같은 맥락이다. 니체는 또 자유주의자들이 그들이 만든 법률 속에 담긴 폭력, 냉혹함과 이기주의를 인정하지 않는다고 날카롭게 비판했다.

물론 니체와 마르크스의 철학은 분명한 차이가 있다. 니체는 사회주의자들이 인간의 자연적인 선한 본성을 믿고 있다며 이를 '형이상학적 태도'라고 비판한다. "혁명이 성공하면 아름다운 인간성의 자랑스러운 신전이 솟을 것"이라는 사회주의자들의 생각을 '위험스러운 꿈'으로 규정한다. 니체는 이를 '선량한 원시인의 권리 찾기 운동'으로 꼬집고, 모든 형이상학적 운동이 그렇듯이 사회주의 운동도 종국에는 '기진맥진한 사회'로 이어질 수밖에 없다고 전망했다.

사회주의자들이 소유물의 분배를 중시함으로써 문화나 도덕이 갖고 있는 힘에 너무 무지하다는 게 니체의 진단이다. 이 또한 레닌이 문화혁명을 주창한 이유와 같은 맥락이다. 자유주의에 대한 반동으로 사회주의는 큰 권력을 갈망하면서 전제주의를 닮아간다고 본 니체는 정치의 쇠퇴를 '예언'하며 개탄했다.

니체는 "사회주의가 원하는 국가가 달성된다면 생성의 강한 에너지는 파괴될 것"이라고 말하고 그때 국가는 새로운 생성적 힘을 상실하고 허무주의적 형태를 띠게 될 것이라고 내다봤다.

어떤가. 니체의 그 전망은 소름이 끼치도록 적중하지 않았던가. 우리는 이 지점에서 소련의 몰락을 니체의 논리로 이해할 수도 있음을 발견한다. 그것은 주체의 문제이자 정치의 문제다.

니체는 바로 그렇기에 민주주의를, 더 정확히 말해서 대의제 민주주의를 통렬하게 비판한다. 대의제와 관련해서 니체는 "우리가 우리 자신의 권리를 초월적 기구에 양도하면 양도할수록 가장 평균적인 자들의 그리고 마지막에는 최대 다수자들의 지배에 만족하게 된다"고 꼬집었다.

니체의 비판은 민주주의 자체에 대한 비판이라기보다는 현대 민주주의 사회에서 민중이 표준화되고 수동적 존재로 살아가는 현실을 비판했다고 보는 게 타당하다. 현대 민주주의 사회에서 사회 구성원들이 새로운 가치에 도전하기보다는 기존의 가치에 적응하려고 하며 동일한 가치 아래 안주하고자 한다는 논리다. 다양한 국가 장치들, 법이나 관습, 문화가 사회 구성원들을 설득하고 강제해 '군주적 본능'을 완전히 상실했다는 게 니체의 우려다. 민주주의에서, 또 사회주의에서, 생성의 능력은 완전히 상실되었고 상실될 수밖에 없다는 니체의 비판은 그 연장선이다.

흔히 '초인Übermensch'으로 번역하는 니체의 개념도 오해를 불러

일으키고 있지만, Übermensch는 '군주적 본능'의 맥락에서 이해해야 옳다. 니체에게 초인이란 '끊임없이 자기를 극복하는 존재'다. 개개인마다 내면에서 자신을 끝없이 고양시켜나가야 한다는 제안이다.

니체는 노래한다. "나는 너희들에게 Übermensch를 가르치노라. 사람은 극복되어야 할 그 무엇이다." 그렇다. 니체에게 모든 인간 개개인은 "스스로를 극복하는 존재"다. 자신의 삶의 의미를 그 스스로 창조해가는 주권자다. 자신을 둘러싼 외부적 조건에서 자유로운 사람이다. 기존의 규범에 얽매여 그것을 추종하는 맹목적 존재가 아니다. 스스로 창조한 규범에 따라 살아갈 수 있는 자주적 인간이다.

니체는 마르크스가 자세히 들여다보지 못한 주체의 심층을 다룬다. 반면에 니체는 마르크스가 자세히 들여다본 자본주의의 모순을 망각하고 있다. 여기서 마르크스가 자본주의를 비판하고 해부한 까닭도 기실 인간 개개인의 전면적 발전에 있다는 점에 주목할 필요가 있다. 인간성의 전면적 발전과 '민중의 자기 통치'라는 민주주의의 철학은 깊숙한 곳에서 이어진다. 민중의 자기 통치는 마르크스에게는 노동계급과 인류의 해방으로, 니체에게는 자기 입법의 '군주적 본능'으로 표현되고 있을 뿐 지향점은 같다.

요컨대 마르크스와 니체는 자본의 논리에 휘둘리는 민주주의를 '인류'의 이름으로 비판했다는 공통점을 지니고 있다. 근대사회의 심연을 각각 다른 시각에서 깊이 들여다본 두 사상가는 자본의 논리를 넘어서는, 근대의 '작은 정치'를 넘어서는 위대한 정치를 인류에게 제안했다.

개개인의 창조적 삶으로서 자기 입법의 과제를 니체는 주목했지만 마르크스는 간과했고, 개인의 자기실현 조건으로서 자본주의 극복의 과제를 마르크스는 주목했지만 니체는 간과했다.

주권혁명은 마르크스와 니체가 해결하려고 씨름한 근대사회의 두 과제를 민중 스스로 풀어가는 혁명이다. 주권혁명은 민중 스스로 기꺼이 그 길을 열어가는 혁명이다. 이론도 실천도 누군가 완성시키는 혁명이 아니다. 민중 개개인이 성숙하면서 구현하는 새로운 민주주의다. 자기 입법의 성숙한 철학이요, 민주주의의 숙성한 실천이다.*

'지적 발전'을 이룬, '자기 극복'에 나선 민중이 스스로 통치하는 진정한 민주주의, 새로운 민주주의를 일궈가려는 인류의 노력은 탄생기와 성장기를 거치면서 20세기 말부터 성장통의 위기를 앓고 있다.

---

* 기실 자기 혁명과 정치혁명을 더불어 실현해나가야 한다는 사상은 동학혁명 시기부터 한국 민중운동의 지향이었다. 조선에서 갑오농민전쟁의 사상인 동학이 움튼 시대가 바로 마르크스와 니체가 활동하던 시기라는 사실도 흥미로운 일이다. 서양의 근대 문화를 넘어서려는 마르크스와 니체의 사상적 모색에 견주어 볼 때, 서학西學을 벗어나 독자적인 길을 모색한 동학東學의 구상은 비록 선언적 수준에 그쳤지만 사뭇 시대를 앞서갔다. 그 문제의식은 그 뒤 서양 근대의 길을 휘둘리며 밟아온 우리에게 더 절실하게 다가온다. 민중 개개인을 '하늘'로 섬기는 개벽의 시대를 구상한 동학은 새로운 민주주의, 새로운 문화를 창조하려는 우리에게 큰 영감을 준다.

지금까지 논의했듯이 새로운 민주주의, 곧 성숙한 민주주의의 조건을 생산력의 발전과 민중의 정치의식, 두 가지로 간추릴 수 있다. 그 조건이 갖춰질 때 민중의 자기 통치, 자본을 비롯한 모든 권력을 민중이 통제하는 민주주의의 오랜 염원을 비로소 실현할 수 있다. 기실 주권sovereignty을 영영사전에서 찾아보면 '자기 통치self-government'의 뜻이 담겨 있다. 자기 통치는 곧 직접정치다.

자본 독재와 직접정치

새로운 민주주의 이론으로 보았을 때, 지구촌을 지배하고 있는 신자유주의는 민주주의와 정반대로 자본이 민중은 물론, 모든 권력을 관장하는 자본 독재 체제임을 명료하게 인식할 수 있다. 더 구체적으로 한국의 정치 현실을 새로운 민주주의 논리로 분석해보자.

1987년 6월 대항쟁 뒤 대한민국 국민은 대통령 직선제를 쟁취해냈다. 이어 노태우, 김영삼, 김대중, 노무현, 이명박, 박근혜 정권을 맞았다. 더러는 노태우-김영삼에서 김대중-노무현으로, 다시 이명박-박근혜로 정권이 넘어가면서 정권 교체의 경험을 두 차례나 가졌다고 주장한다. 딱히 틀린 말은 아니다. 하지만 냉철하게 볼 일이다. 과연 한국 민주주의는 얼마나 발전했는가. 우리는 6월 대항쟁 뒤 여섯 사람의 대통령을 경험하면서 민주주의가 단순히

'다수의 지배'로만 이해할 수 없다는 사실을 깨닫고 있다.

새로운 민주주의 논리에서 확인했듯이 민주주의는 무엇보다도 정치 공동체의 구성원들이 자신들이 살아가는 사회의 법과 제도를 스스로 만들어가는 '자기 통치'의 원리에 기초해야 본연의 의미가 살아난다. 법과 제도를 주어진 고정불변의 대상으로 여기고 단지 투표 행위를 통해서 '통치자'를 선택하는 게 아니라 국민이 법과 제도 자체를 바꿔나가는 것, 그것이 민주주의다. 단순히 투표를 하고 대표자를 선택하는 체제가 아니라 국민 대다수인 민중이 스스로 자신의 정치제도를 설계하고 건설해나가는 체제, 바로 그것이 새로운 민주주의다.

현재의 한국 정치에서 민주주의 발전의 척도는 무엇보다도 권력의 중심에 민중이 서 있느냐는 데 있다. 정치의 중심에 민중이 있으려면 적어도 두 가지 조건을 충족해야 한다.

첫째, 국민 대다수가 일상생활에서 정치에 관심과 애정을 가질 수 있어야 한다.

둘째, 국민 대다수인 민중이 자신의 뜻을 정치에 역동적으로 반영할 수 있어야 한다.

여기서 첫째 조건은 둘째 조건의 해결 없이 가능하지 않다. 정치적 무관심은 자신의 의사가 정치구조에 영향을 주지 못하는 상황에서 발생하기 때문이다.* 그러므로 새로운 민주주의의 정치체제

---

*정치학에선 이를 '정치적 효능감 political efficacy' 개념으로 설명한다. 개인이 정치과정에 참여할 때 실제로 변화가 일어나는 성취감을 뜻한다. 그것이 없을 때 정치적 냉소

를 건설하는 문제는 결국 국민 대다수의 의사가 왜곡되지 않고 정치에 반영되는 구조를 만들 때 가능하다. 국민 대다수인 민중이 정치를 통제, 조절하고 강제하는 구조를 확고하게 형성해야 옳다. 바로 그것이 '직접정치'다.

기실 직접민주주의는 오랜 세월 전부터 정치의 이상이었다. 그럼에도 대의제가 민주주의의 유일한 형식으로 여겨져온 것은 어쩔 수 없는 제약 조건이 있었기 때문이다. 하지만 직접민주주의를 제약하는 시공간상의 제약이 과학기술의 발전과 더불어 급격하게 제거되고 있다. 통신기술의 발달은 전국에서 실시간 의견 교환이 가능한 정도에 이르렀다. 더불어 다중 접속이 가능한 인터넷 매체의 특성은 '촛불문화제'에서 확인할 수 있듯이 수백만 명의 의사를 단시간 내에 모으는 일도 가능하게 만들었다. 시공간적인 제약을 모두 넘어서고 있는 셈이다. 다양하게 도입되고 있는 인터넷 투표가 이를 입증한다. 스위스에서 진행된 인터넷 국민투표는 국가 단위에서도 빠르고 효율적으로 국민 의사를 집결해낼 수 있다는 사실을 보여준다.

물론 직접민주주의를 인류 발전의 현 단계에서 곧장 도입할 수는 없다. 하지만 대의제, 특히 미국식 대의제가 만능이라는 인식은 바꿔야 한다. 정치제도를 결정하는 데서 핵심은 기술적인 조건이 허락하는 한 직접민주주의 요소를 대폭 강화하는 데 있다. 그 전제 아래 직접민주주의 제도에 다가가는 형식으로 대의제를 진화시켜

| 주의에 빠지게 된다.

갈 때, 직접정치가 민주주의의 발전을 추동할 수 있다.

6월 대항쟁 이후 1990년대를 관통했던 의제(어젠다)는 '참여'였다. 참여는 2002년 대통령 선거에서 '노사모(노무현을 사랑하는 사람들의 모임)'의 활동으로 정점에 이르렀다. 노사모는 정치 참여의 새로운 지평을 열었고 실제로 노무현 정권을 탄생시켰다. 노 정권도 스스로 '참여정부'를 자처했다.

하지만 참여는 원천적으로 한계를 지니고 있다. 정치적 무관심이나 방관에 비해서 바람직한 자세임에 틀림없지만 참여라는 말에는 민중이 정치에서 주체가 될 수는 없다는 '체념'이 묻어난다. 누군가를 중심에 놓고 객체로 참여한다는 의미가 담겨 있다. 어디까지나 권력을 가진 집단이 주체이며, 이들을 감시하고 견제하는 부차적인 활동에 나서자는 게 참여론의 본질이다.

가령 노무현은 대통령으로 재직할 때 "권력은 이미 시장으로 넘어갔다"며 마치 자신이 사뭇 '정직'한 사람이라도 되는 듯이 털어놓은 바 있다. 노사모와 민중이 그를 대통령으로 선출했을 때 부익부빈익빈의 해소와 노사 관계의 균형을 기대했던 사실에 비추어본다면 그것은 자신의 '정직'이 아니라 무능의 고백 또는 책임 회피에 지나지 않는다. 그럼에도 노사모가 대통령 임기 내내 공약을 지키지 못한 노무현을 두둔하고 비호한 것은 참여의 한계를 극명하게 드러내준 보기다.

특정 정치인 중심의 정치활동 참여는 그 특정인이 무엇을 하든 '사랑'하거나 집착하는 모습으로 귀결될 수밖에 없다. 노사모가 한국 정치사에서 아래로부터 올라온 새로운 정치운동이었고, 또 특정인을 대통령에 당선시키는 데까지 성공했음에도 결국 실패한 실험으로 빛이 바랜 이유다.

그래서다. 더는 참여 여부가 문제일 수 없다. '참여'가 아니라 '직접정치'로 시대정신을 재설정해야 할 때다. 둘 사이의 관계를 굳이 규정하자면 참여는 '낮은 단계의 직접정치'다. 정치가 국민 생활의 일부가 되려면 참여를 독려하는 것만으로는 부족하다. 정치가 국민 대다수의 뜻에 따라 움직이고 통제될 수 있는 체제를 뿌리내려야 한다.

아래로부터 강력히 통제되는 정치 문화를 형성할 때 민중은 참여의 대상을 넘어 비로소 정치의 주체, 입법자가 될 수 있다. 정치가 민중의 창조물이 된다. 그런 정치 현실을 일궈낸다면 그것이 지닌 변혁적 의미는 상당히 크다. 민중이 정치를 통제해나가는 상황, 그런 정치를 우리는 완전한 직접민주주의는 아니지만 적어도 직접민주제의 정신을 살렸다는 의미에서 직접정치라고 이름 지을 수 있다.

새로운 민주주의에서 주권자의 직접정치가 일상화하려면 무엇보다 주권자 개개인의 자기 극복이 필요하다. 학습 모임이 필요한 이유다. 학습과 토론을 통해 거듭난 주권자들이 소통으로 정치를 바꿔가야 한다. 주권을 찾자는 운동과 더불어 새로운 민주주의를 일궈낼 새로운 정치세력 형성에 적극 나서겠다는 의지가 충만해야 한다.

한국의 정치 현실은 국민 일상의 삶과 분리된 상태, 엘리트 정치로 전락한 지 오래다. 기실 대한민국 건국 때부터 그랬다. 지금부터라도 정치와 국민의 일상생활을 일치시키는 생활 정치를 활성화해야 옳다. 우리 삶의 주변을 돌아보면 대다수 국민이 경제생활에만 매몰되어 있음을 어렵지 않게 확인할 수 있다.

하지만 정치 무관심이나 정치에 대한 경멸은 국민 개개인의 자주적이고 창조적인 삶을 위해서도 전혀 바람직하지 않다. 몇 년에 한 번씩 투표했다는 것만으로 정치 행위를 다했다거나 정치란 출세주의 정치인들이 직업으로 하는 일이라는 고정관념에서 벗어나야 한다.

아리스토텔레스가 인간을 '정치적 동물'이라 규정한 이유*는 정치가 우리의 사회적 삶과 결코 무관할 수 없어서다. 그런데 어떤가. 지금 한국 사회에서 살아가는 대다수 국민의 일상에서 경제생활은 과잉인 데 비해 정치생활은 얼마나 과소인가. 아니, 빈곤한가. 국민 개개인의 삶에서 정치생활이라는 개념 자체가 아예 배제되고 있다. 물론 여기에는 나중에 더 자세히 논의하겠지만 세계적

---

* 플라톤과 더불어 고대 서양철학을 대표하는 아리스토텔레스가 인간을 '정치적 동물'이라고 한 이유는 단순히 정치에 관심이 있는 동물이란 뜻이 아니다. 그리스어 전문가에 따르면, 아리스토텔레스의 명제 원문은 '정치적 동물'이 아니라 '본성적으로 국가 공동체를 구성하는 동물'이다. 그 이유로 아리스토텔레스는 두 가지를 든다. 첫째, 인간은 혼자 살아갈 수 없는 존재이기에 '날마다 되풀이되는 필요'를 충족하려면 정치적 공동체가 필요하다. 둘째, 인간은 정치적 공동체를 통해 비로소 온전한 인간이 될 수 있다. 아리스토텔레스가 보기에 "국가가 없는 자는 인간 이하거나 인간 이상"이다.

으로 유례없이 노동시간이 길고, 말 그대로 '먹고살기' 힘든 사회·경제적 조건이 깔려 있다.

대다수 사회 구성원들이 정치생활과 경제생활을 분리해서 사고할 뿐 아니라 그것을 아주 당연한 일로 받아들이며 살아가는 일상생활은 다름 아닌 지배세력이 간절히 바라는 바다. 대학에서도 정치학과 경제학의 경계선은 또렷하다. 정치 현상과 경제 현상이 별개임을 학문적 '권위'로 뒷받침해주고 있다.

하지만 엄밀히 말해 우리 경제생활의 풍경을 틀 지우고 경제정책을 결정하는 것, 바로 그것이 정치 아닌가. 흔히 "정치가 밥 먹여주느냐?"라든가 "바보야, 문제는 경제야!"라면서 가장 실질적이고 중요한 영역을 '경제'라고 꼽지만, 그것 또한 누군가의 노림수다. 많은 사람들이 정치에 관심을 갖지 못하도록 하려는 이데올로기다. 누군가에 의해 가려진 진실을 우리가 주목한다면, 정치생활이 곧 경제생활이라는 명제를 확신할 수 있다.

학습과 토론, 소통을 통해 민중 스스로 자신의 경제생활을 결정짓는 정치생활—바로 그것이 직접정치다—의 중요성을 실감할수 있다면, 주권혁명은 결코 꿈일 수 없다. 새로운 민주주의에 기초한 새로운 공화국을 건설하는 과정 또한 주권혁명의 공론장에서 토론을 통해 풀어가는 게 바람직하다. 거듭 강조하거니와 바로그것이 해방 공론장의 논리이고, 민중의 자기 통치라는 민주주의의 고갱이다.

직접정치

1. 마르크스 사상에서 자본주의를 넘어선 사회의 전제조건은 무엇인가?

2. 니체의 '위대한 정치'는 무엇을 이르는가?

3. 직접정치의 조건은 무엇인가?

4. 정치생활과 경제생활은 분리될 수 있는가?

자본 독재의 대안:
민주경제

수출 대기업과 외국자본의 '천국'

자본 독재 체제를 넘어선 새로운 민주주의를 건설해나가는 과정에서 관건은 경제다. 실존 사회주의 국가들과 '인간적·민주적 사회주의론'이 모두 경제적 난관을 뚫고 나가지 못한 채 좌초했던 경험에 비추어 본다면, 민중을 대변하는 정치세력이 정권을 맡았을 때 어떤 경제정책을 실행할 것인지는 대단히 중요한 문제다.

　새로운 민주주의를 여는 주권혁명 사상은 국가 단위에서 자급자족 경제체제를 완성할 수 있다는 경직된 논리나 마치 지금이라도 곧 사회주의 경제체제를 이룰 수 있을 것처럼 경박한 논리를 펴지 않는다. 역사의 전개 과정과 동떨어진 텅 빈 공간에서 경제 대안을 모색하지도 않는다. 자본주의 경제의 현실에 바탕을 두고 그것을 넘어선 새로운 경제체제의 얼개를 짠다.

주권혁명의 논리 구조에서 새로운 경제체제의 뼈대는 민중의 창조성과 '직접경영'이다. 직접경영은 곧 자세히 논의하겠지만 '직접정치'의 논리와 이어져 있다. 민중의 창조성과 직접경영을 경제 발전의 원동력으로 삼는 새로운 경제체제를 이 책은 '민주경제론'으로 개념화했다. 새로운 민주주의가 그렇듯이 민주경제론 또한 특정인이 제출하는 완성된 이론일 수 없다. 민중이 슬기를 모아 대안을 현실로 구현해가는 과정 자체가 주권혁명이기 때문이다. 물론, 그렇다고 해서 모호한 구상 수준의 이야기를 대안으로 제안하는 것은 무책임한 일이다. 민주경제론의 논리를 한국 경제의 현실에 바탕을 두고 구체적으로 전개해보자.

한국은 이미 경제협력개발기구OECD*에 가입해 있고, 세계경제와 긴밀하게 연결된 보편성을 띠고 있으므로, 주권혁명으로 자본 독재를 넘어선 경제체제를 구현해내는 사업은 세계사적 의미를

---

* 경제협력개발기구Organization for Economic Cooperation and Development의 뿌리는 제2차 세계대전 직후 서유럽의 경제 재건을 추진한 유럽경제협력기구OEEC다. 서유럽 경제가 안정된 뒤 개발도상국 원조를 비롯해 정세 변화에 적응하기 위해 기구를 개편해 1961년 9월 파리에서 발족한 기구가 OECD다. OEEC의 목적이 유럽의 경제 회복에 그쳤다면, OECD는 세계 전체의 경제성장을 목적으로 하며, 회원국도 유럽에 국한하지 않는다. OECD 규약 제1조는 목적을 "회원국의 경제성장과 금융 안정을 촉진하고 세계 경제발전에 기여, 개도국의 건전한 경제성장에 기여, 다자주의와 무차별주의에 입각한 세계무역의 확대에 기여"로 밝히고 있다. 창립 초기에는 '선진국' 중심으로 회원을 늘렸으나, 1989년 동유럽 붕괴 이후 '비선진국'에까지 문을 열었다. 대한민국은 1996년 12월에 29번째 회원국으로 가입했고, 금융 자유화의 여파로 이듬해 구제금융 사태를 맞았다. 회원국은 2013년 현재 총 34개국이다.

지니게 된다.

자본 독재의 대안을 모색할 때, 먼저 상식처럼 퍼져 있는 잘못된 전제에서 벗어날 필요가 있다. 성장을 중시하면 보수이고 분배를 중시하면 진보라는 언명이 그것이다. 그 전제 위에서 '보수'는 성장하지 않으면 분배도 없다며 눈 부라려왔다. 자신들만이 경제를 아는 듯이 복잡한 수학과 수치를 들이대기 일쑤였다. 진보 또한 분배와 성장은 서로 모순되는 게 아니라는 주장을 펴거나 자본주의 체제를 비판하는 원칙론을 강조해왔다.

하지만 다시 정의해야 옳다. 주장과 현실이 맞지 않기 때문이다. 보수가 현실에서 실행해나가는 모습은 '성장하지 않으면 분배도 없다'가 아니다. '분배는 가능한 한 미룬다'가 그들의 실제 행동과 부합한다. 바로 신자유주의 체제, 자본 독재가 그렇다. 우리는 그 간단한 사실을 다름 아닌 한국 경제가 걸어온 길에서 확인할 수 있다. 가까운 과거부터 살펴보자.

한국 경제는 1997년 외환위기를 맞아 IMF의 구제금융을 받으면서 전환점을 맞았다. 이때 '개혁'이라는 이름으로 한국 경제의 구조와 제도에 급격하게 큰 변화가 이루어졌다. 나라 전체가 국가 부도만은 넘겨야 한다는 절박한 위기의식에 빠져 있는 상황이었다. 민중이 기대했던 첫 평화적 정권 교체로 김대중 정권이 들어섰지만 정권과 경제 관료 집단은 '개혁'이라는 명분 아래 신자유주의 체제로 방향을 결정했고 밀어붙였다.

그 결과, 1997년 말을 앞뒤로 경제체제는 크게 달라졌다. 경제적 변화는 그 속에서 살아가는 생활인들의 삶과 의식에도 영향을 끼쳤다. 가장 좋은 보기가 '평생직장' 개념이다. 1997년까지는 암묵적이나마 평생직장 개념이 자리 잡고 있었다. 하지만 1998년 이후부터 시나브로 사라져 어느새 아득한 추억이 되었다. 남아 있는 평생직장은 '철밥통'이라는 모욕마저 듣고 있는 실정이다.

김대중-노무현 정권 10년 동안 이른바 '개혁'이 진행되었지만 우리가 온몸으로 느끼고 있듯이 국민 대다수의 경제, 살림살이는 나아지지 않았다. 아니, 되레 기존의 문제점이 더욱 커졌을 뿐 아니라 비정규직 급증과 같은 새로운 문제가 불거졌다. 두 정권을 이은 이명박-박근혜 정권에서 문제는 더 커져가고 있다. 이 모든 게 '세계화'와 '글로벌 스탠더드'를 좇는 '경제 개혁'의 이름 아래 이뤄졌다.

한국 경제는 IMF 구제금융을 받은 뒤 자본시장을 '전면 자유화' 했다. 은행을 비롯한 금융기관은 국가 경제의 중추 기능을 스스로 포기했다. 자체 수익성만을 중시하는 시장주의 경영으로 돌아섰다. 노동시장 '자유화'는 걷잡을 수 없을 정도로 진행되었다. 숱한 공기업이 빠른 속도로 '민영화'란 이름 아래 사적 자본과 외국인 손으로 넘어갔다. 시장의 논리에서 자유로운 공공 부문을 찾아보기 어려운 상황으로 급변했다.

그렇다면 저들이 국민에게 약속한 대로 한국 경제는 시장 질서에 따라 정상적으로 움직여가고 있는 걸까? 수치만으로 볼 때 수출은 줄곧 급성장해왔다. 1인당 국민소득 또한 '환율 효과' 때문이라는 분석이 있지만 이미 2007년에 2만 달러를 넘어섰다. 1995년 1만 달러를 넘어선 뒤 외환위기를 겪으면서 12년 만에 이룬 성과다.

문제는 수출의 증가가 곧 한국 경제의 '건강'을 진단하는 절대적 지표가 결코 아니라는 데 있다. 수출이 사상 최대를 해마다 기록한 반면에 내수는 끝없이 침체되어갔다. 대기업들의 수출이 늘어나지만 그에 비례하여 고용이 늘어나는 것도 아니다.

이른바 '순수경제학'의 논리에 따르면 대기업이 수출을 주도할 때, 수출 대기업과 연관 있는 중소기업에게도 그 혜택이 돌아가야 마땅하다. 그런데 현실은 전혀 아니다. 수출 대기업의 성과와 반비례할 정도로 중소기업 경기는 해마다 악화하고 있다. 신자유주의 '개혁'으로 수출과 국민경제가 연관성을 상실했기 때문이다.

처음부터 한국 경제는 자본과 기술, 시장의 상당 부분을 해외에 의존했기에, 자립적 재생산 구조를 갖추는 데 결정적 한계를 지니고 있었다. 그럼에도 당시 수출이 전체 경제의 성장을 이끌었던 것은 나름대로 순환 구조를 갖추고 있었기 때문이다. 수출이 늘어나면 설비투자와 고용이 확대되고 일자리가 늘어나면서 가계 수입도 올라가 내수 활성화로 이어졌다.

1987년 7·8월 노동자 대투쟁으로 임금소득이 상승하면서 내수 시장은 폭발적으로 확대되었다. 많은 국민에게 승용차가 일반화되기 시작한 게 대표적 징표다. 수출과 내수의 선순환이 이어지면서 이른바 '수출입국'이란 말은 국민경제적 의미를 가졌고, 그걸 내세워 경제적 안정을 거론할 수도 있었다.

그러나 전두환 정권 시기부터 서서히 들어온 신자유주의가 1997년의 구제금융 이후 본격적으로 퍼져가면서 상황은 크게 달라졌다. 수출의 국민경제 파급효과는 무장 떨어졌다. '규제 완화'라는 이름으로 모든 것을 자본에 맡긴 결과, 생산 공장의 해외 이전이 가파르게 늘어나고 비정규직이 급증했다. 수출 주력 업종이 섬유나 의류 같은 노동 집약 산업에서 반도체나 스마트폰처럼 고용 효과가 낮은 자본 집약 산업으로 바뀌면서 고용 불안은 갈수록 심각해지는 상황이다.

국제 무대에서 경쟁력을 갖춘 '초일류 기업'은 천문학적 순익을 올리지만 국민경제의 풍요로 이어지지 않는다. 더러는 그것이 세계화 시대의 '글로벌 스탠더드'라고 '정당화'하지만 사실과 다르다. 미국식을 일방적으로 강요하는 '아메리칸 스탠더드' 또는 자본 이익에 모든 기준을 맞추는 '캐피탈capital 스탠더드'일 따름이다. 실제로 전 세계 200여 나라 가운데 '글로벌 스탠더드' 아래서 '이익'을 본 나라는 미국을 비롯한 극소수다. 하지만 미국조차 내부적으로 20 대 80의 심각한 양극화가 드러나면서 파국적인 금융 위기를 맞았다.

신자유주의 단계의 자본주의 특성은 '주주 자본주의'이다. 기업 경영과 시장경제는 물론 국민경제 전체를 포함한 모든 경제활동의 목표를 주주의 이익 극대화에 맞추는 체제다. 주주 자본주의 체제에선 국민경제라는 개념이 사라질 수밖에 없다. 주주, 곧 대자본의 이해관계가 최우선이기 때문이다. 전통적인 경영의 패러다임이 기업의 성장에 목표를 두고 있었다면, 주주 자본주의에서는 주주의 이익을 확보하는 것으로 바뀐다.

따라서 주주 이익을 확대하기 위한 수단이 기형적으로 발전한다. 인건비를 줄이고 인수 합병으로 주가를 끌어올린다. 대량 해고를 통해 비용을 줄이면 주주에 대한 배당금이 늘어나기 때문이다. 수단과 방법을 가리지 않고 높은 배당금을 창출하는 경영자는 상상을 초월하는 연봉이나 스톡옵션을 챙긴다.

주주 자본주의가 움직이는 논리를 이해하기 위해 실제로 외국 자본이 한국에서 어떤 식으로 움직였는지를 톺아보자. 국제 금융 자본은 집단 부실 상태에 놓여 있던 한국의 금융 산업을 사부자기 손에 넣었다. 그에 따라 대부분의 주요 은행들에 외국자본이 깊숙이 들어와 있다.

2013년 10월 현재 국내 금융권을 쥐락펴락하는 KB금융의 외국인 주식 보유율은 63.8퍼센트에 이른다. 신한지주(64.24퍼센트)와 하나금융지주(60.05퍼센트)도 비슷한 수준이다. 4대 금융 지주 가운데 우리금융을 제외한 3개사 주식의 60퍼센트 이상을 외국인이 소유한 상태다. 대구·경북과 부산의 토착 금융으로 알려진 DGB금융지주(74.91퍼센트)와 BS금융지주(60.83퍼센트)도 예외가 아니다.

자본주의에서 은행은 산업의 젖줄에 비유된다. 신자유주의 '종주국'인 미국조차 금융기관에 대해서만큼은 외국자본의 진출을 엄격히 통제하고 있다. 한국 경제는 아무런 준비도 없이 문을 덜컥 열어준 셈이다. 독자들이 유의할 대목은 이 모든 게 한미 FTA 협상 이전에 이미 현실로 존재했다는 점이다. 외국자본의 '침투'는 제조업은 물론, 공기업까지 퍼져갔다.

대기업도 예외가 아니다. 2013년 10월 현재 한국 경제를 '대표'하고 있는 삼성전자의 외국인 주식 보유율은 49.15퍼센트에 이른다. 철강업계 1위인 포스코는 54.28퍼센트, 국내 담배 생산을 사실상 독점하고 있는 KT&G는 58.96퍼센트, 국내 인터넷 시장에서 부동의 1위를 차지하고 있는 네이버의 외국인 주식 보유율은 56.98퍼센트, 대형마트 업계 1위인 이마트는 56.65퍼센트의 주식을 외국인이 보유하고 있다. 이밖에 한국유리(80.61퍼센트), 쌍용자동차(76.43퍼센트), 삼성화재(54.42퍼센트), 현대산업(53.56퍼센트), 에스원(50.42퍼센트)도 외국인 지분이 50퍼센트를 넘어섰다(《뉴시스》, 2013년 10월 17일 자).

결국 외국계 자본이 우리 경제의 중추를 장악함으로써 한국에서 생산된 국부를 국민경제의 다른 부문에 재투자할 수 없게 되었다. 외국자본이 해마다 천문학적 규모로 이윤을 회수해가고 있기 때문이다.

1992년 증시 개방 이후 2013년까지 외국인 투자자들이 받아간 현금배당액은 53조 3,000억 원에 이른다. 외국인들이 국내 증시에서 거둔 수익률은 785.6퍼센트로 같은 기간 코스피 수익률 227.8퍼센트를 3배 이상 상회한다(KDB대우증권 보고서, 《아시아경제》, 2013년 10월 10일 자).

주주 자본주의 체제의 문제는 국부의 해외 유출에 그치지 않는다. 주주 자본주의의 논리가 기업의 투자 부진과 고용 악화를 일으켜 내수 시장과 노동자의 삶에 심각한 타격을 입히는 게 더 심각한 문제다.

금융권도 주주 자본주의에 앞장서는 형국이다. 리스크가 따를 수 있는 기업 대출을 슬금슬금 피한다. 주택 담보 대출을 비롯해 안전한 가계 대출로 방향을 전환했다. 그런 가운데 은행은 사상 최대의 수익을 거두었다. 하지만 그 결과다. 경제성장을 위한 '투자 자금 공급'이라는 은행 본연의 임무는 뒤로한 채 가계부채를 급증시켰다. 신용대란을 조장하는 데 단단히 한몫했다. "국민의 자본으로 국민을 상대로 장사를 해 얻은 수익이 외국인 주주들의 주머니로 들어가는 이상한 구조"라고 시중은행 은행장이 고백했을 정도다. 여기서 이 책의 들머리에 소개한 서른네 살의 비극적 주부가 카드 빚에 시달렸다는 사실을 떠올릴 필요가 있다.

주가 차익 실현을 통해 단기에 자본 이익의 회수를 도모하는 주주자본주의는 필연적으로 기업 인수 합병과 노동자 대량 감원을 통해 주가를 부양하고 곧바로 빠져나가는 투기적 행태를 동반한다.*

---

* 가령 뉴브리지캐피털Newbridge Capital은 제일은행을 인수한 뒤 되팔면서 1조 1,500억 원의 차익을 챙겼다. 골드만삭스Goldman Sachs는 진로를 인수해 되팔아 채권 차익으로만 1조 원이 넘는 이익을, 소버린Sovereign 자산운용은 SK와 경영권 분쟁을 일으켜 주가 상승을 유도하면서 8,000억 원의 주가 차익을 챙겼다. 무엇보다 압권은 론스타 Lone Star Fund다. 론스타가 외환은행을 되팔면서 챙긴 이익은 4조 6,600억 원에 이른다.

신자유주의자들의 투기 행위로 노동자들은 삶의 터전에서 쫓겨날 수밖에 없었다. 주주 자본주의가 단기 기업 수익성을 높이려고 '유연성'이라는 이름 아래 노동시장 파괴에 적극 나서기 때문이다. 대규모 구조조정과 감원, 해고, 비정규직의 대량 양산 따위는 주주 자본주의에 근거한 자본 독재의 적나라한 모습이다.

결국 한국 경제의 성장률은 크게 낮아졌다. 더러는 한국 경제가 이미 초기 고성장 국면을 넘어섰으므로 성장률 하락은 당연한 현상이라고 주장한다. 하지만 한국 경제는 아직 그런 수준에 이르지 못했다.[**] 양이 아닌 경제의 질, 삶의 질로 선진국과 비교하면 한국 자본주의는 더더욱 미숙한 수준이다.

게다가 한국 경제의 저성장 기조는 사회 양극화, 20 대 80의 사회구조와 병행하고 있다. 경제의 저성장이 양극화와 동전의 앞뒤처럼 짝을 이루는 현상은 신자유주의가 도입된 거의 모든 나라에서 공통점으로 나타나고 있다. 우리보다 10여 년 일찍 주주 자본주의를 강요받았던 남아메리카 국가들이 대표적 보기다. 저성장과

[**] 진보 세력 가운데는 경제성장 문제를 논하는 일 자체를 혐오하는 시각까지 존재한다. 마치 '보수=성장, 진보=분배'라는 등식이 있기라도 하듯 당당하다. 그러나 지금까지 인류 역사가 발전해온 밑절미에는 생산력이라는 토대가 있었다. 평등이나 인권, 자유 같은 소중한 가치도 인류의 생산력 발전과 함께 신장했다. 따라서 성장 지상주의를 경계하는 것과 성장 자체에 손을 놓는 것은 전혀 별개의 문제다. 생산력을 발전시킴으로써 사람들 생활의 물적 토대를 개선하고 더 인간다운 생활을 추구할 수 있게 만들어가야 옳다. 따라서 벌써부터 저성장이 당연하다는 논리는 한국 경제의 현실과 어울리지 않는다(새사연, 《새로운 사회를 여는 상상력》, 시대의창, 2006).

양극화의 동반 진행은 주주 자본주의의 고유한 특성이다.

그 결과로 한국 경제에서 수출 대기업과 외국자본은 '천국의 생활'을 만끽하고 있지만, 저성장과 양극화 아래서 대다수 민중은 불안과 생활고에 시달리고 있는 게 엄연한 현실이다.

'신자유주의'라는 이름 아래 전개된 자본 독재의 경제구조를 근본적으로 바꾸지 않고서는 경제성장도, 양극화 해소도 이루어질 수 없다는 진실을 한국 경제에서 확인할 수 있다. 경제 발전의 새로운 체제와 성장 동력이 필요한 이유가 바로 여기에 있다. 새로운 경제 발전의 동력을 발견하려면 1960년대 이후 한국 자본주의의 성장 과정을 차분히 톺아볼 필요가 있다.

군부독재와 자본 독재의 한계

1960년대 이후 한국 경제의 성장을 이끌어온 모델은 크게 정부 주도형과 자본 중심형으로 압축할 수 있다. 제1차 경제개발 5개년 계획을 시작한 때로부터 1980년대까지 한국 경제는 정부가 전면에 나서서 생산계획과 산업 정책을 수립하고 이에 필요한 요소인 자본, 노동, 사회간접자본 시설까지 적극 조직하는 체제였다. 경제 전략과 경제 운용의 주도권이 정부에 있었기에 이를 '정부 주도 경제'로 규정할 수 있다. 정부가 주도하지만 그 아래서 자본의 힘도 서서히 커나갔다. 군부독재는 정경 유착과 부정부패, 황금만능주의를 낳았다.

군부독재가 물러난 1987년 이후는 서서히, 1997년부터는 급격히 자본이 정부의 자리를 대체해갔다. 군부독재에서 자본 독재로의 '이행'이다. 더러 '시장 주도'라는 개념을 쓰기도 하지만 온당치 못하다. 자본이 자신의 이익을 목적으로 생산과 산업 전반을 규정하며 시장까지 왜곡하는 체제이기에 '자본 중심 경제' 또는 '자본 독재'로 규정하는 게 정당하다.

냉전 체제 아래서 군부독재의 주도로 한국 경제는 비교적 짧은 시간에 걸쳐 산업화에 성공했지만 1987년 6월 대항쟁 뒤부터 정치권력이 약해지면서 자본 중심 경제로 바뀌어간다. 경제 운용 기조 자체가 철저히 대자본의 이해를 관철하는 방향으로 변해갔다. 군부독재의 정부 주도 경제에서는 정당성 없는 정권의 정통성을 얻기 위해서라도 국민경제라는 틀을 유지하며 경제의 외형적 성장에 관심을 기울였다. 하지만 주도권이 자본으로 넘어가면서 국민경제 전반의 이익이라는 개념은 시나브로 사라졌다. 앞서 짚었듯이 한국 경제는 수출 대기업과 외국자본의 천국이 된 반면에 국민 대다수인 민중은 장시간 노동과 불안정한 일터에서 고통받고 있다.

정부 주도와 자본 중심 모두 경제를 온전히 성장시킬 유효한 체제가 될 수 없다면, 우리는 어떤 대안을 찾아야 할까? 역설이지만 그 해답은 한국 경제가 전개된 과정에서 찾을 수 있다.

한국 경제가 1960년대 초반 경공업에서 시작해 1970년대의 중화학공업, 1980년대 자동차와 전자 산업, 1990년대 이후 반도체와 IT 산업에 이르기까지 고부가가치를 찾아 산업의 축을 빠르게 이동할 수 있었던 궁극적 힘은 무엇이었을까?

그 변화와 발전을 감당할 만큼 풍부한 양질의 노동력이 있었기에 가능했다. 노동력을 뒷받침한 것은 다른 나라에 견주어 강렬한 한국 사회의 교육열이었다. 국민 대다수, 곧 민중이 허리띠 졸라매면서도 자식 교육만큼은 이를 악물고 시킴으로써 고도 산업화에 필요한 질 높은 노동력을 '공급'했다. 더구나 민중은 살뜰한 저축으로 경제성장을 위한 자본을 조달해주었고, 그 결과 산업구조의 숨찬 변화를 감당하며 이른바 '한강의 기적'을 일궈냈다.

　한국 경제가 대외 의존적이고 자본 독재로 귀결되었지만, 경제성장의 원천은 어디까지나 민중에 있었다. 따라서 자본 중심 경제인 주주 자본주의를 넘어서는 대안 또한 민중에서 찾을 수 있다. 다만 지금까지는 민중이 수동적 지위에 있었다면, 앞으로 한국 경제가 지향할 대안 경제는 민중이 주도해가야 한다.

　2008년 미국 금융위기 이후 세계사적으로 새로운 경제체제가 절실하게 요구되고 있다. 한국 내부적으로도 전환이 필요하다. 민중이 주도하는 경제는 '정부 주도 → 자본 중심'으로 이어온 한국 경제 전개 과정의 연장선에 있지만 성격이 다르다. 사회 구성원의 노동의 질과 창조성을 높임으로써 생산력을 발전시키고 경제의 새로운 가치를 창조해내는 것을 기본 전략으로 삼는 체제다. 여기서 말하는 '노동'의 개념은 임노동자 또는 전통적인 노동계급에 국한하지 않는다. 사회 구성원 가운데 대자본가, 부동산이나 자본소득으로 살아가는 극히 일부를 제외한 일하는 사람 모두가 수행하는 '노동'을 의미한다. 전통적인 계급 개념과 다른 관점으로 접근해야 할 까닭은 다음과 같다.

첫째, 주주 자본주의로 큰 이익을 얻는 소수의 자본소득 계층이 아닌 모든 사회 구성원들은 신자유주의 경제, 자본 독재 체제를 극복하는 데 이해를 같이하고 있다. 현재의 한국 경제 아래선 노동자, 농민만이 아니라 자영업자와 중소기업인까지 현상 유지조차 어려운 상황이다. 중산층의 분화도 빠르게 이뤄지면서 저소득층으로 떨어지는 사람이 늘어나고 있다. 따라서 2,500만 명에 달하는 취업자, 그 가족까지 포함하면 사회 구성원의 절대다수가 자본 아닌 노동을 축으로 한 경제체제에 찬성하고 이해관계를 같이 할 수 있다.

둘째, 국민경제의 발전은 어느 특정 계급의 힘만으로는 부족하다. 일하는 모든 사람들, 곧 민중의 창조성을 높여야 국민경제가 세계화에 올바르게 적응하며 이끌어갈 수 있다. 앞에서 '노동자'보다 '민중'을 새로운 민주주의의 주체로 제시한 이유도 바로 여기에 있다.

자본 중심 경제의 문제점을 옳게 인식하고 경제성장의 원천 동력인 노동의 창조성에 동의하는 국민적 공감대를 바탕으로 이를 경제 운영의 원리로 삼을 때, 우리는 이를 민중 주도 경제, 곧 '민주경제'로 개념 정의할 수 있다.*

---

* 경제 발전의 주도성이 자본에서 노동으로 이동할 수밖에 없는 근거는 20세기 내내 발전해온 생산력과 노동의 진화 과정에서 찾을 수 있다. 20세기 후반 이후부터 자본주의 세계 시장은 제품의 차별화 및 다양화, 곧 창조성을 놓고 숨 막히는 전쟁을 벌이고

생산 체계를 혁신하고 생산성을 좌우하는 핵심 요소가 기계장치에서 사람의 창조성으로 옮겨지게 됨으로써 창조적 노동이 생산의 중심에 놓이게 되었다. 그 변화는 개별 노동자의 책임 범위와 행동 양식의 변화를 넘어서 생산 라인 전체 그리고 기업 조직 전체로 퍼져가고 있다.

변화의 물결은 지식과 노동의 결합으로 더 증폭된다. 현장에서 일하는 노동자가 처음부터 기획에 참여하고 작업을 설계할 수 있을 때 다양한 아이디어, 창조적 발상이 쏟아져 나온다. 작업을 능동적으로 개선할 수 있고, 새로운 제품 생산도 더 빠르게 소화해 낼 수 있다.

현장 노동자의 창조성이 중시되면서 기업 활동도 생산만 강조하던 시대에서 새로운 지식을 획득하고 창조하는 학습 과정으로 이해하는 움직임이 나타나고 있다. 지식 관리 체계Knowledge Management System, KMS의 등장이 대표적 보기다. 기업에서 일하는 노동자들(인적 자원)이 지닌 지식과 능력을 효율적으로 축적하고 활용하는 체계다.

양보다 질이 중요한 시대가 되면서 지식 기술 노동과 육체노동의 융합으로 창조적 노동이 발전하기 시작했다. 인간관계도 수평

있다. 지구촌의 경쟁 체제를 어떻게 바꿀 것인지의 문제와 별개로 주목할 것은 창조성이 기업 경쟁력을 높이는 결정적 요소가 되었다는 사실이다. 기계제 대공업 아래에서 중요성이 퇴화했던 노동의 창조성이 경제의 고갱이로 자리매김하고 있는 것이다. 사람의 창조성이 결정적 요소가 되면서 노동자와 기계의 관계도 변화를 겪고 있다.

적 관계를 사람들이 선호함에 따라 팀제나 네트워크처럼 자율성에 기초한 소통과 협력의 중요성이 높아가고 있다.

현대 자본주의 사회에서 노동은 창조성, 자율성, 협력을 가장 큰 특징으로 한다. 노동의 창조성을 중심에 둔 새로운 경제체제가 민중의 노동이라는 원천적 동력을 중시하는 데에는 세기적 변화의 흐름이 놓여 있다.

변화의 물결은 노동과 자본의 관계에서도 드러난다. 지금까지 자본이 생산 영역을 지배할 수 있었던 주된 요인 가운데 하나는 희소가치였다. 그러나 자본의 희소가치가 사라져가고 있다. 총량적 관점에서 볼 때 세계적으로 자본은 넘쳐난다. 과잉이다. 한국 경제도 마찬가지다. 반면에 '지식 기반 경제' 시대가 열리면서 지식 생산을 하는 사람 자체가 생산수단이 되었다. 생산력도 사람에 내재해 있다. 고도의 지적·창조적 노동이 그 자체로 생산을 조직하고 지배하는 원천이다. 따라서 일방적으로 자본과 생산수단에 속박되기만 하던 노동자의 존재 조건도 변해가고 있다.

물론, 아직 자본의 힘이 강력하기에 반론도 있을 수 있다. 가령 지식 산업은 아직 전체 산업의 일부분에 지나지 않는다는 주장이 그렇다. 그러나 지식 산업은 창조적 노동이 가장 첨예하게 나타나는 부문일 뿐이다. 창조적 노동의 필요성은 결코 지식 산업에 국한되지 않는다. 심지어 사양산업으로 분류되는 곳에서도 노동의 창조성은 새로운 가치를 만들어낸다. 이를테면 1970년대 한국 수출의 주력이었던 섬유, 피혁, 신발 산업을 흔히 그렇듯이 사양산업으로 취급할 일이 아니다. 창조적 디자인과 인체공학을 더하면 새로운 가치를 창출하는 산업이 될 수 있다. 한발 더 나아가 바이오기술, 나노기술까지 어우러지면 신소재 산업으로서의 가능성도 충분하다. 고부가가치를 창출하는 이탈리아의 패션 산업이 적절한 보기다. 결국 모든 산업, 모든 경제 부문에서 일하는 사람의 지식과 창조성이 자본보다 우위의 요소가 되고 있는 게 21세기 경제의 자연스러운 흐름이다.

역설이지만 노동의 창조성에 주목하며 이를 여러 경영 기법으로 발 빠르게 수용한 것은 자본주의 체제였다. 기업들은 기존의 기능 중심 조직을 학습 조직으로 변형시켜나갔다. 자본주의가 노동의 변화를 생산력 발전 요인으로 끌어들임으로써 체제를 유지하고 확산해간 반면에, 정작 소련을 비롯한 실존 사회주의 국가들은 변화의 흐름에 둔감했다.

자본은 노동의 변화에 따라 생산 체계의 유연화·조직화·수평화를 단행했다. 그러나 자본의 재빠른 대응*은 결정적 한계를 지니고 있어 단기적 효과에 그칠 수밖에 없다. 노동의 변화는 앞으로도 가속화할 게 분명하며 변화가 일정한 선을 넘어서면 현재의 자본-노동 관계 틀로 수용할 수 없다. 자본 독재의 생산관계는

---

* 기업들은 지식정보 인프라를 먼저 확충하면서 경쟁력을 높였다. 스톡옵션을 비롯해 강력한 인센티브제를 도입함으로써 창조성 높은 노동력을 기업 내의 자원으로 확보하는 시스템을 만든 것도 주목할 만한 차이점이다. 모두 창조적 노동의 성과를 기업 안으로 흡수하려는 장치들이다.

노동의 창조성에 기초한 생산력 발전에 질곡일 수밖에 없어서다.

무엇보다 자본 중심의 경제는 20세기 하반기부터 생산력 발전에서 근본 동인을 이뤄왔던 노동의 창조성을 탕진하는 심각한 문제가 있다. 노동자들을 생산의 소모품으로 삼기 때문이다. 유연한 노동시장을 토대로 이윤을 창출하는 신자유주의의 생산관계는 짧은 시기만 놓고 볼 때 기업에 효율을 창출할 수는 있다. 하지만 신자유주의는 결코 지속 가능한 경제일 수 없다. 어디선가 필요한 인력을 끊임없이 준비해서 공급해주지 않으면 언젠가는 바닥이 드러날 수밖에 없기 때문이다. 생산력을 발전시키기보다는 가로막는 신자유주의적 생산관계의 미래는 어두울 수밖에 없다.

시대는 자율과 창조, 수평적 관계를 요구하고 있는데, 자본은 오히려 소수로 집중화하고 노동 창조성을 고갈시키고 있다. 그렇기에 자본과 노동 사이에 갈등이 불거지고 있지만, 노동의 창조성이 생산을 주도해나가는 흐름을 주목할 필요가 있다. 사회 구성원 다수의 민주적 의사에 따라 노동과 자본이 조율하고 공존할 수 있는 길을 모색해야 할 이유다.

공존을 지향하는 새로운 관계의 모색은 생산성을 선도할 수 있는 집단의 힘으로 만들 수밖에 없다. 사회적 의제를 설정하고 이를 토대로 새로운 정치경제 구조를 형성해나가는 일은 사회 구성원의 절대다수를 차지하면서 실제 삶의 현장에서 지식과 창조성을 통해 생산 발전을 이끌어가는 사람들, 민중이 주도할 수밖에 없고 또 마땅히 주도해야 옳다.

민주경제론의 정책 대안

우리는 민중의 창조력을 경제 발전의 동력으로 삼는 경제체제가
왜 시대정신인지를 자본주의의 세계사적 전개 과정에서 살펴보았
다. 민중의 자기 통치라는 민주주의 철학에 근거해 민중이 주체가
된 경제를 '민주경제'로 개념화했다.

그렇다면 민주경제를 구현할 정책은 무엇인가. 민주경제에서
기업은 어떤 소유 구조나 경영 구조를 지니는가. 지배 구조는 어떤
형태인가. 경제 발전의 핵심 기제인 금융은 어떻게 바뀌어야 하는
가. 노동정책과 산업 정책은 어떻게 구성해야 타당한가.

국민 대다수인 민중이 경제주권을 갖는 민주경제의 정책 대안
에서 고갱이는 무엇보다 노동을 통해 자기실현을 할 권리와 기업
경영에 노동자의 전면 참여를 꼽을 수 있다. 민주경제의 핵심 동력

이 노동의 질, 곧 노동의 창조성에 있기 때문이다.

노동주권: 자기실현 권리

신자유주의는 노동시장 유연화가 돌이킬 수 없는 대세임을 내내 강변해왔다. 세계적으로 비정규직 노동자가 늘어나는 가운데 특히 한국 경제는 전체 노동자의 절반을 훌쩍 넘어섰다. 비정규직이 850만 명에 이르고 청년실업마저 차곡차곡 쌓이고 있다.

비정규직 급증과 실업 문제를 '사회적 안전망' 같은 복지 차원에서 접근하는 관점은 한계가 또렷하다. 노동을 피동적 요소로 보기 때문이다. 노동 창조성을 중심으로 한 관점에서 보면, 국민 개개인의 노동 창조성을 높이지 않을 때 경제 발전은 없다.[*]

무엇보다 대한민국을 비롯해 민주주의 국가들이 헌법에 명문화하고 있듯이 모든 인간은 일할 권리, 노동권을 갖고 있다. 헌법에 국민의 일할 권리를 명문화했다면, 정부는 그것을 현실로 구현할 의무가 있다. 여기서 일할 권리는 단순히 노동권의 문제가 아니다. 노동의 창조성은 개개인의 삶과 자기실현에 큰 의미가 있기 때문이다. 노동주권은 고용이나 복지 차원의 기본권을 넘어서서 새로운 사회를 열어가는 생산력 발전의 동력이자 개개인의 자기실현 권리다.

모든 사회 구성원이 노동의 질적 수준을 높이고, 이를 국민경

[*]박근혜 정부의 '창조경제'는 노동을 중시하긴커녕 배제하고 억압함으로써 '국민행복시대'가 그렇듯이 현실을 호도하는 권력의 이데올로기로 전락했다.

제가 요구하는 적재적소에 결합해나가야 한다. 국민 개개인의 노동 창조성이 앞으로 경제 발전에 가장 중요한 동력이기 때문이다.

노동주권을 구현하는 정책 가운데 시급한 것은 노동시장을 안정화하는 일이다. 국민경제 전반에 안정적인 고용 모델을 마련하지 않으면 노동 창조성의 발현을 기대할 수 없기 때문이다. 안정적 고용이 없는 토양에서 창조성이 꽃피기는 어렵다.

다만 고용 안정이 필요하다고 해서 개별 기업 차원의 '종신 고용'이 궁극적 해답이 될 수는 없다. 경제적 생산이 양적 생산에서 질적 생산의 시대로, 단순한 피동적 육체노동에서 정신노동과 육체노동이 결합하는 시대로 옮겨가고 있는 상황에서 노동의 창조성을 특정 기업 또는 특정 분야의 틀 안에 영원히 종속시키는 것은 걸맞지도 않다.

개별 기업을 떠나 산업 차원으로 보면, 국민경제 발전을 위해서는 낡은 산업을 축소하고 부가가치가 높은 산업을 강화하는 '산업구조 개혁'이 필요하다. 이를 위해서는 노동력의 재배치가 불가피하다. 그렇다고 개별 기업 단위에서 고용의 유연성을 아무런 제한 없이 인정하면 노동자의 생존이 위협받을 수밖에 없다.

따라서 기업 단위에서의 고용의 유연성은 국민경제 단위에서 고용을 책임지는 정책과 맞물려 제시해야 옳다. 개별 기업 차원에서는 불가피한 경우에 한하여 유연한 인력 정책을 쓸 수 있지만 국가 전체적으로는 노동 안정을 이루고 노동의 질을 높이는 역동적 체계를 갖춰야 한다. 우리는 그것을 '일할 권리의 사회 보장제'로 개념화할 수 있다.

국가는 실업자가 재취업할 때까지 생존권을 보장하며 취업 교육과 알선까지 최종 책임을 맡는다. 취업 교육 또한 단순히 직업 기능을 몇 가지 익히는 차원을 넘어서 앞서 살펴본 노동자의 '지적 발전'을 비롯해 산업 사이에 이동이 가능한 수준까지 나아가야 한다. 그럼으로써 노동자가 스스로 상황에 대처해나가는 의지와 능력을 지니게 하고, 일시해고를 수반하는 노동력 재배치가 국가 차원에서는 산업 전체의 생산성을 높이는 계기가 될 수 있다.

연이은 IT 혁명으로 산업구조가 급변하고, 이에 따라 노동력 수요도 다채롭게 변하고 있다. 개별 기업과 산업 사이의 노동 수요 변화를 국가가 완충장치를 통해 흡수하고 사회 전체로는 질 높은 노동력의 끊임없는 재생산이 가능한 고용구조를 창출해야 한다. 그 점에서 '일할 권리의 사회 보장제'는 단순한 실업자 대책이 아니다. 국민 노동의 질적 발전을 통해 생산력과 경제 수준을 높일 범국민적 노동 창조성을 확보하자는 정책이다.

일할 권리를 보장하는 제도를 구현할 때 중요하게 다룰 정책 의제는 노동시간 단축이다. 새삼스러운 말이지만 일할 권리는 삶의 자기실현 권리, 삶의 자기 창조 권리를 위한 조건이다. 일할 권리와 더불어 노동시간 단축으로 여가를 즐길 권리를 보장해야 한다.

일할 권리가 그렇듯이 여가의 권리 또한 자기실현, 삶의 자기 창조에 없어서는 안 될 조건이다. 노동시간 단축은 여가만이 아니라 노동 자체의 창조성을 구현하는 데도 필요조건이다.

직접정치를 구현하고 노동자의 정치생활을 보장하기 위해서도 노동시간은 줄여야 한다. 노동시간이 줄지 않을 때 정치적 상상력이 꽃필 공간도 넓어지기 어렵기 때문이다.

노동시간 단축은 시간을 줄인 만큼 다른 사람이 일할 자리를 늘릴 수 있기 때문에 일할 권리의 사회 보장 정책에도 중요한 수단이다.

직접경영: 노사 공동 결정, CSR, 협동조합

노동주권은 일할 권리의 충족만으로 끝나지 않는다. 노동의 창조성은 노동자들이 스스로 자율성과 책임성을 가지지 않는 한 한계가 뚜렷할 수밖에 없기 때문이다. 여기서 말하는 노동 창조성은 강요된 창조성, 경영 전략으로 유도하는 창조성과 질적으로 차원이 다른 개념이다. 자발적 창조성이다. 따라서 노동자를 기업에 종속된 존재가 아닌 기업을 운영해가는 또 하나의 주체로 세우려면 노동자의 전면적 경영 참여가 필요하다.

노동자의 전면적 경영 참여는 기존에 논의되어온 '경영 참여'와 다르다. 지극히 제한적으로 노동조합의 의견을 반영하는 좁은 의미의 경영 참여는 기존 경영권을 인정한 전제 아래 노동자의 발언권을 늘리겠다는 소극적 뜻을 담고 있을 뿐이다. 일각에서 거론되는 종업원 지주제의 확대나 노동자들의 자사주 갖기 운동이 제한적일 수밖에 없는 까닭이다. 노동자가 자본과 함께 경영을 책임질 때 진정한 경영 참여가 이루어진다. 기존의 부분적 경영 참여와 다

른, 노동자의 전면적 경영 참여는 직접정치에 상응하는 '직접경영'
으로 개념화할 수 있다.

직접경영은 허황된 제도가 아니다. 독일은 이미 '노사 공동 결정
제도'로 직접경영의 첫걸음을 내디뎠다. '사회적 시장경제'를 내
세운 독일 경제는 자유로운 경제활동 못지않게 사회적 균형을 지
향한다. 기업마다 '직장 평의회'가 경영상의 중요한 결정을 할 때
마다 경영진과 협의한다. 대기업에서 노동자의 경영 참여 제도는
더 진전됐다.

2,000명 이상의 대기업은 설비투자를 비롯한 경영 전략의 결정
권이나 실제로 기업을 경영해나가는 이사회(경영 이사회)의 이사
선임권을 갖는 '감독 이사회'를 반드시 구성해야 한다. 바로 그 감
독이사회의 절반을 노동자 대표가 맡도록 입법했다. 다만 감독 이
사회의 의견이 가부 동수일 때는 주주 쪽에서 선임하는 의장이 의
결권을 행사할 수 있도록 했다. 경영 이사회의 노무이사를 노동조
합에서 직접 임명하는 사례도 많다.

물론, 독일에서도 자본의 저항은 만만치 않다. 2000년대 중반에
보수당 정권이 들어서면서 '노사 공동 결정제 개혁 위원회'를 만들
어 노조의 경영 참여 범위를 축소하려고 나섰다. 해외 자본 유치
에 노사 공동 결정제가 걸림돌이라고 명분을 세웠다. '신속한 투자
결정을 방해하고 고용 유연성을 떨어뜨리며 경영권을 침해한다'
는 보수 세력의 주장은 여론의 지지를 받지 못했다. 노사 공동 결
정제가 생산성에 악영향을 끼치기보다는 노사 갈등을 줄임으로써

생산성을 높인다는 결론을 내리고 법 개정 움직임은 백지화됐다.

2008년 미국 금융위기 이후 세계 각국의 경제가 휘청거릴 때 독일 경제가 가장 튼실하게 굴러갈 수 있었던 동력은 노사 공동 결정 제도라는 분석이 나오고 있다. 독일의 '히든 챔피언'으로 불리는 '강소기업'들, 자동차와 화학 산업에서 유럽을 이끄는 독일 제조업의 경쟁력은 노동자가 경영에 참여하는 공동 결정 제도에서 찾을 수 있다.

특히 자동차기업 폭스바겐은 1990년대에 '구조조정'의 위기에 몰렸지만, 노사 공동 결정 제도를 통해 고용 안정과 유연한 노동시간제를 교환하며 위기를 탈출했다. 폭스바겐을 오랫동안 연구한 독일 에센 대학의 토마스 하이페터 교수는 "폭스바겐은 사업장에서 경영자와 노동자가 함께 어떤 미래로 나아갈지, 전략이 뭔지 구체적으로 의견을 나눈다. 이런 것들이 상품 경쟁력을 높이는 데 중요하게 작용했다"(《한겨레》 2013년 11월 4일 자)고 설명했다. 폭스바겐은 무서운 속도로 발전해 2013년 11월 현재 세계 자동차 시장 1위인 일본 도요타를 바짝 추격하고 있다.

직접경영의 더 나아간 형태는 주식 보유량(1주 1표)에 따라 의사결정권을 행사하는 주식회사의 틀을 벗어나 사내 구성원들이 총회를 통해 1주 1표가 아닌 1인 1표 방식으로 최고 경영자를 선출하는 방식이다. 이 또한 불가능한 일이 아니다.*

* 주식회사 한겨레신문사는 1997년 구제금융 이후 경영 위기를 벗어나는 과정에서 최고 경영자의 사원투표(사장 직선) 제도를 노사 합의로 도입했다.

구체적 사회관계나 국민경제의 필요에 따라 기업, 주식회사의 개념과 관련 법률은 얼마든지 바꿀 수 있다. 먼저 기업을 주주들만의 소유로 보는 인식부터 바꿔야 한다. IMF로부터 구제금융을 받을 때 수많은 기업이 부도 위기에 몰려 공적 자금을 수혈받았다. 공적 자금, 곧 국민의 혈세를 받아 가까스로 살아났다. 만일 기업이 사회와 무관하게 홀로 선 존재라면 공적 자금이라는 국민 혈세를 수혈하는 일 자체가 성립하지 않을 터다.

기업 활동에서 자본의 기여도는 충분히 인정하고 투하자본의 이윤 획득을 보장해주되, 주주의 사적 이윤을 위해 사회 공공의 이익을 위배하는 일이 발생하지 않도록 주식회사의 개념과 주주의 권한을 조정해야 옳다.

주주 중심 주식회사 체제의 법적 문제점은 자본주의 선발국인 미국과 일본에서도 꾸준히 제기되고 있다. 주식회사는 '법인격'을 부여받아 많은 권리를 누리고 있지만 그에 따른 책임은 거의 규정되어 있지 않기 때문이다. 인격체라면 사회와 공공의 이익을 살펴야 마땅한 행동도 '법인격'이 종종 무시하는 이유는 기업을 주주들만의 소유물로 보는 인식에서 비롯된다. 그렇기에 '기업의 사회적 책임CSR'*을 법률로 명문화해야 옳다. 국제표준화기구ISO가 제시

---

* 기업의 사회적 책임Corporate Social Responsibility을 강조하는 학문적·실천적 관심이 21세기 들어 본격적으로 지구촌에 퍼져가고 있다. CSR은 대기업들이 비판 여론을 모면하기 위해 내세우는 전략에 지나지 않는다는 지적도 있지만, 그렇게만 인식할 때 대기업에게 사회적 책임을 추궁하고 공공성을 견인해내는 '경제 민주화'의 중요한 실천

한 CSR의 글로벌 스탠더드인 ISO 26000은 기업 "조직의 의사결정에 남성과 여성 직원들의 효율적인 참여"와 "완전하고 안정한 고용을 통한 삶의 질 향상", "노사정 대화 방식을 비롯한 사회적 대화 프로그램 적극 도입"을 강조하고 있다. 2014년 1월 현재까지 한국의 대기업들은 글로벌 스탠더드의 핵심 원칙들을 준수하지 않고 있기에 CSR에 대한 여론 형성과 입법은 그만큼 더 중요하다.

결국 직접경영에 나선 노동자가 기업의 주식을 소유한 자본과 어느 정도까지 권리와 책임을 분담하는지의 문제는 장기적으로 노사의 역학 관계에 달려 있다. 그 역학 관계를 가장 크게 규정 짓는 요인은 경영 능력일 수밖에 없다.

요컨대 아래로부터 올라오는 노동자의 창조성이 직접경영의 범위와 운용 방법을 결정하는 핵심 변수다. 경제에서 민중주권의 수준도 바로 그 변수에 따라 달라질 터다. 그 점에서 민주경제의 기업 구조는 노동자는 물론, 자본가와 주주에게도 그 기회가 평등하게 열려 있다.

직접경영의 또 다른 접근은 협동조합 설립이다. 주식회사와 달리 협동조합은 공동의 소유와 민주적 방식으로 관리되는 기업으로 자발적으로 조직된 사람들의 자율적인 조직이다. 경제활동을

영역을 놓칠 수 있다. 특히 국제표준화기구International Organization for Standardization가 2010년 11월에 발표한 CSR의 글로벌 스탠더드인 ISO 26000의 내용은 적어도 기업 경영의 전략적 차원을 넘어서 있다. 이에 대한 자세한 논의는 다음 논문 참고. 손석춘, 〈한국 기업의 '사회적 책임'과 소통〉, 《경제와 사회》 99호, 2013.

서로 도와 상품이나 서비스를 팔아 얻은 수익을 나눠 갖고, 조합원이 주인이 되어 소유하고 운영하는 형태다. 주식회사가 노사 공동 결정제로 운영되어야 한다면 협동조합은 조직 자체가 조합원 공동 결정제다. 작은 중소기업만 선택할 수 있는 제도가 아니다. 미국의 음료 브랜드 '썬키스트'나, 한국의 유제품 기업인 '서울우유'가 협동조합이다. 자본주의 경제체제에서 협동조합 비중을 높여가는 것은 자본의 논리를 벗어난 사회적 경제를 확장하는 의미를 지닌다.

투기 자본 통제와 금융주권

자본 정책에서 가장 중요한 과제는 신자유주의의 주된 동력인 국제 투기 자본 대책이다. 어떤 형태로든 규제책을 강화해서 함부로 국내에서 투기 장난을 벌이지 못하도록 예방해야 옳다. 또 사후에라도 법을 위반한 사실이 드러났을 때는 세금을 강도 높게 부과함으로써 국부 유출을 막아야 한다.

물론, 어떤 게 투기 자본이고 어떤 게 '생산자본'인지를 구분하는 일은 칼로 두부 자르듯 쉽지 않다. 따라서 예방 장치가 먼저 필요하다. 미국을 비롯한 대다수 나라가 산업금융의 핵심인 은행에 대해서는 외국인 지분 보유를 제한하는 규정을 두고 있는 것이 보기다. 신자유주의 종주국이라 해서 모든 것을 개방했으리라고 예단하지만 정작 자신들의 경제구조에서 핵심 중추는 철저히 보호하고 있음을 알 수 있다.

더러는 투기 자본을 강도 높게 규제하면 자본 철수로 이어지고 한국 경제가 위기를 맞을 것이라고 우려한다. 과연 그러할까. 아니다. 명토 박아두거니와 외국자본이 진퇴를 결정하는 가장 큰 기준은 규제의 정도가 아니다. 시장이 가진 투자가치의 크기다. 그것을 입증할 수 있는 사례는 많다. 가령 2005년 특정 기업의 주식을 5퍼센트 이상 갖고 있는 대주주의 신고 의무를 강화한 '대량 보유 주식 보고 제도'가 도입되었을 때를 톺아보자. 외국인 투자가 크게 위축되리라고 국내 기득권 세력과 그들을 대변한 언론은 호들갑을 떨었다. 결과는 예상과 전혀 달랐다. 투명성이 높아지면서 외국인 큰손의 투자가 되레 크게 늘어났다.

사실 국제 투기 자본 활동에 대한 규제는 그다지 특별한 게 아니다. 선진국들은 주요 산업에 대한 투자 사전 심의제도, 보유 주식에 대한 의결권 제한과 같은 다양한 방법을 이미 시행하고 있다. 미국은 엑손-폴로리어법*으로 국가 안보에 중대한 영향을 끼치

---

* Exon-Florio Act. 미국이 일본과 통상 마찰이 커져가던 1988년, 주요 산업들을 외국인 투자자들로부터 보호하기 위해 마련한 법. 외국인들이 미국 기업에 투자할 때 그것이 미국의 국가 안보에 위해를 줄 수 있다고 판단되면 이를 저지할 수 있는 권한을 대통령에게 부여했다. 대통령의 결정에 대해 사법 심사마저 면제함으로써, 인수·합병을 시도하던 외국인이 대통령의 결정에 맞서 사법적 구제를 받을 수 있는 길을 원천적으로 봉쇄했다. 이 법의 가장 두드러진 특징은 '국가 안보' 개념을 모호하게 규정한 데서 찾을 수 있다. 미국 의회는 보고서에서 의회가 의도적으로 국가 안보의 개념을 정의하지 않았다면서 그 이유를 "각각의 문제된 기업에 따라 제한 없이 넓게 해석할 수 있도록 하는 것이 이 법안의 입법 목적"이라고 밝혔다. 이 법을 근거로 미

는 분야에 외국인 투자를 규제한다. 일본은 외환 및 외국 무역법으로 국가 안보, 공공질서, 공공 안전 보호, 국민경제의 원활한 운영에 현저한 영향을 끼칠 투자는 사전에 승인받도록 했다. 프랑스도 외국법인에 대한 과세법으로 공공질서, 안전, 보건에 영향을 끼치는 외국인 투자에 대해 사전 승인 제도를 운영한다. 캐나다의 투자캐나다법은 외국인이 대규모 기업을 인수할 때 사전 심의를 거치도록 해놓았다.

국제 투기 자본의 규제를 위해서라도 절박한 정책은 국내 은행의 공공성 회복이다. 은행은 말할 나위 없이 국민경제의 동맥이다. 그러나 IMF의 구제금융 여파를 이기지 못한 국내 은행들은 대부분 공적 자금이 투입된 뒤 헐값으로 지분을 외국자본에 넘긴 상태다. 그 결과, 한국 금융기관의 중추인 은행들은 전통적인 자원 배분 기능을 극도로 왜곡하고 있다. 은행이 단기 실적에만 집착하면서 장기 투자 성격의 기업 대출을 기피하고 있기 때문이다. 안전한 주택 담보 대출을 무분별하게 확대함으로써 부동산 시장을 교란했고 가계 부채를 심각한 수준으로 만들어놓았다. 공공성을 상실한 은행 영업 행위가 부동산 투기와 신용 대란을 부추기는 직·

국은 중국 국립항공기술 수출입공사가 미국 안의 우주산업 부품 제조업체를 인수하려고 나섰을 때 허락하지 않았다. 일본 후지쓰 사가 미국 반도체기업 페어차일드 사 Fairchild Corp.를 인수하려던 계획이 좌절된 것도 같은 맥락이다. 엑손-플로리오법에 대해 EU·캐나다는 보호주의의 전형적 보기라고 비판했다. 하지만 미국은 그 법이 자본 자유화와 양립 가능하다고 주장한다.

간접적 원인이 된 셈이다.

단기 실적에만 급급한 은행을 그대로 방치하면 국민경제에 막대한 피해를 끼칠 것이 분명하다. 따라서 은행을 중심으로 한 금융기관에 대한 공공 통제를 회복하는 것은 대단히 절박한 과제다. 은행 공공화를 통해 장기적이고 건전한 산업자본의 젖줄로 은행을 다시 활용해야 옳다.

한국의 금융기관들이 공공성을 포기한 채 철저히 사적 이익 극대화에 몰두할 수 있는 것은 외국자본에게 점령당한 탓도 크지만, 최소한의 금융 감독 기능마저 사라졌기 때문이다. 은행의 소유 구조를 공적 방향으로 전환하려면, 은행 소유 지배 구조와 관련된 기준을 법률로 재정비해야 한다. 최소한 외국인 지분은 전체의 49퍼센트를 넘지 못하도록 규정하고 1인 대주주의 지분이 10퍼센트를 넘을 수 없게 명문화해야 옳다. 이와 함께 국민연금을 비롯한 공적 기금을 투입해 궁극적으로 은행의 공적 소유를 구현해야 한다.

은행을 다시 공공화하고 국책은행으로 만들자는 데 국민이 반대할 이유는 없다. 여론의 지지를 받는다면 국민경제의 '동맥'인 은행을 외국인으로부터 되찾거나 공공화하는 일이 결코 어려운 일은 아니다. 정치적 의지를 어떻게 결집할 수 있는가의 문제다. 2008년 9월에 터진 미국의 금융위기와 세계경제의 침체는 금융주권의 절박한 과제를 새삼 깨우쳐준다.

첨단 과학기술의 산업 정책

경제가 시장의 논리에 좌우되지 않고 환경을 파괴함이 없이 사회 구성원 모두의 삶을 풍요롭게 하려면 계획이 필수다. 흔히 '경제계획'을 거론하면 시대착오적 발상으로 여기지만 그것은 경제의 모든 부문을 한 중앙 기구가 계획할 때 고려해야 할 우려에 지나지 않는다. 경제의 주요 부문에 대한 계획은 그것을 아무런 부작용 없이 실행할 수 있을 지점까지 최대한 확대해나가는 게 옳다. 신자유주의를 벗어나 국민경제의 발전을 이루려면 산업 정책을 피해갈 수 없다. 한국 경제가 신자유주의를 받아들이면서 산업 정책은 국민경제라는 토대와 함께 슬그머니 사라졌다.

물론 과거처럼 몇몇 경제 부처 관료들의 머릿속에서 설계되고 정치권력의 '총애'를 받는 몇몇 대기업에게 특혜가 돌아가는 산업 정책은 폐기해야 마땅하다. 하지만 경제와 정치의 민주화 정도에 걸맞게 산업 정책에서도 국민적 동의 구조가 만들어지면서 이를 밑절미로 국가적 힘을 집중하는 새로운 방식의 산업 정책은 바람직할 뿐 아니라 절실하다.

특히 첨단기술 혁명 시대의 산업 정책은 노동하는 사람들의 지혜와 창조성을 시대적 흐름에 적실한 산업 발전으로 연결하는 데 많은 노력을 기울여야 한다. 새로운 민주주의의 하부구조인 '민주경제'가 세계화 시대의 국제 무대에서 지속 가능하려면 생산력의 무한한 발전 가능성을 담보하고 있는 첨단기술 산업에 국가 차원의 장기 계획이 서야 한다.

이른바 6T*로 상징되는 미래 첨단산업 분야를 어떻게 추진하
느냐가 한 나라의 경제 발전을 결정하는 새로운 시대가 되었다.

IT기술** 혁명은 전초전에 지나지 않는다. 바이오기술BT***,
나노기술NT****, 환경기술ET*****, 우주항공기술ST******, 문
화콘텐츠기술CT*******을 통해 인류는 첨단기술 혁명 시대를 열

---

* 첨단산업 6T는 정보통신기술Information Technology, 생명공학기술Biology Technology,
나노(초정밀)기술Nano Technology, 환경기술Environment Technology, 우주항공기술Space
Technology, 문화콘텐츠기술Culture Technology을 이른다.

** IT(정보통신기술)는 정보를 생성, 도출, 가공, 전송, 저장하는 모든 유통 과정에서
필요한 기술을 말한다. IT기술은 21세기 정보화 사회에 필수적이며, 부가가치와 사
회·경제적 파급효과가 크다. 적어도 앞으로 10년 동안 새 기술로서 세계 경제성장
을 주도할 전망이다. 현재 한국은 세계 최고 수준의 경쟁력을 지니고 있지만 기술 자
립이 절실하다.

*** BT(생명공학기술)는 생명현상을 일으키는 생체나 생체 유래 물질 또는 생물학 체
계를 이용해 유용한 제품을 제조하거나 공정을 개선하는 기술이다. 식량문제 해결은
물론, 건강을 비롯한 삶의 질을 높이는 데 필수적 기술이다. 앞으로 IT에 이어 다음 세
대 새로운 산업 창출의 원동력이 될 전망이다.

**** NT(나노기술)은 물질을 원자·분자 크기의 수준에서 조작, 분석하고 이를 제어
할 수 있는 과학과 기술을 총칭한다. NT기술은 과학기술의 새로운 영역을 창출하거
나 기존 제품의 고성능화에 필요한 기술로서 IT, BT와 함께 21세기 산업혁명을 주도
할 핵심 기술로 평가받고 있다. 세계적으로 아직 개발 초기 단계로 그 자체는 물론, IT
와 BT, ET산업의 발전도 추동할 수 있다.

***** ET(환경기술)는 환경오염을 줄이거나 예방하고 복원하는 기술이다. 환경기술
에 더해 청정기술, 에너지기술 및 해양환경기술을 포함한다. 쾌적한 삶의 욕구가 커
져가고 있는 현대사회에서 범지구적 차원의 환경문제가 심각한 상황이므로 앞으로
크게 발전할 영역이다.

****** ST(우주항공기술)는 위성체, 발사체, 항공기 개발과 관련된 복합 기술이다. 전

어가고 있다. 특히 생명공학과 나노공학 분야는 모든 기술 변화를 추동하면서 첨단산업 분야의 지형을 전반적으로 바꾸어낼 파괴력을 지녔다. 해양우주공학은 지구라는 초록별, 그 가운데서도 대륙에 국한했던 산업 영역을 해양과 무한한 우주 공간으로 확장한다. 환경기술 분야는 생산력의 양적인 변화가 아니라 질적인 변화를 만들어낼 수 있다.

21세기는 어느 나라가 첨단기술 산업에서 주도적 위치를 차지하느냐에 따라 세계경제 발전을 주도할 수 있다. 인류는 새로운 기술혁명 시대에 이미 들어와 있다.

대전환의 시대 한복판에 놓인 한국 경제가 소수 대자본만 믿고서 손을 놓고 있을 수는 없다. 국민경제의 장기적이고 지속적 발전이 걸린 핵심 문제이기 때문이다. 우리가 구현할 민주경제가 세계 각국이 따르고 싶은 모델이 되어야 한다면, 첨단 과학기술의 산업화 정책이 지닌 중요성은 더 크다.

첨단기술 산업의 정책 또한 '민중 주도'라는 관점에서 풀어야 옳다. 위에서 아래로 수직적으로 지침을 내려보내고 투입 요소를 국

자, 반도체, 컴퓨터, 소재를 비롯한 첨단기술을 요소로 한다. 다른 첨단산업에도 파급효과가 큰 종합 기술이다. 이미 성과를 거둔 나라들과 기술 장벽을 어떻게 좁힐 수 있는지가 핵심 과제다.

*******CT(문화콘텐츠기술)는 문화·예술을 발전시키는 기술을 총칭한다. 최근에는 인터넷의 활성화와 디지털 기술의 발전으로 디지털 콘텐츠의 수요가 급증하고 있다. CT기술은 고부가가치 산업으로 문화·예술 산업에 필수적인 기술이다. 한국인의 창조력을 극대화할 수 있는 기술로 전망된다.

가가 동원하는 방식으로 파악해서는 문제가 풀리지 않는다. 과거형 산업 정책의 대안으로 떠오르고 있는 게 바로 산업 클러스터다.

산업 클러스터는 일정한 거점을 중심으로 특정 산업과 연관된 대학, 연구소, 기업, 정부 기관이 모여서 정보, 기술, 인프라를 공유하고 상호 협력하는 체계다. 이해관계를 같이하는 여러 주체들이 자발성에 기초해 산업과 관련한 지식정보를 긴밀히 소통함으로써 참여 주체들의 노동 창조성을 높이고 기술과 생산성을 발전시켜나간다.

클러스터는 기업이라는 생산 단위, 대학과 연구소라는 교육 및 연구개발R&D 단위, 이를 지원하는 정부의 기능이 유기적으로 연결됨으로써 현장과 연결된 학습 교육 시스템을 통해 노동 창조성을 높이는 유력한 방법이다. 물론 여기서도 직접경영의 정신이 녹아 있어야 함은 두말할 필요가 없다.

지금까지 분석했듯이 정부가 경제를 주도하는 행위는 이미 더 이상 통용되기 어렵다. 하지만 국민경제의 보호자, 육성자로서 국가의 구실은 우리 시대에 오히려 더 커지고 있다. WTO 질서와 신자유주의 시대에도 사람들은 여전히 국가 단위로 생활하고 있기 때문에 국가 주권은 허투루 여길 사안이 결코 아니다.

바로 그렇기에 국가를 노동 창조성의 적극적인 후원자, 조직자로 자리매김해야 옳다. 일반적으로 시민사회의 자율성 확대는 국가와 사회의 분리를 전제로 논의되어왔다. 하지만 국가와 사회의 분리는 현실적으로 가능하지 않다. 역사상에서 실제로 이루어진

적도 없었다.

문제의 핵심은 다른 데 있다. 국가와 다수 사회 구성원의 이해 관계가 일치해야 하는데, 과거 권위주의적 국가나 국가사회주의 체제에서는 사회를 국가기구로 통합하는 일방적 방법이었기에 문제였다. 노동의 창조성을 중심에 둔 민주경제를 건설해가야 할 시대에는 거꾸로 국가기구를 사회로 통합하는 역발상이 필요하다.

오랜 권위주의 정권 시절, 국가에 대한 피해의식에 사로잡혀 국민이 국가와 거리를 두는 것은 오히려 자본과 노동의 대립 관계에서 국가의 힘을 방치하고 약화시켜 결과적으로 자본에게 이득을 주는 일이다. 따라서 민중 주도의 민주경제 체제를 꾸리는 데 국가를 적극 활용하는 발상의 전환이 필요하다.

국가 구성원인 국민과 국민경제를 보호하고 육성 지원하는 기구가 될 때, 국가는 비로소 지배 기구라는 낡은 틀을 벗을 수 있다. 미래를 내다보고 산업 정책을 수립하는 일, 외국 투기 자본으로부터 국부를 보호하고 금융을 공공화하여 생산력 발전의 동맥으로 활용하는 일, 노동의 창조성을 최대한 고취할 수 있는 기업 구조를 유도하는 일을 비롯해 민주경제 체제를 건설하는 데 국가의 기능은 실로 크다.

결국 앞으로 새로운 국민경제, 민주경제에서 국가는 '지배하는 국가'가 아니라 지식 국가, 창조 국가, 문화 국가, 무엇보다 '민주 국가'로 자리매김해야 옳다.

사회 전체가 일하는 사람들의 창조성에서 경제 발전의 동력을

만들어갈 수 있도록 후원하고 도와주는 게 민주국가의 고유 기능
이다. 사회 구성원들이 창출해낸 지식과 창조력을 최대한 효율적
으로 소통시켜 더 높은 지식과 창조성을 융합하고, 재창조하는 과
정을 밑받침하는 일이 그것이다.

직접경영

1. 민중을 대변하는 정치세력이 정권을 맡았을 때 어떤 경제정책이 가능한가?

2. 경제성장과 분배의 바람직한 관계는 무엇인가?

3. 한국 노동자들은 왜 세계적인 장시간 노동에 시달릴까?

4. 노동자의 직접경영은 어디까지 가능할까?

11

분단 체제와
새로운 세계

민주경제의 실현과 통일

신자유주의 경제를 노동자의 창조성과 직접경영을 핵심으로 한 민주경제로 전환하는 일은 어느 나라에서든 고립되어 이뤄질 수 없다. 그 진실은 한국 경제를 톺아보더라도 확인할 수 있다.

한국 경제가 세계경제와 관련을 맺으며 전개되어온 사실은 역사의 전개 과정에서 뚜렷하게 드러난다. 1945년 8월 일본 제국주의의 압제로부터 벗어난 한국 경제는 미국의 지배적 영향 아래 놓이게 된다. 미국이 38도선을 경계로 한 분할 점령을 소련에 제안할 때부터 목표는 최소한 한반도 남쪽만이라도 자본주의 체제와 반공 국가를 세우는 데 있었기 때문이다.

'마셜플랜'*의 제안자인 조지 마셜 국무장관은 1947년 1월 말에 딘 애치슨**에게 보낸 비망록에서 "남한 정부를 확실하게 조직하고 남한의 경제를 일본의 경제와 연결할 정책을 입안하라"고 명령했다. 그로부터 몇 개월 뒤 윌리엄 드레이퍼 육군장관은 "한국과 일본은 하나의 자연스러운 무역 통상 지역을 형성하고 있기 때문에" 일본의 영향력이 한국에서 다시 확장될 것이라고 전망했다.

대한민국 정부가 수립된 뒤 한국 정치경제의 전개 과정은 크게 세 단계로 나눠 볼 수 있다. 첫 번째 시기는 1948년 정부 수립에서 1960년까지로, 이승만 정권의 무능에 더해 한국전쟁으로 민중의

---

* Marshall Plan. 제2차 세계대전으로 황폐화된 유럽의 재건을 위해 1947년 6월에 미국 조지 마셜George Catlett Marshall(1880~1959) 국무장관이 발표한 특별 원조 계획이다. 세계대전 동안 거의 모든 산업 시설이 초토화된 유럽과 달리 미국 본토는 전혀 파괴되지 않았기에 가능했다. 총 130억 달러 규모로 공식 명칭은 유럽부흥계획European Recovery Program이다. 마셜플랜은 전쟁으로 자본주의에 염증을 느낀 유럽인들이 사회주의에 우호적인 상황에서 자본주의 경제체제를 유지하고 강화하려는 정치적 목적이 강했다. 소련과 동유럽 국가들이 불참한 이유다. 1947년 7월에 결성된 유럽경제협력기구OEEC에 참가한 16개국이 경제재건안을 제출하자, 미국 의회는 1948년 4월 '유럽부흥계획'을 승인했다. 1948년부터 1952년까지 4년 동안 서유럽 16개국에 130억 달러를 무상 원조했다. 대부분(90퍼센트)이 직접보조금으로, 4년 뒤 유럽 경제는 36퍼센트나 성장했다. 미국이 종전 뒤 유럽의 경제 부흥을 이끌고 영향력을 확대하는 결정적 계기가 되었다. 마셜은 1953년 노벨 평화상을 수상했다.
** 애치슨Dean Gooderham Acheson(1893~1971)은 변호사로 활동 중에 1933년 재무차관으로 공직 생활을 시작했다. 1945~1947년 국무차관, 1949~1953년 국무장관을 역임했다. 1950년 1월 태평양에서 미국 방위선을 알류샨 열도-일본-오키나와-필리핀을 연결하는 선으로 발표해 남한을 제외함으로써 그해 6월 한국전쟁이 발발하는 원인을 제공했다는 비판을 받았다. 학자들 가운데는 그 선언이 의도적이었다는 분석을 내놓기도 한다. 그 뒤 케네디John F. Kennedy(1917~1963), 존슨 대통령에 이르기까지 외교정책 고문으로 일하며 막강한 영향력을 행사했다.

경제생활이 몹시 궁핍했던 시기다.

두 번째 시기는 1960년에서 1997년까지다. 4월혁명 공간에서 민주당 정권이 경제개발 계획을 세워가던 상황에서 군부 쿠데타가 일어난다. 주목할 것은 이 시기 미국의 문서다. 1960년《경제성장의 여러 단계The Stages of Economic Growth》를 펴낸 경제학자 월트 로스토*는 존 F. 케네디 대통령의 국가안보 고문으로 임용된 뒤 불과 몇 주 만에 동료 로버트 코머와 함께 비망록을 작성한다. 두 사람은 남한을 면밀하게 분석한 뒤, 남한이 두 동강 나고 고립된 상태지만 강력한 인적 자원을 지니고 있어 수출용 경공업을 개발하는 데는 더없이 좋은 곳이라고 판단했다.

1961년 3월 15일 자로 작성된〈한국에서의 행동Action in Korea〉이

---

* 월트 로스토Walt Rostow(1916~2003)는 하버드 대학교 교수(경제사)로 재직하다 존 F. 케네디 정부에서 린든 존슨Lyndon Baines Johnson(1908~1973) 정부까지 대통령 특별보좌관, 국무부 정책기획본부장을 지냈다. 그는 정부에 들어가기 전인 1956년 "저개발 국가들의 지리적 위치, 천연자원, 그리고 인구를 고려할 때 만일 그들이 사실상 소련권에 붙어버린다면 미국은 세계 2등 국가로 전락할 것"이라고 분석했다. 로스토는 지정학적 조건상 군사적·경제적 '전초기지'가 될 나라들로 이스라엘, 터키, 이란(호메이니Ayatollah Ruhollah Khomeini 혁명 이전의 왕정국가), 인도, 인도네시아, 파키스탄, 베트남, 타이, 타이완과 함께 한국을 꼽았다. 로스토는 한 국가의 경제는 전통 사회—선행조건 단계—도약 단계—성숙 단계—고도 대량 소비 사회 단계의 5단계에 걸친 개발 과정을 거친다고 주장했다. 박정희 시대에 중고등학교에선 로스토의 경제 발전 5단계설을 달달 외우게 했다. 《경제성장의 여러 단계》의 부제가 다름 아닌 '비공산당선언Non-Communist Manifesto'이었다. 아무튼 미국은 로스토가 언급한 나라들에 경제·군사 원조를 집중했다.

라는 비망록에서 코머는 남한에서 "다음 10년간 미국이 주력할 주요 추진 방향"을 다음과 같이 설정했다. "1. 단기 속성 개발 2. 노동 집약적 경공업의 창출과 대한민국의 경제개발을 지도 감독하는 일에 미국이 정력적으로 행동할 것."

여기서 주목할 것은 코머가 1950년대 내내 CIA에 근무했던 사실, 그 비망록이 한국에서 군부 쿠데타가 일어나기 석 달 전에 보고됐다는 사실이다. 5·16쿠데타 뒤 미국 정부는 경제원조와 더불어 한일 국교 정상화를 강하게 밀어붙였다. 비망록대로 추진된 셈이다. 그렇다면 미국은 왜 한국의 경제개발을 "지도 감독하는 일에 정력적으로 행동"했을까. 이유는 명쾌하다. 당시 '대동강의 기적'이라는 찬사를 들을 만큼 발전하고 있었던 북쪽 경제를 의식하지 않을 수 없었기 때문이다.

세 번째 시기의 획을 그은 1997년 외환위기 또한 미국의 '작품'이다. IMF의 구제금융을 받기 전에 일본으로부터 긴급 도움이 가능했지만, 미국의 클린턴 정권은 이를 가로 틀었다. 얼핏 보면 한국의 경제성장을 정력적으로 돕겠다는 미국의 논리와 IMF의 구제금융 체제로 전락하게 만든 논리는 서로 어긋나거나 모순되는 것처럼 인식될 수 있다. 하지만 두 결정에는 뚜렷한 일관성이 있다. 다름 아닌 미국의 국가 이익이 그것이다.

미국은 소련이 무너지고 냉전이 사라지면서 굳이 한국 경제를 '쇼윈도'로 유지할 이유가 없어졌다. 오히려 그동안 성장한 한국 경제의 과실을 다시 흡수하겠다는 의도가 깊숙이 작용했다. 실제로 한국 경제는 구제금융을 받으면서 신자유주의를 전면 채택했고, 미국 자본이 물밀듯이 들어왔다. 이어 한미 FTA로 치달은 게 현실이다.

바로 그래서다. 한국 경제를 노동 중심 경제, 민주경제로 전환하는 과정에서 우리는 북쪽 경제와 어떤 연관을 맺을 것인지 고심해야 한다. 그것은 미국이 주도하는 신자유주의 체제를 벗어나는 과정에서, 미국과 진정으로 자주적인 경제 교류를 맺어가는 과정에서 결코 피할 수 없는 문제다.

그렇다면 남과 북을 아우르는 통일 민족경제는 어떻게 형성될 수 있을까. 그 과정에서 남쪽의 노동 중심 국민경제, 민주경제 수립이 지니는 의의는 무엇일까.

문제의 핵심은 현재의 남과 북의 지역 경제를 더하기만 하면 통일 민족경제가 되는 게 아니라는 데 있다. 각각의 지역 경제가 상호 연관을 통해 경제적 효과를 높일 수 있도록 발전한 게 아니기에 남과 북 지역 경제의 단순 합이 통일경제의 미래상일 수는 없다. 그러므로 민족의 미래상을 그릴 때는 남과 북을 아우르는 경제권에 대한 총체적인 구상이 필요하며 그 비전 아래서 각각의 지역 경제가 재편되고 수렴되는 과정이 필요하다.

'글로벌 시대'라는 말이 유행하지만 지역 규모의 경제블록화 현상은 점점 강도를 높여가는 추세다. 세계 최대 경제블록에 기초해 정치적 통합을 모색하고 있는 EU가 대표적 보기이고, 아시아에선 동남아시아국가연합ASEAN(아세안)이 있다. 경제블록의 형성은 세계경제에서 경쟁을 헤쳐나가기 위해 여러 나라들이 공동으로 선택한 전략이다. 블록경제, 지역 경제권은 역내 시장을 단일화하고 교역을 증대하며 내부경제 활성화를 통해 역외 지역에 대한 경쟁력을 높이는 목적으로 추진되고 있다. 유럽과 남미는 대륙 전체를 묶는 지역 경제권을 만들고 있는 상황인데, 남과 북은 아직 한반도(조선반도) 내에서의 교류·소통조차 자유롭지 못하다.

지리적으로 보나 경제 관계로 보나 남과 북, 중국, 일본이 참여하는 동북아 경제권은 영향력이 대단할 수밖에 없다. 최대 인구와 최대의 잠재 성장력을 가진 경제블록—아세안에 견주어 '동북아시아국가연합'이라는 이름도 붙일 만하다—이 되어 미국의 세계 패권에 맞설 수 있기 때문이다. 아세안 국가까지 포괄한다면 더 말할 나위 없겠지만, 바로 같은 이유에서 미국은 '동북아시아국가연합'을 방해할 수밖에 없다.*

실제로 남과 북 사이의 경제 교류조차 자유롭지 못한 상황에선 동북아시아국가연합은 이뤄지기 어렵다. 다만 짚고 넘어갈 문제가 있다. 남과 북의 경제협력을 구상할 때 국가 사이의 무역 또는 시장 협력 구조를 전제하는 경향이 많다. 북이 동남아시아 국가들

---

* 2010년대 들어 중국과 일본 사이에 무장 커져가는 갈등의 배경에는 미국이 숨어 있다. 한반도는 전통적으로 대륙 세력과 해양 세력 사이에 갈등이 일어난 곳이지만, 주체적 역량에 따라서는 대륙 세력과 해양 세력 사이에 '소통의 다리'가 될 수 있다. 한반도가 중국과 일본 사이에 소통을 담당할 수 있다면, 동북아시아국가연합도 공상만은 아니다. 경제적 이해관계에 공통된 기반이 분명 있기 때문이다.

이나 중국 시장보다 공장 부지가 저렴하고, 노동력이 싸며, 물류 비용이 적게 들고, 언어 소통이 유리한 조건을 갖추고 있기 때문에 유리하다는 발상이 대표적이다. 그 논리는 북쪽에서 노동력 비용이 상승하거나 북에 입주한 남쪽 기업의 자본주의식 경영 방식에 일정한 제한이 가해질 때, 자본과 기업이 다시 이윤을 찾아 다른 나라로 빠져나갈 수 있다는 발상과 이어져 있다.

남북 경제협력을 말하면서도 실제로는 국가 사이의 경제 무역 협력 구조를 염두에 두거나 남쪽 기업의 시장 확대를 위해 북에 진출하려는 전략은 통일경제를 추구해나가는 방향과 충돌할 가능성이 높다.

아직까지는 남과 북 전체를 하나의 경제단위로 바라보는 통합된 구조의 산업 정책은 존재하지 않는다. 남과 북 전체의 자원 구조를 파악하여 이를 함께 활용하는 방안, 남과 북의 잠재된 가능성을 고려했을 때 서로 힘을 모아 집중해야 할 산업, 나아가 남과 북 전체의 지정학을 고려한 물류나 관광 정책을 구상하고 정책화해나가야 한다.

남과 북의 산업 차원에서 접근과 동시에 고려해야 할 사안이 경제제도의 접근이다. 가령 남과 북이 통일경제의 한 부분으로 첨단산업을 공동으로 육성한다면, 그 기업은 어떤 경영 구조와 노동 구조를 가져야 할 것인지, 남과 북의 농업이 통일농업으로 가려면 어떤 경작 구조와 협업 구조를 고려해야 하는지를 결정해나가야 한다. 그것은 남과 북이 각각 개방과 자급자족의 양극단에 있는 신자유주의 체제와 주체경제 체제를 극복하고 새로운 경제체제를 일궈내는 과정이다.

지금 당장 세계적 차원에서 미국이 주도하는 신자유주의 경제체제를 폐기할 수 없는 현실적 조건에서 민주경제 체제를 바탕으로 한 통일 민족경제와 동북아시아 지역 경제의 구상은 '새로운 민주주의'가 꽃필 지구촌으로 가는 가장 현실적이고 바람직한 길이다.

미국이 중남미 국가들을 상대로 줄기차게 추진하던 FTA를 좌절시키고 등장한 남미국가들의 '(미주대륙을 위한) 볼리바리안 대안'Bolivarian Alternative for the Americans(이하 ALBA)은 좋은 보기다. 2004년 12월 출범부터 ALBA는 미국의 패권과 IMF, 세계은행, 자유무역, 신자유주의를 비판하고 나섰다. 초기에는 베네수엘라와 쿠바 두 국가만 참여했지만 효과가 나타나면서 볼리비아와 니카라과, 에콰도르 등이 가입했다. 2009년 6월 개최된 정상회담에서 미주대륙을 위한 '볼리바르 동맹'으로 이름을 바꾸면서 성격을 강화했다. 볼리바르 동맹은 상호 공조와 보완성 원칙에 기초하여 회원국 간 상호이익이 되는 협력 체제 구축을 통해 빈곤과 사회적 소외 제거를 주장하고 있다. 특히 기존 빈국에 대한 지원을 통해서 비대칭적인 불균등 구조를 개혁하겠다고 선언했다. 미국이 주도하는 자본주의식 지역 통합인 FTA에 반대하며 그 대안으로 '민중무역협정TCP'을 체결하고 국가들을 넘어선 지역 통합을 추구해나가고 있다. 볼리바르 동맹의 기업들은 기존의 자본주의식 이윤 창출이나 자본축적 지향적인 다국적기업과는 달리 민중에게 필요한 재화·

서비스의 생산을 우선한다고 명시하고 있다.

볼리바르 동맹과 성격이 다르더라도 동아시아에서 남과 북의 통일경제를 이음새로 새로운 지역 공동체를 모색하는 것은 세계사적 의미를 가질 수 있다. 노동의 창조성을 중심에 둔 민주경제론의 논리가 남과 북을 아우른 통일 민족경제와 동아시아 공동체 차원까지 전망해야 할 또 다른 이유다. 그것은 비단 남과 북의 분단 체제를 넘어서는 일에 그치지 않는다. 세계적 차원에서 빈국과 부국으로 분단되어 부익부빈익빈이 깊어가는 자본 독재 체제를 벗어나 새로운 민주주의 세계를 아래로부터 일궈가자는 제안이다.

21세기 초기인 현재, 세계 곳곳에서 동시다발적인 변혁으로 새로운 세계를 당장 일궈낼 수 없는 게 엄연한 현실이기에 지역 차원의 접근은 그만큼 더 소중하다. 민주경제가 지구촌 곳곳에서 지역 차원으로 확산될 때, 새로운 세계의 건설은 그만큼 더 현실로 성큼 다가올 수밖에 없다.

'통일 민족경제'의 논리와 전략

새로운 지역 공동체의 디딤돌로서 통일 민족경제를 추구하는 남과 북 사이의 경제협력은 '특수 관계'라는 말에 걸맞게 대외적으로는 하나의 경제단위로 기능해야 옳다. 대내적으로도 유기적 연관도를 높여 통일경제 부문을 창출하고 확장해갈 계획을 세워야 한다. 문자 그대로의 '통일경제학'이 필요하다. 노동 중심의 민주경제로 남과 북을 이어갈 민족경제의 논리와 전략은 다음과 같다.

새로운 민주주의의 기반 강화

남과 북의 '통일 민족경제'는 무엇보다 먼저 경제 규모에서 분단 체제와 확연하게 다르다. 양적 차이만이 아니라 질적 차이까지 나타난다. 남쪽은 4,900만 인구로 세계경제 규모 15위(2012년 기준, 1

조 1,635억 달러)라는 성장을 이뤄냈다. 단일한 민족경제를 형성할 때 남과 북의 인구는 7,000만 명을 훌쩍 넘는다. 이는 강대국이라 불리는 영국과 프랑스의 6,000만 인구보다 많고 8,200만의 통일 독일과 견주어 조금 작은 규모다.

인구와 경제 규모가 경제 발전에 결정적 요소는 아니지만, 다른 조건이 동일할 경우 규모가 큰 편이 경제 발전에 한결 유리한 것만 은 틀림없다. 특히 경제 발전의 기본 방향을 수출 중심에서 내수 중심으로 전환하려면 내수 시장 규모가 중요하다. 경제의 자립성 을 높이고 수출과 대기업 의존도가 높은 남쪽 경제의 구조적 재편 을 위해서도 내수 시장 크기는 핵심 문제다.

북쪽이 극심한 경제봉쇄 상태에서 벗어나면 민족경제는 1.5배 로 늘어난 인구와 그에 기초한 내수 시장의 확대로 수출과 내수 산업이 균형을 갖춘 경제체제를 자신 있게 구상할 수 있다. 남과 북이 정치적 통일 이전에 통일 민족경제를 구현해나갈 때 남쪽 은 '신자유주의적 세계체제'에 맞설 내부 토대가 분단 체제일 때보 다 훨씬 튼실해진다.

더구나 북쪽은 지하자원이 풍부하다. 기실 한반도(조선반도)에 서 대부분의 지하자원은 북에 있으며 그 양은 민족경제 발전에 필 요한 원자재 대부분을 자체 조달하기에 부족함이 없을 정도다. 자 체 원료에 기초한 공업은 경제의 내포적 발전을 보장하는 기초가 된다.

먼저 광물자원을 살펴보자. 주요 금속인 철이 남쪽에 매장된 양은 2,000만 톤에 지나지 않지만 북쪽에 매장된 양은 20억~40억 톤으로 추정된다. 금, 구리, 아연, 유연탄, 석회석, 마그네사이트의 매장량도 상당한 규모로 알려져 있다. 북의 광물자원은 경제적 가치도 높아 다수 외국 기업들이 계약을 맺어 현지에서 광물 채굴에 나서고 있다. 채굴권을 외국 기업이 확보해 들어가는 현실은 안타까운 일이 아닐 수 없다. 미국이 첨단기술을 봉쇄한 결과, 북쪽이 단독으로 자원 개발을 진행할 자본과 기술이 부족하기 때문이다. 남과 북의 협력이 절실한 이유다.

현재 남쪽의 광업은 석회석과 고령토, 규석, 납을 생산하는 광산을 제외하고는 거의 전멸 상태다. 경제활동에 필요한 광물의 87퍼센트를 수입하는 처지다. 남쪽은 정부 차원에서 산업 발전에 필수적인 광물을 확보하기 위해 한국광물자원공사가 해외 광산 개발에 적극 나서고 있다. 그런데 정부가 해외에서 찾고 있는 광물들 대부분이 북쪽에 대량으로 매장되어 있다.* 가까운 북쪽에 제 겨레의 자원을 두고 해외에 있는 광산을 개발하기 위해 대규모로 돈을 쏟아 붓는 꼴이다.

인구가 7,000만이 넘고 풍부한 지하자원을 활용**할 때 통일 민

---

* 아직 판단하기엔 자료가 부족하지만 북쪽의 원유 개발 가능성도 있다. 조선민주주의인민공화국 채취공업성 자료에 따르면 서한만 일대에 430억 배럴 규모의 원유가 매장되어 있다. 그 발표가 사실이라면, 북은 아시아 최대의 산유국인 인도네시아, 세계 8위 산유국으로 400억 배럴이 매장된 멕시코와 맞먹는 산유국으로 떠오를 수 있다 (새사연, 《새로운 사회를 여는 상상력》, 시대의창, 2006).

족경제의 내포적 발전은 낙관할 수 있다. 신자유주의적 세계화 시대에 민족경제의 내포적 발전은 새로운 민주주의를 구현하는 데 튼튼한 하부구조가 될 게 분명하다.

통일 민족경제의 내포적 발전을 추구한다고 해서 대외무역을 끊는다는 뜻은 전혀 아니다. 그럴 이유가 전혀 없다. 세계 여러 나라들과 적극 수출입을 해나가되, 그 중심을 내포적 발전에 둔다는 의미 이상도 이하도 아니다.

군사비 재배치와 첨단기술 협력

분단 체제에서 남과 북은 군사 대치 상황으로 세계에서 가장 높은 군사비 수준을 유지하고 있다. GNP 대비 군사비 비율에서 남은 3퍼센트, 북은 20~25퍼센트 선에 이른다. 북의 군사비 비율이 압도적으로 높다고 해서 사실관계를 오해해서는 안 된다. 이미 한국

**　석유보다 희소 자원인 희토류稀土類 매장은 조금 더 확실해 보인다. 2014년 들어 《로동신문》은 '세계적인 초점을 모으는 희유(희귀)금속 문제' 제하의 기사(2014년 1월 3일 자)에서 "최근 희토류 생산량이 대폭 줄어 수출 가격이 급격히 높아지고 희토류를 손에 넣기 위해 국가 간 대립과 마찰이 일어나고 있다"며 "우리나라의 땅속에 묻혀 있는 희토류 광물자원은 그 매장량에 있어 세계적으로 꼽힌다"고 전했다. 희토류는 란탄, 스칸듐, 이트륨 등 희귀한 광물을 하나로 묶어 부르는 이름으로 화학적으로 안정적이면서 열을 잘 전달해 휴대폰, 반도체, 하이브리드카 등 첨단 제품 생산에 필수 자원이다. 현재 희토류는 황해남도 청단군, 평안북도 정주, 강원도 평강군과 김화군, 모두 네 곳의 광산에 4,800만 톤이 매장된 것으로 알려졌다. 이를 개발하기 위해 북은 2013년 12월에 국제 사모펀드 SRE미네랄스와 합작회사를 설립했다. SRE미네랄스는 정주에 매장된 희토류의 잠재 가치를 65조 달러(약 6경 8,700조 원)로 추산했다.

은 1980년부터 국방비 총액에서 북을 앞지르기 시작해 30년 넘도록 차이를 벌려왔다. 2012년을 기준으로 비교하면 남쪽의 국방비는 318억 달러에 이르지만, 북의 국방비는 9억 7,340만 달러로 33배의 차이가 난다(스톡홀름국제평화연구소, 《한겨레》, 2013년 7월 21일자). 절대액으로 볼 때, 북의 국방비는 남의 3퍼센트에 지나지 않는다. 정규군 병력은 남이 70만 명, 북은 100만 명 수준이다. 통일 정세가 익어가면 남북 모두 군사비를 경제 건설에 투자 자금으로, 군병력은 생산 인력으로 전환할 수 있다. 반세기가 넘도록 '휴전 체제'를 유지해온 남과 북의 군사비 절감 효과는 통일 독일의 사례와 비교가 되지 않을 전망이다.

통일 이전인 1989년 기준으로 서독은 GNP의 2.5퍼센트, 동독은 10.8퍼센트를 군사비로 각각 부담했다. 통일 뒤인 1996년 GNP에 대한 군사비 비중은 1.67퍼센트로, 2010년에는 1.34퍼센트로 줄어들었다. 남과 북은 군사비 비중이 동서독의 경우보다 훨씬 높기 때문에 그 절감 효과가 두 배 이상 클 것으로 추산된다.

LG경제연구소의 보고에 따르면 현재의 안보 위험도를 상위의 위험도로 볼 때, 중위 정도의 안보 상태만 되어도 대략 25퍼센트 정도의 국방비 예산 절감 효과가 있다. 한반도(조선반도)에 완전한 평화 정착이 이루어지면 적어도 50퍼센트 넘게 국방비를 절감해 경제 발전에 돌릴 수 있다.

남과 북은 분단과 체제의 상이성으로 서로 다른 특성을 가지고 발전해왔다. 남과 북이 서로 군사비를 줄여 새로운 경제를 건설해나갈 때, 지금까지의 상이성은 오히려 강력한 '시너지 효과'를 낼 수 있을 정도로 상호 보완 기능을 할 수 있다.

가령 북은 과거 사회주의권 일반의 강점 가운데 하나인 우수한 기초과학 연구 능력을 보유하고 있다. 반면 남쪽은 최근 이공계 기피 현상에서 입증되듯이 소비재 산업 위주의 투자와 생산에 집중해 기초과학 기술 능력이 낮은 상태다. 북의 기초과학 기술과 남의 생산 응용 기술이 결합되면 21세기 산업 발전의 핵심인 6T산업에서 큰 효과를 얻을 수 있다.

북쪽은 또 군사경제가 발달하면서 대륙간탄도미사일 기술, 인공위성 제작·발사 기술, 잠수함·항공기 제작 기술력을 보유하고 있다. 장거리 미사일 발사를 위한 군사용 컴퓨터 기술과 부품 생산을 위한 비철 특수금속 가공이 상당 수준으로 발달했다. 북쪽 군사경제의 높은 기술력과 남쪽 경제의 IT 능력이 바르고 효율 있게 결합한다면 첨단기술 산업에서 남과 북의 동반 발전이 쉽게 이뤄진다. 남쪽은 세계시장에서 수출 경쟁을 하며 쌓아온 생산 응용력과 디자인, 마케팅 능력을 토대로 첨단기술만이 아니라 낙후된 북의 소비재 생산 부문도 급속히 발전시킬 수 있다.

첨단산업의 중요성은 '개성공단 형태의 경제협력'을 극복하기 위해서도 절실하다. 남쪽의 엘리트들 대부분은 현재의 개성공단을 통일경제의 전형으로 간주하는 경향이 있다. 하지만 개성공단에 입주한 남쪽 기업들은 대부분 '임금 경쟁력'을 찾아갔다고 볼 수 있다. 실제로 저임금, 저비용을 찾아 동남아를 물색하던 자본이 개성공단에 많이 진출했다. 그러다 보니 개성에 입주한 기업의 경영 방식 또한 대체로 남측에서 운용하던 경영 방식과 다르지 않다.

물론 개성공단은 단기적으로는 남과 북 양쪽에 이익을 가져다줄 수 있다. 장기적으로도 남북통일에 기여할 수 있다. 하지만 개성공단에 입주한 기업의 고용 모델과 고용구조는 입주 기업 수가 늘어감에 따라 한계가 드러날 수밖에 없다. 생뚱맞은 사례이긴 하지만, 이미 미국은 개성공단 노동자의 인권이 지켜지지 않고 있다며 문제를 제기한 상태다.

북쪽으로서도 개성공단은 신자유주의의 자본 논리가 침투해 들어오는 곳으로 받아들일 수 있다. 결국 북쪽의 저임금 노동력을 이용한 임가공 방식에서 벗어나 질적 전환을 이룰 정책이 절실하다. 개성공단에 들어간 기업의 발전과 혁신을 온전히 해당 입주 기업의 자본가 의지에 맡겨둘 것인지도 검토할 필요가 있다.

남과 북이 분단 체제 아래에서 서로 다르게 발전시켜온 경제적 특성, 각자의 강점 들은 상호 보완적이다. 남과 북이 통일 민족경제 조성에 긴밀하게 협력해나간다면, 한반도(조선반도) 모든 지역에서 내수 소비재 산업과 중화학공업이 균형 있게 자립 발전할 가능성이 커진다. 첨단기술 산업 또한 더 강력한 성장 동력을 갖추게 된다. 통일 민족경제는 세계시장에서 신자유주의를 벗어난 민주 경제 체제를 건설해나가는 데에 새로운 활로다.

동북아시아 지역 공동체 모색

인류가 세계적 차원에서 신자유주의를 벗어나는 데 지역 공동체의 모색은 거쳐야 할 경로다. 지구촌 곳곳에 신자유주의를 넘어선 경제 발전의 틀이 형성될 때 새로운 세계는 그만큼 더 다가올 수 있다. 우리가 동아시아 지역 공동체를 구상하고 구현해갈 이유가 여기 있다.

북쪽의 국경도시 신의주는 러시아와 중국으로 이어지는 대륙 철도망과 연결된다. 만약 경부선·호남선과 경의선을 이어 개통하면 남쪽 경제는 중국, 러시아와 육상 교역이 가능해진다. 그것이 실현된다면 중국, 러시아와의 교역량은 가파르게 늘어날 게 틀림없다. 특히 러시아를 거쳐 유럽으로 연결되는 대륙횡단철도가 북쪽에서 남쪽까지 이어질 때, 말 그대로 '철의 실크로드'가 완성된다.

남쪽은 해양 운송을 통한, 미국과 일본에 주로 의존하는 경제구조에서 벗어나 아시아와 유럽에 걸쳐 시장을 다변화할 절호의 기회를 맞이하게 된다. 더 나아가 철로가 직접 닿는 중국, 몽골, 러시아, 중앙아시아와 직교역이 활성화되어 잠재력이 풍부한 북방 시장을 적극 개척할 길이 열린다. 러시아와도 자원 협력 관계를 높일 수 있는데, 러시아는 2013년 현재 세계 1위의 산유국이다. 따라서 미국의 영향력에서 벗어나 원유 보급선을 다변화할 수 있다. 러시아는 친환경 연료로 중요성이 높아가고 있는 천연가스의 세계 최대 생산국이기도 하다. 시베리아와 남북을 잇는 천연가스 수

송관이 건설된다면 해상을 통한 가스 수입보다도 더욱 안정적이며 저렴한 가격으로 천연가스를 공급받게 된다. 동북아시아국가연합, 또는 동북아시아 지역 공동체를 '한중일 3국'으로 바라보는 고정관념에서 벗어나 상상력을 자유롭게 펼 이유가 여기에 있다.

유라시아 대륙으로 이어지는 북방 길의 가치는 단순한 경제적 효용성 증대 차원을 넘어선다. 사실상 고립된 섬나라와 다름없는 처지로, 미국이 장악한 해상무역과 미국의 입김에 좌우되는 원유 도입에 강하게 밀착되어 있던 남쪽 경제가 지정학적 의존성을 뛰어넘어 해양 세력과 대륙 세력을 소통해주는 의미도 지니게 된다.

통일 민족경제를 형성하면 한반도(조선반도)는 전통적인 대륙 세력(중국과 러시아)과 해양 세력(일본과 미국)을 잇는 '다리'의 강점을 최대한 살려 경제 이익과 지정학적 영향력을 추구할 수 있다. 철의 실크로드가 다시 바다를 건너 일본과 이어지는 동선은 EU와 일본을 최단으로 연결하는 노선이 된다. EU는 그 자체로 세계 최대 교역량을 지닌 경제권이며 일본과 EU 간의 교역량은 각각이 미국을 상대로 한 교역량을 점차로 넘어서는 추세다.

더구나 중국은 경제성장에 가속도를 내며 세계의 공장으로 떠오르고 있다. 세계경제의 중심축이 미국에서 한반도(조선반도)를 비롯한 동아시아로 이동하는 '신호'일 수 있다.

지금까지 살펴보았듯이 남과 북을 단일한 코리아경제권, 통일 민족경제권으로 구상하는 순간, 경제협력을 구상할 수 있는 폭과 여지는 근본적으로 달라진다. 중국 동북 지대, 러시아 동부, 몽골을 포함한 중앙아시아로 경제협력의 외연을 대폭 확장할 수 있다.

동북아시아 지역은 실존 사회주의 국가들의 경제권이 해체된 뒤 남과 북 모두 전략적 접근을 현실화하지 못한 지역이다. 하지만 잠재력에서나 통일 민족경제의 장점을 활용하는 면에서나 대단히 중요한 지역이다. 아직 경제 발전이 이뤄지지 않은 영역이 많기 때문에 남과 북의 통일경제가 주도력을 발휘하기 좋은 여건도 지니고 있다. 중국의 동북 3성과 협력하고, 연해주라 불리는 러시아의 동부와 몽골을 우선적으로 이은 다음, 남으로는 일본 경제권과 동남아 경제권, 그리고 북으로는 중앙아시아와 유라시아 경제권을 매개할 수 있다.

또한 동북아시아 지역은 적지 않은 수의 한국인(조선인) 재외 동포가 생활하는 곳이며 에너지와 지하자원, 농업 자원이 풍부하게 집중된 곳이기도 하다. 이 지역에 이해관계를 갖는 주변국들의 움직임을 살펴보면 중요성은 더 커진다.

러시아는 이미 수년 전부터 엄청난 천연가스와 해양 생물자원, 화학공업 원료, 비철금속, 목재 자원이 풍부한 동부 지역의 에너지와 자원을 한반도(조선반도)나 일본에 공급하는 문제에 큰 관심을 가져왔다. 실제로 국영가스 회사인 러시아 가스프롬은 오래전부터 러시아 동부와 북쪽 동해안을 이어 남쪽으로 연결되는 가스관 공사를 희망해왔다. 북쪽도 정치적 조건이 없다면 이를 하루빨리 구현하려는 의지를 보이고 있다.

중국은 동북 3성에 대해 2002년 이미 제16차 당대회에서 동북진흥 프로젝트의 설계를 시작하고 총리를 팀장으로 동북진흥팀을 구성했다. 이어 2004년 동북진흥 사무실을 출범시키면서 8조 원에 이르는 프로젝트를 시작했다. 그리고 2005년 '동북 지역 대외개방 가속화 방침'이라는 계획에서 단지 동북 3성뿐 아니라 북을 포함한 초국가 경제권 건설의 구상을 밝히고 단계를 밟아가고 있다.

사고와 발상을 바꾸면 얼마든지 새로운 경제체제의 길을 열 수 있고 지구적 차원에서 새로운 세계를 형성해갈 지렛대가 엄연히 존재하는데도, 한국 내부에서는 한미 FTA만이 활로라고 주장하고 다른 한편으로는 북의 경제가 중국에 편입되고 있다며 우려하고 있으니 개탄스럽지 않을 수 없다.

통일 민족경제를 통해 코리아경제권이라는 '블루오션'을 열어가는 것은 물론, 다시 이를 발판으로 북방대륙 경제협력 구상이라는 더 큰 블루오션을 확보할 수 있다. 유라시아 횡단철도 연결과 같은 단편적인 사고에서 벗어나 동북아 지역 공동체를 포함한 종합적인 정책 사고가 필요하다.

남쪽의 노동 중심 민주경제를 기반으로 남과 북을 아우르는 민족경제, 통일경제를 지향함으로써 새로운 경제체제의 토대를 대폭 확장하고, 다시 이를 발판으로 동북아시아를 포함해 아시아 대륙으로 눈을 돌려 경제협력 구상을 추진해나가야 한다. 그것은 신자유주의 세계질서에 맞서는 새로운 세계를 건설해나가는 데 중요한 전환점이 될 수 있다.

새로운 세계로 건너가는 다리

남과 북을 아우르는 통일 민족경제를 제기하면 거부감부터 일으키는 지식인이 부쩍 늘어나고 있다. 민족이나 국가를 거론하면 진보의 가치와 무관하다고 거칠게 반론을 펴거나 심지어 적대시하는 일도 흔하다.

하지만 분단 체제의 질곡에서 자유롭지 못한 겨레에게 민족문제는 결코 한가한 논의 대상이 아니다. 근대사회의 출발부터 외세의 깊숙한 개입으로 끝내 식민지를 거쳐 분단 체제를 살고 있는 민중에게 민족문제의 해결은 그 자체가 진보다. 더구나 그 분단 체제에는 우리 시대의 세계사적 문제인 신자유주의와 미국 패권주의가 모두 녹아들어 있다.

남과 북의 분단 체제는 세계화 차원에서도 남과 북의 문제로 나타나고 있다. 실존 사회주의 국가들의 몰락과 곧 이은 신자유주의 세계화로 빈국과 부국 사이의 차이는 갈수록 커져가고 있다. 가령 국제금융기구(IMF)의 신자유주의 체제가 한국 경제에 깊숙이 개입한 1997년을 기준으로 보면 가장 부유한 20퍼센트의 국가들이 세계 GNP의 84퍼센트, 세계 무역의 84퍼센트, 세계 국내 저축의 85퍼센트를 차지한다. 지구 차원의 남과 북 문제다. 특히 미국은 세계 목재의 85퍼센트, 세계 가공 금속의 75퍼센트, 세계 에너지의 70퍼센트를 소비한다.

자본 독재의 신자유주의 체제가 세계화를 주도하면서 빈부 차이는 지구적 차원에서 또렷하게 나타나고 있다. 국제적십자사연맹IFRC이 발표한《세계재난보고서 _World Disasters Report_》(2011)에 따르면 지구촌의 빈부 격차가 점점 벌어지고 있으며 2010년 현재 세계 인구의 20퍼센트인 15억 명은 비만으로 고민하고 있는 반면에 12퍼센트인 9억 2,000만 명은 영양실조로 고통받고 있다. 너무 많이 먹은 영양 과다의 비만 인구가 너무 먹지 못한 영양실조 인구보다 많이 나온 것은 통계상 처음이다. IFRC 사무총장은 성명에서 "자유로운 시장의 힘이 상호 작용한 결과"라고 분석했고, IFRC 아시아 태평양 담당 국장은 기자회견에서 "과다영양으로 인한 사망자가 기아 사망자보다 많다는 것은 두 얼굴을 가진 스캔들"이라고 지적했다(연합뉴스, 2011년 9월 23일 자).

5초마다 지구촌의 어린이 한 명이 굶어죽는 21세기 '야만'의 가장 큰 원인은 곡물 가격의 급등에서 찾을 수 있다. 세계화로 몇

몇 다국적기업들이 전 세계 농업 무역의 대부분을 지배하고 있기 때문이다. 가령 전 세계 밀, 옥수수, 커피, 파인애플 거래의 90퍼센트, 쌀과 바나나의 70퍼센트를 소수의 다국적기업이 '관장'하고 있다.

세계적 차원의 자본 독재가 일으키는 심각한 문제점은 곡물 가격에서만 나타나는 게 아니다. 미국이 벌인 이라크 침략 전쟁도 '석유 자원'을 안정적으로 확보하고 통제하려는 '자본 독재'의 패권주의에서 빚어졌다.

초강대국이 된 미국의 패권주의와 군사 제국주의가 여전한 상황에서 국가 주권과 민족자결의 사상은 결코 과잉이어서 문제가 아니다. 정작 많은 국가 구성원들이 신자유주의와 제국주의의 실체를 망각하고 있는 게 문제다. 그 망각이 다름 아닌 신자유주의자들과 패권주의자들의 '세뇌'로 빚어진 일이기에 더 그렇다. 세뇌는 세뇌당하는 사람이 그것을 세뇌라고 인식하지 못할 때, 가장 '완벽'하다.

지상의 모든 사람이 인종과 국가의 틀을 넘어 평화롭게 사랑하며 살아갈 수 있는 새로운 세계는 인류의 오랜 이상이다. 하지만 인류가 거기까지 도달하기엔 갈 길이 너무 멀다. 자신의 국가 이익을 위해 다른 인종, 다른 민족, 다른 국가를 유린하는 패권 국가가 현실에 존재하고 있다. 그 부당하고 낡은 질서를 새로운 세계로 바꿔나갈 주체는 누구일까.

그 답은 명료하고 해법도 간단하다고 볼 수 있다. "전 세계의 민중이여, 단결하라"고 외칠 수도 있다. 하지만 언제나 그렇듯이 관건은 실천이다. 정치경제적 조건에서 자유롭지 못한 구체적 삶의 세계에서 '민중의 단결'은 단숨에 구현되기 어렵다. 노동계급의 단결을 주장하는 사람들이 노동계급을 대변한다는 명분으로 본의든 아니든 노동계급 위에 군림하는 경향을 우리는 20세기를 통해 뼈아프게 체험했다. 더디더라도 슬기를 모아가야 할 이유다. 주권혁명과 새로운 민주주의를 받아들이는 나라들이 같은 길을 걸어가는 이웃 나라들과 지역 공동체를 만들어가고, 그것이 큰 흐름이 될 때 비로소 인류사를 바꿀 수 있다.

거듭 강조하지만 바로 그 맥락에 통일 민족경제론이 자리하고 있다. 더러는 통일 민족경제권을 먼 훗날의 이야기로 여긴다. 딴은 전혀 이해 못 할 일도 아니다. 통일경제 구상을 가로막는 강력한 요인들이 현실로 존재하는 게 사실이기 때문이다.

그러나 한반도(조선반도)의 경제 지형, 곧 남쪽의 신자유주의 체제로 빚어진 부익부빈익빈이나 북쪽의 식량 위기와 경제 침체를 떠올리면 통일경제는 대단히 절박하고 절실한 과제다. 미국의 '매파'들(네오콘)*이 북쪽에까지 미국의 패권을 확대하려는 의도를 노

---

* neocons. 미국의 공화당을 중심으로 한 신보수주의자들 neo-conservatives의 줄임말. 미국이 군사력으로 세계의 패권을 지속해가야 한다고 생각한다. 미국 정치철학자 레오 스트라우스Leo Strauss에 사상적 뿌리를 두고 있다. 그는 "야만인들로부터 민주주의를 지키는 것은 자연의 권리이자 책임"이라고 주장했다. 네오콘은 민족, 국가, 주권 등의 개념은 전체주의나 독재 체제를 유지하는 수단으로 악용된다면서 그 경계를 허물어

골화하고 있어 더욱 그렇다. 명토 박아두거니와 통일의 담론 또한 결코 과잉이 아니다.

여기서 북쪽 경제에 대한 과대평가 못지않게 과소평가도 문제임을 유념할 필요가 있다. 소련과 동유럽 국가들이 붕괴하기 직전까지 조선민주주의인민공화국은 사회주의 나라들 가운데 공업화 정도와 산업의 유기적 집중도가 비교적 높은 공업 국가였다. 농촌에 인구 대다수가 살고 있던 중국이나 베트남과 달랐다. 이는 앞으로 인구의 대량 이농이나 인구 변동, 또 그에 따른 산업구조의 변동처럼 오랜 시일이 걸리는 경제재편 과정을 겪지 않아도 된다는 뜻이다.

공업화된 북쪽 경제가 침체 또는 마비에 이른 주요 요인은 에너지와 식량 공급의 절대 부족이었다는 사실도 유념할 필요가 있다. 이는 바꿔 말하면 식량 공급과 에너지 공급이 정상화될 때 대단히 빠른 속도로 경제 복구가 가능하다는 걸 암시한다. 지극히 낮은 대외 교역량도 북쪽의 경제 침체를 낳은 주요 원인 가운데 하나다. 따라서 정치외교 환경이 개선되어 대외무역이 정상적 수준으로 늘어날 때를 가정하면 급속한 경제성장을 전망할 수 있다.

결국 통일 민족경제 건설이라는 전략적 목표 아래 남과 북이 빠

야 한다고 믿는다. 국제사회의 '도덕'을 지키려면 미국이 능동적으로 개입해야 한다는 논리다. '팍스 아메리카나Pax Americana'를 추구한다거나 유대인들의 사상이라는 비판을 받았지만, 조지 W. 부시 정권 8년 동안 미국을 지배했다.

른 속도로 경제협력을 발전시키고 이를 발판으로 대외경제 환경에 공동으로 대처해나간다면, 남과 북 모두 새로운 전환점을 맞을 가능성이 높다. 북쪽의 경제 부흥은 물론, 남과 북이 상호 시너지를 일으켜 경제 발전에 가속도가 붙을 수 있다.

2005년 처음으로 북의 경제성장 예측 시나리오를 분석한 유엔 전문가위원회Expert Committee는, 만일 6자회담*이 성공해 한미일 3국이 에너지를 비롯해 대북 경제 지원에 나서면 북쪽의 국내총생산 성장률은 7퍼센트대가 가능할 것으로 내다보았다. 남과 북이 머리를 맞대고 통일 민족경제권을 구상하고 실행 계획을 세운다면, 북쪽 경제뿐 아니라 남쪽 경제도 '활로'를 찾을 게 분명하다.

여기서 통일경제의 실현 과정과 남과 북 사이의 정치·군사적 관계 개선은 긴밀한 연관성이 있다. 흔히 남과 북 사이의 경제협력은 정치·군사적 협력의 하위 과제로 여기기 십상이지만, 통일의 과정에서도 경제는 정치와 분리될 수 있는 문제가 아니다. 아니, 오히려 남과 북 모두의 정치적 변화를 이끌어낼 수 있는 하부구조이다.

---

* 6자회담The six-party talks은 남과 북에 미국·중국·러시아·일본 4개국이 참여해 한반도 비핵화를 이루려는 다자회담으로 첫 회의는 2003년 베이징에서 열렸다. 애초 1994년 '제네바 합의'를 통해 북은 핵 개발을 중단하고 핵 사찰을 받는 대신, 미국은 북에 체제 안전 보장과 경수로 발전소를 제공하기로 했다. 하지만 2002년 조지 W. 부시 미국 대통령이 북을 이라크·이란과 함께 '악의 축'으로 규정하면서 합의는 파기됐다. 6자회담은 몇 차례 합의를 이뤘지만 북미 사이에 불신이 깊어 2013년 12월 현재까지 목적을 이루지 못했다. 그 과정에서 북은 다시 핵무기 개발에 나섰고 핵실험까지 마쳐 '핵 보유국'을 선언했다.

더 중요한 것은 지금 당장 남과 북의 정치·군사적 통일이 가능하지도 않거니와 바람직하지도 않다는 데 있다. 그 이유는 명료하다. 만일 지금 통일이 된다고 가정해보라. 조선로동당과 새누리당이 과연 공존할 수 있겠는가. 통일이 가능하지 않을뿐더러 설령 조급하게 통일을 이뤘다고 하더라도 곧 내전의 위기로 치달을 가능성이 높다.

따라서 통일을 이루려면 남과 북이 서로의 존재를 인정하는 내부 토대부터 튼실하게 만들어야 옳다. 그 과정에서 서로 다가설 수 있는 밑절미가 되는 게 지금까지 살펴본 통일 민족경제의 효과와 가치다. 통일 민족경제는 민주경제의 뼈대인 노동주권, 직접경영, 금융주권, 첨단기술의 정책과 가치를 공유해서 설계해나가야 옳다.

기실 통일 민족경제를 일궈갈 방향은 이미 남과 북이 합의한 6·15 남북공동선언(2000)*에 나타나 있다. 공동선언을 통해 "남과 북은 나라의 통일을 위한 남측의 연합제 안과 북측의 낮은 단계의 연방제 안이 서로 공통성이 있다고 인정하고 앞으로 이 방향에서 통일을 지향시켜나가기로 하였다."(제2항) 선언은 또 "경제협력을 통하여 민족경제를 균형적으로 발전"(제4항)시켜나가자고 합의했

---

*6·15 남북공동선언은 대한민국 대통령 김대중과 조선민주주의인민공화국 국방위원장 김정일이 분단 55년 만에 처음 만나 2000년 6월 14일 '마라톤 정상회담' 끝에 합의하여 발표한 선언이다. 다음 날인 6월 15일 선언문을 공식 발표했다. 통일 문제의 자주적 해결과 '1국가 2체제의 통일 방안'을 담았다.

다. 당시 김대중 대통령은 평양에서 돌아온 직후 대국민 보고에서 제2항에 대해 "현재의 '2체제 2정부'를 그대로 두고 수뇌회의, 각료(장관)회의, 국회회의를 구성, 합의기관으로 만들어 차츰차츰 모든 문제를 풀자는 것"이라고 설명했다.

남과 북이 '연합—연방제 통일 방안'과 '민족경제의 균형 발전'에 합의한 공동선언은 남북의 미래상만이 아니라 새로운 세계의 건설에도 큰 시사점을 준다. 연합—연방제를 거치면서 이루어질 통일은 지구촌에서 가장 앞선 민주주의를 실현하는 길이어야 한다. 그것은 '민주공화국' 대한민국과 조선'민주주의'인민공화국이 새로운 민주주의 공화국으로 통일을 이루는 길이다.

새로운 민주주의 공화국의 밑절미인 경제체제는 노동의 창조력을 성장 동력으로 한 민주경제다. '연합—연방제'를 일궈가는 과정에서 당면 과제는 남과 북이 통일 민족경제를 논의하고 실천해나갈 '남북 공동 기구'를 만드는 일이다. 통일경제를 위해 남과 북이 모두 동의할 수 있는 새로운 기업 형태를 비롯해 경제를 어떻게 운용해나갈 것인지를 놓고 슬기를 모아가야 한다. 그것은 다른 나라들이 본보기로 삼을 민주경제를 구체화하는 길이기도 하다. 그 점에서 통일 민족경제의 구상과 실현은 인류 역사가 새로운 세계로 건너가는 '다리'다.

주권혁명과 새로운 민주주의 국가들이 중간 단계로 지역 공동체를 형성하고 장기적으로 지구촌을 바꾸는 길에서 가장 중요한 관건은 다름 아닌 '민중의 슬기'다.

통일경제

1. 분단 체제가 한국 경제의 성장에 끼친 영향은 무엇인가?

2. 통일경제가 한국 경제의 블루오션일 수 있을까?

3. 통일 민족경제의 구체적 모습을 각자 상상하고 소통해보자.

4. 민족국가에서 세계 공동체로 건너가는 다리는 무엇인가?

피의 나무에서
슬기나무로

지적 발전과 위대한 정치

인류사를 톺아보면 몇몇 사람의 통찰만으로 역사의 새로운 전환점이 마련된 사례는 없다. 민중*이 실천에 나설 때 비로소 역사는

* 이 책의 6장에서 이미 민중이라는 말을 불온시한 세력에 대해 비판했지만, 그 말을 적대시하는 사람들은 2010년대에도 대한민국의 '주류'로 활동하고 있다. 2013년 11월 국무총리 정홍원은 국회 예산결산특별위원회에 출석해 정부의 통합진보당 해산 심판 청구 논리를 묻는 국회의원과의 질의응답 과정에서 '국민'은 일반적인 표현인 데 반해 '민중'이란 표현은 '좌파적'이라고 주장했다. 색깔론을 펴는 대한민국 주류들이 '숭상'하는 이승만이 "민주정체에는 민중이 주권자이므로 주권자가 잠자코 있으면 나라가 위험한 자리에 빠진다"고 발언한 대목을 이들은 어떻게 이해할까? 경찰을 '민중의 지팡이'라고 부른 오랜 '전통'은 또 어떤가. 박정희조차 유신 체제 시절에 '경찰의 날' 치사를 하며 '민중의 지팡이라는 긍지를 잃지 말라'고 당부했었다. 민중은 국어사전 뜻 그대로 "국가나 사회를 구성하는 일반 국민. 피지배 계급으로서의 일반 대중"을 의미한다.

바뀌었다. 실천에 나서는 민중은 굴종하거나 인내하던 민중과 달리 세상을 주체적으로 판단하는 지혜(슬기)를 공유한다.

무릇 지나온 인류 역사는 정치경제, 언론, 교육, 종교 모든 커뮤니케이션 영역에서 아래로부터 민중의 참여가 늘어난 역사였다. 더 많은 사람들의 슬기를 모을 수 있을 때, 그 체제와 시대 전체가 빠르게 발전했다는 사실도 역사에서 확인할 수 있다. 인류는 '모든 권력이 민중으로부터 나오는 세상'으로 한 걸음 한 걸음 전진해왔다.

민중이 스스로 학습하고 다듬은 슬기를 경제 발전과 새로운 민주주의 건설에 담아가는 운동, 바로 그것이 주권혁명이다. 피를 먹고 자라난 민주주의가 탄생기와 성장기를 거치면서 앞으로 더 중요한 것은 피보다 슬기다.

21세기의 민주주의 나무가 피보다 슬기를 먹고 자라는 데에는 인류의 생산력 발전 단계와 정치의식 단계가 피의 거름으로 그 높이에 이르렀기에 가능한 일이다. 다만 여기서 슬기란 무엇인지를 분명히 적시해둘 필요가 있다.

첫째, 민중이 자신이 살아가는 삶의 현실을 있는 그대로 인식하는 슬기다. 무릇 더듬이로 자기 앞길을 끊임없이 열어가는 연체동물이 그렇듯이 모든 생명체는 자신을 둘러싼 환경을 정확히 인식하려는 본능을 지니고 있다. 그럼에도 굳이 그것을 '슬기'라 하는 까닭은 끊임없이 현실을 정확히 인식하지 못하도록 방해하는 세력이 정치권력, 경제 권력, 언론 권력을 지니고 있어서다. 소수인 그들은 절대다수인 민중이 현실을 올바르게 인식할 때 자신들이 선거에서 패배하고 권력을 잃을 수밖에 없기 때문에, 현실을 호도하는 '가짜 현실'을 일상생활과 사회화 과정을 통해 주입시킨다. 그 상황에서 민중이 현실을 정확히 인식하려면 '지적 발전'이 필요하다. '자기 극복'이 필요하다. 주권운동이 필요하다.

둘째, 민중이 자신이 살아가는 삶의 현실과 다른 사회, 더 나은 사회가 가능하다고 확신하는 슬기다. 한 줌의 소수가 절대다수인 민중의 현실 인식을 가로막더라도 민중은 자신의 고통스러운 삶 자체를 통해 현실을 직시할 수 있다. 잘못된 현실을 직시한다면 마땅히 그 현실을 바꾸려는 게 본능이라고 할 수 있다. 그럼에도 그것을 '슬기'라 하는 까닭은 끊임없이 새로운 사회가 가능하다고 인식하지 못하도록 방해하는 세력이 정치권력, 경제 권력, 언론 권력을 지니고 있어서다. 소수인 그들은 절대다수인 민중이 새로운 사회가 가능하다는 걸 확신할 때 자신들이 선거에서 패배하고 권력을 잃을 수밖에 없기 때문에, 대안이 없다는 주장을 일상생활과 사회화 과정을 통해 주입시킨다. 그 상황에서 민중이 새로운 사회가 가능하다고 확신하려면 '지적 발전'이 필요하다. '자기 극복'이 필요하다. 주권운동이 필요하다.

셋째, 민중이 자신이 확신하는 새로운 사회를 자신의 실천으로 창조할 수 있다고 판단하는 슬기다. 누구나 삶이 한 번뿐이기에 사람은 자신의 삶을 통해 의미 있는 무엇인지를 창조하고 싶은 의지를 지니고 있다. 그럼에도 그것을 '슬기'라 하는 까닭은 민중이 새로운 사회의 실현에 나서지 못하도록 방해하는 세력이 정치권력, 경제 권력, 언론 권력을 지니고 있어서다. 소수인 그들은 절대다수인 민중이 새로운 사회의 실천에 나설 때 자신들이 선거에서 패배하고 권력을 잃을 수밖에 없기 때문에, 정치란 직업 정치인만의 영역이라거나 순수한 사람은 외면해야 할 혐오스러운 일이라는 허위의식을 일상생활과 사회화 과정을 통해 주입시킨다. 그 상황에서 민중이 새로운 사회를 실현할 실천에 나서려면 '지적 발전'이 필요하다. '자기극복'이 필요하다. 주권운동이 필요하다.

민중이 자신이 살아가는 삶의 현실을 있는 그대로 인식하고, 다른 사회가 가능하다고 확신하며, 새로운 사회를 실천할 때, 그것은 '위대한 혁명'이라는 이름에 값할 수 있다. 민중 개개인의 삶을 보더라도 의미 있는 자기 혁명인 동시에 그 개개인의 혁명으로 새로운 사회를 구현하는 사회혁명이다. 바로 그것이 주권혁명의 고갱이다.

지금까지 이 책에서 아름다운 나무, 새로운 민주주의 나무를 최선을 다해 그려왔다. 그 나무, 새로운 민주주의의 나이테에는 헤아릴 수 없을 만큼 많은 사람의 인생이 고스란히 스며들어 있다.

새로운 민주주의 나무는 피를 먹고 자라는 나무와 다른 나무가 아니다. 그 나무를 더 포괄적으로 파악하는 관점과 실천이다. 그 나무는 민중이 주인 되는 세상을 꿈꾸던 사람들의 맑은 영혼이 모여 수만 년에 걸쳐 뿌리를 내리고 마침내 싹을 틔웠다. 칠흑의 어둠 속에서 두터운 지표를 뚫고 그 나무가 탄생한 시점이 시민혁명이다.

시민혁명의 싹을 틔우기까지 수많은 민중이 피를 흘렸다. 하지만 시민혁명은 주권혁명의 요람에 지나지 않았다. 그것이 튼실하게 커가려면 노동자가 필요했다. 숱한 노동자들의 피가 민주주의의 나무를 키워갔다.

새로운 민주주의론이 사회주의혁명 과정을 민주주의 성장기로 본 이유는 두 가지다. 하나는 그것으로 실제 민주주의의 '키'가 괄목할 만큼 컸다는 뜻이고, 다른 하나는 성장기의 열병이 그러하듯이 지나치게 자기 확신적이고 이상적이었다는 뜻이다. 이상이 순수할수록 좌절을 겪을 때 회의와 절망도 깊게 마련이다. 우리가 다 알고 있는 '성장통'이 그것이다. 민중이 신자유주의 체제의 대안이 없다고 생각하며 순응하는 현실, 민주주의의 위기가 심각하게 드러난 이유다.

하지만 좌절과 절망에서 일어나 이상에 이성으로 접근할 때 비로소 성장통을 벗어나 더 성숙해진다. 주권혁명으로 발효한 민주주의의 숙성, 그것은 민주주의 본디 뜻 그대로 민중이 통치하는 정치체제를 이른다.

성장통에서 우리가 배워야 할 진실은 실존 사회주의 국가들의 패배가 곧 민주주의의 승리는 아니라는 점이다. 자본주의의 승리였을 따름이다.

실존 사회주의 국가들에서 "우리가 인민"이라고 외치며 공산당에 맞섰던 민중이 갈망했던 사회가 모든 걸 자본의 논리에 종속시키는 신자유주의, 자본 독재는 결코 아니었을 터다. 문제의 핵심은 자본주의를 넘어선 경제체제와 민주주의 정치체제를 어떻게 구현할 것인지에 있다. 민중의 직접경영과 직접정치가 그 체제의 고갱이다.

새로운 민주주의는 민중이 자기 입법자가 되어 스스로 통치하는 정치경제 체제다. 자유주의의 한계를 비판한 마르크스와 니체의 사상이 모두 녹아든 민주주의다. 경제주권과 정치주권을 비롯해 모든 권력의 주권을 민중이 주체가 되어 행사하는 새로운 민주주의를 실현하는 길이 주권운동이고, 그 과정과 목표를 아우른 개념과 실천이 주권혁명이다. 민주주의란 살아 숨 쉬는 민중이 만들어온 역사적 창조물이다.

주권운동의 주체는 새삼 이를 나위 없이 민중*이다. 신자유주의

* 민중이 학문적 개념이 아니라고 주장하는 일부 윤똑똑이 교수들을 위해 민중사를 연구해온 학자들이 내놓은 민중 개념을 소개한다. "첫째, 민중은 투쟁하는 주체에 앞서 일상적 삶을 살아가는 일상적 주체이다. 민중의 가장 근원적인 존재성은 바로 일상적 주체에서 비롯되며, 민중이 모순을 느끼고 그에 저항하는 지점도 일상의 층위이다. 둘째, 민중은 특정한 계급연합으로 실체화되는 단일한 주체가 아니라 다양한 구성과 정체성을 내포한 다성적 주체이다. 민중은 상황에 따라 내포와 외연이 끊임없이 변화하는 유동적 구성물이자, 그 내부에 다양한 차이와 균열을 내포한 이질적 혼합물이다. 셋째, 민중은 지배와 저항 또는 종속성과 자율성을 동시에 담지하고 있는 모순적 주체이다. 민중은 지배의 자장에서 자유로울 수 없지만, 동시에 지배 체제나 지배 이데올로기에 완전히 포섭되지 않고 그와는 결을 달리하는 독자성과 능동성을 가진다. 또 자신을 억압하는 지배 체제에 저항하지만, 그 저항에 이미 지배의 코드가 담겨 있기도 하고, 때로는 자신을 억압하는 지배를 의식적으로나 무의식적으로 수용

자본 독재로부터 고통받는 모든 사람, 노동자·농민·자영업자·빈민·실업자·청년 들이다. 국민의 대다수지만 그들의 정치적 대행자를 아직 권력의 자리에 앉혀보지 못한 사람들이다.

우리는 세계사가 보편적으로 요구하고 있는 시대적 과제로 주권운동과 주권혁명을 진공상태에서 논의하지 않았다. 대한민국이라는 분단된 남쪽 나라의 구체적 현실에 바탕을 두고 분석했다. 국민 대다수가 현실에 순응하는 대중이 아니라 현실의 모순을 직시하는 민중으로 자신을 옳게 인식할 때, 신자유주의가 고정불변의 체제라는 고정관념에서 벗어나 민주경제론을 대안으로 받아들일 때, 분단 체제를 넘어 새로운 세계를 꿈꿀 때, 그때 대한민국은 벅벅이 '새로운 민주주의의 공화국'으로, 국민은 헌법상으로만이 아닌 명실상부한 주권자로 거듭날 수 있다.

민중이 자신을 민중으로 인식해야 할 이유는 분명하다. 한국 근현대사의 흐름이 증언해주고 있듯이 외세와 손잡은 지배세력의 강고한 권력 앞에서 민중 개개인의 삶은 언제나 억압받거나 제약받아 불행했기 때문이다. 더러 그에 정면으로 맞섰던 민중의 실천

하고 내면화하기도 한다. 넷째, 민중은 근대 프로젝트로 수렴되는 근대적 주체가 아니라, 오히려 근대를 상대화할 수 있는 방법적 매개이다. 근대 이행기 민중의 역사적 경험을 바라보기 위해서는 먼저 근대주의적 발상에서 벗어나야 하며, 오히려 민중의 역사적 흔적을 통해 그러한 인식이 내파되는 지점을 찾아낼 수 있다."(역사문제연구 민중사반, 《민중사를 다시 말한다》, 역사비평사, 2013). 주권운동과 주권혁명의 주체로서 민중 개념 또한 다르지 않다.

이 마지막까지 성공을 거두지 못했던 까닭은 더 명백하다. 더 많은 민중이 실천에 동참하지 않았기 때문이다. 여기엔 의도적이든 아니든 일상적 교육과 언론을 통해 민중이 자신이 처한 현실을 정확히 인식하지 못하도록 집요하게 소통을 방해한 지배세력의 노림수가 깔려 있다.

하지만 책임을 늘 지배세력에게 들씌울 수는 없다. 민중 또한 자신의 삶을 주체적으로 바꾸려는 열정이 부족했다는 사실을 냉철하게 시인해야 옳다. 민중의 다수가 역사적 현실에 침묵하거나 외면할 때 역사는 반드시 보복하게 마련이다.

주권자인 민중이 배제되어온 역사는 신자유주의와 분단 체제로 지금 이 순간도 여전히 진행형이다. 앞서 분석했듯이 비단 한국 사회의 특수성에 그치지 않는다. 신자유주의의 자본 독재 체제는 지구촌의 지배적 흐름이 되었고 부국과 빈국 사이의 분단 체제는 갈수록 깊은 골을 만들고 있다. 민중 개개인의 결단이 절실한 이유다.

민중이 자신의 창조력, 슬기를 주권혁명으로 결집해낼 수 있을 때, '민주경제'로 출발해 '통일경제'와 '동북아 지역 공동체'로 외연을 확장해간다면, 한국의 새로운 경제, 새로운 정치, 새로운 민주주의는 상생과 협력의 '동아시아 공동체'를 넘어 궁극적으로 새로운 세계로 건너가는 다리를 놓을 수 있다. 그때 비로소 우리는 그 다리를 '한국혁명'이라 부를 수 있다.

민중 개개인이 그 '다리'를 건너며 주권자로, 자기 입법자로 나서지 않는다면 민주주의의 위기는 더 커질 수밖에 없다. 무엇보다 주권운동은 민중 개개인이 스스로 현실을 학습하고 정치생활을 실천해가는 마당을 만드는 데 온 힘을 기울여야 한다. 이 책에서 정치읽기의 혁명, 역사읽기의 혁명을 강조한 이유도 여기에 있다.

삶의 현실을 고정불변으로 보며 순응하거나 방관하는 게 아니라 변화를 이룰 실천에 나서는 일, 바로 그것이 정치생활이다. 그 실천과 변화의 과정에서 본디 정치적 동물인 우리 개개인의 삶은 한 단계 더 숙성할 수 있다.

주권운동의 철학적 기초는 명료하다. 니체의 표현을 빌리면 민중 개개인이 자기 입법자로, '자신을 극복한 사람(초인)'으로 살아가자는 운동이다. 마르크스의 표현으로는 민중이 '지적 발전'을 이룬 노동자로 살아가자는 운동이다. 지적 노동자란 노동자가 단순히 지식을 갖추는 걸 의미하지 않는다. 현실을 정확히 인식할 지혜, 슬기를 갖춘다는 뜻이다.

20세기 말부터 시작된 정보혁명은 개개인이 '지적 노동자'로 거듭날 수 있는 조건을 만들었다. 정보혁명은 육체노동과 정신노동으로 나뉘어 있는 노동 현실을 바꾸는 데 크게 기여할 수 있다. 그것은 미래 사회의 물결과도 조응한다.

지적 노동자는 노동자를 소모품처럼 취급하는 신자유주의의 자본 독재 체제와 공존할 수 없다. 신자유주의는 정보혁명 시기의 생산력 발전에 걸림돌일 뿐 아니라 사람다운 삶을 가로막고 있다. 마르크스가 희망을 건 '지적 노동자'가, 진보적 생활인이, 새로운 민주주의를 열어가는 주체로 정치활동에 나서야 할 이유다. 그것은 '국제 화폐 은둔자'들이 조장하는 '표준화된(그래서 똑같은) 삶'에서 벗어나 자주적이고 창조적인 삶을 살아가길 권고하는 니체의 제안이기도 한다. 다시 니체의 표현을 빌리면 '작은 정치'를 넘어 '위대한 정치'를 이루는 길이다.

위대한 정치는 다른 게 아니다. 민중 개개인이 자주적이고 창조적인 생활인으로 거듭나는 길이다. 민중 개개인은 경제생활에 매몰되어 정치생활을 망각하며 살고 있다. 심지어 정치를 혐오한다. 하지만 이 책에서 강조했듯이 민중이 정치를 혐오하는 현상은 누군가의 치밀한 노림수, 지배세력이 은밀하게 파놓은 함정이다.

따라서 주권운동은 정치나 경제뿐 아니라 각 부문 운동에서 저마다 부문별 주권을 의제로 제기하고 쟁취해갈 필요가 있다. 가령 노동운동은 노동주권을, 농민운동은 식량주권을, 교육운동은 교육주권을, 언론운동은 언론주권을, 사회복지운동은 복지주권을, 환경운동은 환경주권을 의제로 제기하고 그것을 현실로 구현할 수 있도록 연대의 틀을 일궈가야 한다.

주권운동과 선거혁명

민중 개개인이 일상적으로 경제생활을 하듯, 마땅히 정치생활을
해야 옳다. 정치생활 또한 일상에서 얼마든지 가능하다.

자신이 어디에 있는지를 정확히 인식하고 그 현실을 조금이라
도 바꿔나가는 데 자신의 힘을 보태는 일, 바로 그것이 직접정치의
출발점이다. 바로 그것이 위대한 정치다. 생활정치다. 정치인이 더
는 특별한 존재일 수 없다. 신자유주의의 자본 독재를 넘어선 사회
에선 민중 개개인이 정치인, 생활정치인이다.

무엇보다 정치를 직업적 정치인만이 하는 것으로 생각하는 고
정관념에서 벗어나야 한다. 인터넷으로 이미 모든 사람이 기자인
시대로 접어들었다.* 정치도 마찬가지다. 일터에 늘 출퇴근하는
사람들이 경제생활을 하듯이—여기서 인간은 정치적 동물이라는

정의를 새삼 새겨볼 필요가 있다. 아리스토텔레스에 따르면, 정치적 공동체에 참여하지 않는 '사람'은 사람이 아니다—우리 모두는 이미 정치생활을 하고 있다. 다만 지금까지 침묵과 외면으로 무기력한 정치생활을 해왔을 뿐이다. 분명히 짚고 가자. 침묵도 외면도 정치생활의 한 방식이다. 정치 무관심 또한 정치생활이다. 무미건조한 생활정치, 정치에 무관심한 사람의 정치생활이다.

생활 현장에서 살아가는 개개인이 자신이 이미 정치생활을 하고 있다는 사실을 새삼스럽게 '각성'할 때, 그 순간 생활정치인은 탄생한다. 주권혁명을 실천하는 출발점이다. 모든 권력이 국민에게 나온다는 저 헌법이 보장한 권리를 찾아 누리는 첫걸음이다.

불가능한 일이 아니다. 이미 인터넷을 이용해 모든 사람이 참여해 특정 목표를 이뤄내고 있다. '위키피디아Wikipedia' 온라인 백과사전 제작이 대표적 보기다. 위키피디아는 피에르 레비**가 말한

---

* 모든 사람이 인터넷과 모바일로 '기사'를 쓸 수 있게 됨에 따라 '직업 기자'와 다른 '직접 기자'들이 활동하는 시대가 열렸다. 이에 대한 더 자세한 논의는 《신문 읽기의 혁명 2》(개마고원, 2009)를 참고.

** Pierre Lévy(1956~). 디지털 인문학을 선도하고 있는 프랑스의 미디어 사회학자. 그는 지식의 공유와 축적을 통해 대중이 지식 생산의 주체가 되는 집단지성은 사이버 시대 이전에도 있었으며 언어를 보기로 들고 있다. 언어는 어떤 천재적 지식인이 고안해낸 게 아니라 집단지성을 통해 만들어졌다. 레비는 그 집단지성이 인터넷 시대에 폭발적으로 발현되고 있다고 주장한다. 인터넷을 기반으로 집단지성의 유토피아를 과도하게 낙관한다는 비판을 받고 있다. 하지만 레비는 여러 문제점을 다수의 힘으로 얼마든지 '교정'할 수 있다고 반박한다. 그는 오히려 집단지성은 자본과 권력의 지식 독점에 대항하는 가장 강력한 수단이라고 강조한다. 지식인이 할 일도 달라진다.

'집단지성collective intelligence'을 활성화하고 활용하는 좋은 사례다. 레비는 인터넷을 언어와 문자 뒤에 등장한 가장 강력한 소통 수단으로 규정했다. 레비는 인류가 인터넷을 어떻게 활용해 진화의 다음 단계로 나아갈 수 있는지 탐색할 때라고 주장했다.

주권혁명의 관건은 광범위한 민중의 참여다. 군부독재와 맞서 싸운 이 땅의 민중은 자본 독재에 맞서 새로운 민주주의를 일궈낼 역량을 이미 갖추고 있다. 다만 어떻게 발현할 것인지를 인식하고 있지 못할 따름이다.

따라서 우리는 이렇게 물어야 한다. 주권혁명을 구현하려면 지금 무엇을 소통할 것인가.

새로운 민주주의를 실현하기 위해 무엇보다 '주권운동 네트워크'의 출범이 필요하다. 주권운동은 이름 그대로 누군가 기획하고 누군가 조직하는 권위주의적 운동이 아니다. 우리 모두가 기획자요, 조직자여야 옳다. 아래로부터 국민주권운동에 공감하는 현장의 단체들과 평범한 민중이 힘을 모아야 한다. 그러려면 시민운동과 노동운동 사이에 마치 건널 수 없는 심연이라도 있는 듯이 경계선을 긋는 고집, 자주파NL 혹은 평등파PD와는 도저히 함께 일할 수 없다는 낡은 분파주의, 노동운동이 핵심이고 나머지 부문 운동

집단지성 시대에 지식인이 할 일은 지식 생산이 아니라, 다수가 생산해낸 지식(집단지성)의 관찰과 분석이다. 레비는 자신이 속한 집단지성을 비평할 수 있는 사유의 도구를 만들어내야 한다고 주장한다.

은 모두 '부차적'이라는 권위주의, 여전히 '좌익'과 '우익'의 케케묵은 잣대를 들이대는 습관을 모두 넘어설 필요가 있다.

주권운동 네트워크—이름은 어떻게 붙이든 상관없다. 소통운동이라 해도 무방하다—신자유주의의 자본 독재를 넘어서려는 모든 사람이 손을 잡아야 옳다. 80~90퍼센트의 민중이 주체로 나설 수 있도록 조건을 만들어나가야 한다. 주권운동은 정치와 경제에서 국민 대다수가 실질적 주권자가 되는 높은 수준의 운동이다. 이를 위해서는 국민 대다수인 민중이 주권혁명이라는 새로운 민주주의 사상과 접속해야 한다.

그러려면 새로운 사상에 걸맞게 새로운 조직 문화와 틀을 창조해내야 옳다. 설령 오랜 시간이 걸린다 하더라도 그 틀을 마련하는 과정 또한 함께할 일이다. 현재 노동운동, 농민운동, 빈민운동, 여성운동, 시민운동, 지역운동, 환경운동, 교육운동, 언론운동에 헌신하고 있는 활동가들이 실천하고 있는 게 기실 부문별 '주권운동'이다. 이름만 그렇게 붙이지 않았을 뿐이다.

이 책의 제안은 부문별 운동을 각자 벌여가되 '소통의 공통분모'를 찾아 뜻과 힘을 모아가자는 데 있다. 바로 그때 부문 운동도 더 활성화될 수 있다.

국민주권운동을 통해 주권혁명의 새로운 민주주의 사상을 학습하고 선전하는 '소모임'이 일터마다, 직종마다, 동네마다, 학교마다 만들어진다면 한국 사회의 분위기는 급속도로 바뀔 수 있다. 노동운동, 농민운동, 빈민운동, 교육운동, 언론운동, 시민운동을 비롯한 모든 사회운동 내부에서도 소모임 활동이 절실하다. 다양한 수준, 다양한 부문에서 주권혁명의 소모임들이 활발하게 움직이면 아래로부터 자연스럽게 국민주권운동의 상설 기구를 구성할 수 있다.

국민주권운동의 궁극적 목표는 새로운 민주주의, 새로운 공화국의 구현이다. 새로운 민주주의론이 실제로 구현되는 정치경제 체제를 창조하는 일이다. 대한민국 헌법 제1조를 구현하는 일이다. 따라서 국민주권운동은 단순히 국민의 참정권을 확대하는 차원이 아니다. 아래로부터 국민의 뜻을 모아 함께 새로운 민주주의 공화국을 구현해나가는 '대장정'이다.

무릇 혁명의 사상 없이 어떤 혁명도 성공할 수 없다. 이데올로기와 유토피아를 모두 떠나 실사구시로 새로운 민주주의와 주권혁명의 사상을 구현해나가야 한다. 주권운동은 민중이 살아갈 집을 민중 스스로 건축하는 과정이다. 민중이 슬기와 힘을 모아 지을 그 '아름다운 집'의 설계도는 윤곽이 그려졌다. 슬기를 모아 설계를 완성하고 실제로 집을 짓기 위해 흙을 파야 한다. 주권혁명으로 새로운 공화국을 일궈내야 한다.

분명히 말하지만 무장 혁명의 시대는 지났다. 20세기의 경험은 우리에게 선거혁명이 현실적일뿐더러 더 바람직하다는 사실을 깨우쳐준다. 국민적 동의 구조 없이 어떤 변혁도 성공할 수 없고, 또 성공할 수 있다고 하더라도 그 혁명성을 지속할 수 없기 때문이다. 더구나 보통선거 제도 자체가 민주주의 투쟁의 열매다. 민중의 삶에서 민중의 눈으로 바라본다면, 민중을 대변하겠다는 정치세력이 지리멸렬해 있는 현실은 울뚝밸이 치솟을 일이다. 아니, 더 정확히 말하자면 '민중의 정치세력화'를 자임한 사람들의 직무 유기다.

비정규직 850만 명과 농민 300만 명, 영세 자영업자 500만 명, 청년 실업자 100만 명은 두루 유권자다. 정규직 노동자를 더하면 그 숫자는 2,000만 명을 단숨에 넘어선다. 맞아 죽거나 분신자살한 노동자와 농민, 스스로 목숨을 끊는 빈민을 떠올리면, 민중이 자기 정체성만 갖는다면, 소통만 온전히 이뤄진다면, 선거 결과는 굳이 따져볼 필요도 없다. 민중을 대변하는 정치세력이 집권하는 게, 상식이고 순리다.

그럼에도 정치 지형이 뒤죽박죽되고 민중의 정치세력화가 외면받아온 이유는 두 가지로 나누어 살펴볼 수 있다.

먼저 반세기 넘도록 한국 사회를 지배해온 냉전 수구의 이데올로기다. 이승만에서 박정희를 거쳐 전두환으로 이어진 폭압적 독재정권은 물러갔다. 하지만 그들이 전가의 보도처럼 휘둘러왔던 마녀사냥의 논리와 사대주의 논리는 고스란히 온존해 있다. 무엇보다 여론 시장을 독과점한 신문과 방송 들이 날마다 낡은 논리를 '새로운 소재'로 재생산하고 있다. 비단 언론만이 아니다. 초·중·고는 물론, 대학 교육을 통해 "경쟁만이 살길"이라는 자본 독재의 이데올로기가 오늘을 살아가는 한국인의 내면 깊은 곳까지 침투하고 있다. 외적 요인은 냉전에서 '승리'한 초강대국 미국의 현실적 힘을 정신적, 물리적 배경으로 삼고 있다.

하지만 설령 그 요인이 지배적이라고 하더라도 외적 요인만 강조한다면 주체적 대응에 게으를 수밖에 없다. 외적 요인에 어떻게 대응할 것인지를 논의하기 위해서라도 내적 요인을 더 중시해야 옳다.

자본 독재와 분단 체제로 국민 대다수가 고통받고 있는데도 민중의 정치세력화가 지지부진하고 선거혁명은 꿈조차 꿀 수 없는 내적 요인은 크게 두 가지로 분석할 수 있다. 모호한 대안과 선명한 분열이다. 두 요인은 맞물려 있다. 물론 모호한 대안을 거론하는 데에는 전제가 필요하다. 명확한 정책 대안이 나온 부문까지 "대안이 없다"고 개탄하거나 체념하는 언행은 자신의 게으름을 고백하는 일에 지나지 않기 때문이다.*

여기서 '대안'이란 민중에 근거한 정치세력이 집권했을 때 현재의 체제와 전혀 다르게 국가를 책임질 수 있는 사상과 정책이다. 바로 이 지점에서 민중의 정치세력화에 나선 오늘의 진보정당들에게 정면으로 묻지 않을 수 없다.

과연 오늘의 진보정치세력을 고통받고 있는 민중은 얼마나 신

---

* '자본 독재'인 신자유주의를 넘어선 체제를 구상하는 싱크탱크들의 연구 성과는 결코 가볍게 볼 수 없을 만큼 축적되어가고 있다. '한국노동사회연구소', '새로운사회를 여는연구원', '복지국가소사이어티', '내가 만드는 복지국가'를 비롯한 많은 연구소들이 국가적 정책 의제를 제시하고 있다. 인터넷으로 얼마든지 보고서들을 검색해서 학습하고 토론할 수 있다.

뢰할 수 있을까? 진보정치세력에게 표를 몰아주고 싶을까? 그들 손에 권력을 쥐어준다면 과연 한국 경제를 관리할 수 있을까? 내 삶의 형편이 나아질 수 있을까? 아니, 내 삶을 책임질 수 있을까? 함께하던 '군소 정당' 안에서 '한 줌'의 당권을 놓고 싸우다가 갈라서길 되풀이하는 사람들에게 나와 가족의 삶을 맡겨도 괜찮을까?

민중은 묻고 있다. 한국의 진보정치세력이 목표로 하는 세상은 도대체 어떤 사회인가? 이미 무너진 사회주의 체제를 좇는 걸까? 아니면 자급자족 체제를 이상화하는 걸까? 그런 물음은 고통 속에서도 실존하는 자신의 삶을 살아가고 있는 민중에게 너무나 당연하지 않은가.

진보정치세력이 그 물음에 책임 있고 설득력 있게 구체적으로 답하지 않는 한, 미래는 없다. 자본주의를 인정하지 않는다고 천만 번 주장한다고 자본주의가 사라지는 게 아니다. 소련과 동유럽 사회주의 정권의 실패 뒤에도 아무런 성찰 없이 사회주의를 되뇌며 자신의 '양심'을 지킨다고 해서 자본주의를 극복할 수 있는 것은 더욱 아니다.

'선언'이 아니라 신자유주의 체제를 실제로 극복할 방안이 무엇인지의 문제를 파고들어야 옳다. 주체사상을 배격한다고 해서 분단 체제의 또 다른 당사자인 조선민주주의인민공화국과 조선로동당이라는 변수가 사라지는 게 결코 아니다.

신자유주의 체제도 분단 체제도 실사구시의 소통으로 넘어서야 한다. 막연하고 관념적인 대안은 소모적 논쟁을 불러오고 서로에게만 선명한 분열을 불러올 뿐이다.

이 책은 주권을 중심에 두고 민주주의와 자본주의 역사를 새롭게 해석하며 세계사의 현 단계에서 민주경제론에 근거한 지역 공동체를 대안으로 제시했다. 민주경제론은 새로운 민주주의의 튼실한 토대다.

민중이 직접 정치하고 직접 경영하는 새로운 민주주의 사회에서 민주주의는 더는 민중의 피를 먹고 자라는 나무가 아니다. 민중의 슬기를 먹고 자라는 나무다. 물론, 슬기를 먹고 자라는 데에는 피를 먹고 자란 튼실한 밑동이 자리하고 있다. 슬기를 먹고 자라는 나무에서 관건은 민중의 지적 발전이다.

현생인류를 뜻하는 현생인류, 호모 사피엔스Homo sapiens가 '슬기사람'인 사실에 비춰 본다면 피의 나무에서 슬기나무로의 변화는 인류의 슬기가 오랜 세월에 걸쳐 차곡차곡 쌓인 결실이다. 기나긴 피를 흘린 끝에 인류는 비로소 인류라는 이름에 값할 '슬기사람'을 자부할 여건을 마련한 셈이다.

하지만 그것은 아직 '여건'이다. 사람이 진정 '슬기사람'으로 살아가는 길, 바로 그것이 주권자로 살아가는 결단과 실천이다. 현대 자본주의 사회에서 개개인은 자신의 결단만으로 주권자가 될 수 없다. 참으로 주권자로 살아가려면 다른 사람들과 소통하는 '정치실천'을 게을리 할 수 없는 까닭도 여기에 있다.

주권운동으로 공론장을 새롭게 창조하며 곳곳에 학습 모임, 토론 모임이 활발하게 움직일 때, 민중 개개인이 경제생활과 더불어 정치생활을 자신의 일상으로 삼을 때, 주권운동의 한 부문 조직은 정치 일선으로 나가 선거혁명을 이룰 수 있다. 그 역도 마찬가지다. 주권운동의 토대, 학습하는 민중이 없을 때 민중의 정치적 실험은 성공할 수 없고, 설령 선거에서 이기더라도 의미 있는 성과를 이루기 어렵다. 새로운 민주주의를 일궈낼 주권혁명의 시작과 끝, 모두 민중의 슬기, 지적 발전이 '열쇠'다. 그렇다면 우리는 지금 무엇을 할 것인가. 소통이다. 자기와의 소통인 학습, 타인과의 학습인 토론이다.

슬기나무

1. 주권 민주주의는 역사에서 어떤 단계를 밟아왔는가?

2. 부문별 주권운동에는 어떤 것이 있으며, 그들 사이에 소통과 연대는 어떻게 가능한가?

3. 민중의 슬기를 누가 어떻게 가로막고 있는가.

4. 한국의 진보정치세력이 목표로 하는 세상은 어떤 사회인가?

참 즐거운 혁명

"한국은 땅이 좁고 자원도 없고 수출로 먹고사는 나라다. 더구나 휴전선 넘어 호전적인 세력이 늘 남침을 노리고 있다. 따라서 지금 이 체제가 최선이다. 다른 대안은 없다."

사뭇 자신만이 현실을 똑바로 본다는 듯이 자부하는 윤똑똑이들의 '신념'이다. 작금의 한국 경제를 움직여가는 대기업 자본과 그들의 이익을 대변해온 정치세력의 논리는 언론계와 학계를 통해 국민 대다수에게 유포됨으로써 여론의 헤게모니를 쥐고 있다.

다른 대안이 없다고 주장하는 세력의 헤게모니는 소련·동유럽 공산주의 체제의 붕괴, 조선민주주의인민공화국의 대량 아사를 겪으며 더 견고해져왔다. 더구나 아직도 소련·동유럽 체제나 조선민주주의인민공화국 체제를 의식하든 안 하든 우리의 미래로 바라보는 경직된 사람들이 있기에, 대안이 없다는 사람들의 목소리는 무장 커질 수 있었다.

하지만 이제 저들이 만들어놓은 여론, 저들의 헤게모니에 정면으로 물어야 한다. 당신들이 말하는 '유일한 대안'인 "지금 이 체제"는 어떤 체제인가를.

국민의 80퍼센트는 갈수록 생활이 어려워지는데 20퍼센트는 눈덩이처럼 재산을 축적하는 체제인가? 자살률 1위, 연간 노동시간 1위, 비정규직 비율 1위, 출산율은 꼴찌인 체제인가? 유아 시절부터 60대까지 국민 대다수가 살인적 경쟁에 내몰리는 체제인가?

현실을 '신자유주의자' 아니면 '공산주의자/주체주의자'라는 이분법으로 바라볼 때 우리는 삶의 부분적 현실을 진실로 받아들이는 잘못을 범하게 된다. 그 잘못은 개인적 차원에 그치지 않는다. 지금 이 순간 신자유주의 체제와 분단 체제에 살고 있는 사람들의 삶의 질과 곧장 이어진다.

이 책은 신자유주의와 '공산주의/주체주의' 사이에 다른 세계로 나아가는 길이 있다고 판단하고 그것을 '주권 민주주의' 또는 '새로운 민주주의'로 개념화했다. 새로운 민주주의의 정치경제학으로 직접정치와 직접경영을 제시하며 지구촌을 변화시켜갈 지역공동체의 첫 단계로서 '통일경제'를 제안했다. 직접정치·민주경제·통일경제는 저자가 2005년 사단법인 새로운사회를여는연구원을 창립하고 6년 동안 원장과 이사장을 맡아 연구원 구성원들과 토론한 내용을 토대로 재구성한 개념이다.

2011년 연구원을 후임에게 물려주고 학교로 몸을 옮겨 대학생들과 토론하면서 저자는 대한민국에서 새로운 대안의 소통을 가로막고 있는 세력의 정체를 새삼 뼈저리게 절감하고 있다. 새로운 정치경제 체제는 물론, 작금의 정치경제 체제와 다른 그 어떤 상상력도 적대시하거나 억압하는 그들은 현존의 정치경제 체제에서 이익을 만끽하는 기득권 세력이다. 하지만 그 세력의 강고한 힘도 경직된 사상과 지적 사대주의에 사로잡힌 지식인들의 외면에 견주면 터럭처럼 가볍다.

이 책에서 살펴보았듯이 현존의 정치경제 체제는 더는 지속될 수 없는 낡은 체제다. 권력과 물리력으로 연장할 수는 있겠지만, 그 체제에서 국민 대다수인 민중의 행복은 불가능하다는 사실이 갈수록 분명해지고 있다. 다만, 그 진실을 가리 틀고 있는 '가짜 지식인'들 때문에 민중 대다수가 직시하지 못할 따름이다.

이 책이 독창적으로 제시한 새로운 정치경제 체제를 현실로 내오려는 소통, 새로운 민주주의를 구현하려는 주권운동에 굳이 '혁명'을 붙인 까닭이 여기에 있다.

그 혁명은 기왕의 '보수'와 '진보' 구도를 넘어서 있다. 주권혁명은 온전히 민중의 창조물이어야 한다. 서양 근대사회에서 나타난 '전위'들의 이성 만능주의와 권위주의적 '교화' 또는 '지도'를 넘어, 민중 개개인의 감성과 창조력에 근거한 자기해방이어야 옳다. 단순히 사회변혁을 통한 개개인의 해방이 아니라 개개인의 자기혁명과 사회변혁이 소통됨으로써 구현할 수 있는 혁명이다. 실존 사회주의 체제의 몰락에서 우리가 확인했듯이, 민중 개개인의 지적 발전과 자기 극복 없는 사회혁명은 자본의 논리 앞에 취약하다.

주권혁명의 틀은 20세기 역사적 경험을 거치면서 설계되었다. 혁명의 기둥을 곧추세우고 새로운 정치경제 체제를 건축하는 일은 오늘을 살아가는 민중이 창조해갈 과제다. 주권혁명은 프랑스혁명의 한계를 넘어서겠다던 러시아혁명이 역사의 경험에서 드러낸 한계를 넘어서야 할 시대적 과제를 품고 있다.

이 책 갈피마다 강조했듯이 주권혁명은 단지 한국 사회의 과제만이 아니다. 세계사적으로 21세기의 새로운 민주주의를 실현하는 길이다. 프랑스혁명이나 러시아혁명과 달리 처음부터 끝까지 민중의 힘으로 일궈갈 한국혁명은 자기 입법자로 거듭난 민중의 축제다. 자본과 권력이 만들어놓은 창백한 질서에 순응하거나 방관하는 데 그치지 않고 싱그러운 욕망과 열정으로 새로움을 창조하는 예술이다. 그렇다. 참 즐거운 혁명이다. 그 혁명을 학습하고 토론하고 소통하는 일 또한 어찌 즐겁지 않겠는가.

굳이 《논어論語》를 빌리지 않더라도 '학이시습'—배우고 때때로 익힘, 학습—은 삶의 기쁨이다. 인류가 가꾸어온 '아름다운 나무'를 소개한 이 책은 그 즐거운 학습의 안내서다. 학습과 토론, 소통의 그 깊은 숲은 동시에 실천의 넓은 들이다.

1894년 갑오농민전쟁에서 지금 이 순간까지 온몸으로 민주주의를 열어온 남녀노소를 기리며 향불 켜는 마음으로 이 책에 마침표를 찍는다.

찾아보기